Beat Ringger

Pharma fürs Volk

Beat Ringger

Pharma fürs Volk

Risiken und Nebenwirkungen der Pharmaindustrie

Rotpunktverlag

Der Rotpunktverlag wird vom Bundesamt für Kultur mit einem Strukturbeitrag für die Jahre 2021 bis 2024 unterstützt.

www.rotpunktverlag.ch

Umschlaginnenseite: WIPO, World Intellectual Property Organization (2011), Patent Landscape Report on Ritonavir

Grafiken: Rotpunktverlag

Druck und Bindung: Friedrich Pustet, Regensburg

ISBN 978-3-85869-963-3

1. Auflage 2022

Dieser Titel ist auch als E-Book erhältlich.

Inhalt

9 **Vorwort**

11 **Einleitung: Nur ein Schritt**

13 Die Corona-Gewinnler

17 Weichen neu stellen

1. Big Pharma und die Blockbuster

20 Die dominierenden Pharmakonzerne

22 Höchste Profitraten

25 Anteil der Pharmabranche an der Wirtschaftsleistung und den Gesundheitskosten

26 Erster Pfeiler der Macht: Patente

27 Zweiter Pfeiler der Macht: Gruppenmonopol dank klinischer Studien

29 Das Blockbuster-Geschäftsmodell

30 Was entwickelt wird und was nicht

31 Der medizinisch-industrielle Komplex

2. Die Finanzialisierung von Big Pharma

35 Ein Basler Geisterstück

37 Was bedeutet Finanzialisierung?

39 Die Finanzialisierung von Big Pharma

41 Die großen Pharmafirmen forschen immer weniger selbst

43 Das Beispiel Sovaldi von Gilead Sciences

3. Problemfall USA

46 Effiziente Märkte – die Mutter aller gesundheitspolitischen Lügen

49 Die Gesundheitsversorgung in den USA

53 Schlecht und teuer

55 Profite und Bürokratie treiben die Kosten hoch

58 Big Pharma profitiert

4. Arzneimittelpreise

61 Nochmals Sovaldi
64 Fantasiepreise
65 Perjeta – erpresster Hochpreis
66 Glivec – Höchstpreise für Medikamente gegen seltene Krankheiten
67 Kymriah – geheime Preise
69 Avastin und Lucentis – betrügerische Praxen
70 Libmeldy, Zolgensma – die Millionengrenze wird gesprengt
71 Niederschlag der Hochpreispolitik in Statistiken
74 Sind hohe Pharmapreise mit Kosten zu rechtfertigen?
75 Die neueste Idee: nutzenbasierte Preise

5. Die Antibiotikakrise

79 Antibiotikakrise – eine schleichende Pandemie
82 Die Gründe für die Resistenzbildung
85 Viele Bemühungen, aber noch keine Lösung

6. Die Arzneimittelkrise

91 AIDS-Medikamente nicht nur für reiche Länder
94 Die Opioidkrise – fast eine Million Todesopfer
96 Ein Magensäureblocker, der Knochen zersetzt und Demenz fördert
100 Lieferengpässe
102 Die wichtigsten Charakteristika der Arzneimittelkrise

7. Eine kurze Geschichte der Pharmaindustrie und der Impfstoffe

109 Naturwissenschaften als Grundlage einer industriellen Arzneimittelproduktion
113 Schulmedizin
114 Psychopharmaka
116 Vom Nutzen des Impfens

8. Technologische Umbrüche – Geneditierung, mRNA, Big Data

123 Das Immunsystem
126 Bio- und Gentechnologien
129 Krebsmedikamente
132 Immunzelltherapien
135 mRNA-Technologien
137 Genmanipulationen der Keimbahn
139 Big Data und künstliche Intelligenz in Pharmakologie und Medizin

9. Ein Service-public-Pharmacluster

145 Regulierungen reichen nicht
149 Der Service-public-Pharmacluster
151 Das Beispiel Insulin
153 Offene Patente
156 Die Akteure eines Service-public-Pharmaclusters
157 DND*i* und GARDP
160 National Institutes for Health (NIH)
162 Deglobalisierung in der Produktion

10. Die Prärie des Erfolgs

169 Kurze Geschichte des Patentrechts
172 Die Opposition der Schweiz gegen Patente
174 Die indische Pharmaindustrie
175 Das TRIPS-Abkommen
178 Patentnetze
181 Die Arbeit von vielen
182 Patente und Forschung
184 Klinische Studien
187 Das Beispiel Tamiflu
189 Wer forscht
192 Steuerung und Finanzierung einer Pharma fürs Volk
194 Neue Regeln für Big Pharma

11. Realistische Schritte für eine Veränderung

195 Einwände gegen einen Service-public-Pharmacluster
206 Pharmastandort Schweiz
207 Sandoz fürs Volk
209 Verschränkte Krisen

213 Literatur
229 Verzeichnis wichtiger Abkürzungen

Vorwort

Sie halten ein Buch in Ihren Händen, das auf drei Arten gelesen werden kann.

Als Sachbuch informiert es über Strukturen und Dynamiken der Pharmabranche, gibt Einblicke in die Geschichte der Pharmaindustrie und ihrer Regulierung und zeichnet die aktuellen pharmazeutischen und technologischen Entwicklungen nach. Es schildert eine Arzneimittelkrise, die bedrohliche Ausmaße angenommen hat, etwa in den Bereichen der Antibiotikaresistenzen, der mangelnden Versorgung breiter Bevölkerungsteile in ärmeren Ländern, der zunehmenden Lieferengpässe und -ausfälle sowie der immensen Preissteigerungen bei neuen Arzneimitteln, die auch in reichen Ländern eine Zweiklassenmedizin befördern.

Als ökonomische Studie untersucht das Buch die spezifischen Geschäftsmodelle in der Pharmabranche. Es zeichnet die Tendenz zur Finanzialisierung nach. Aus fertigungsorientierten Pharmakonzernen sind finanzorientierte Vertriebs- und Marketinggesellschaften geworden. Hierin liegt der Grund, warum trotz gesteigerter Gewinne, hoher Dividendenzahlungen und stark erweiterter Aktienrückkäufe die Arzneimittelkrise immer größere Ausmaße annimmt.

Schließlich ist das Buch eine gesellschaftspolitische Intervention, was ja bereits im Titel anklingt. Eine grundlegende Neustrukturierung der Pharmabranche ist unerlässlich, wenn wir die Arzneimittelkrise bewältigen wollen. Und das wird angesichts der

Klimaerhitzung, der geopolitischen Konflikte, der Ernährungskrisen und der Gefahr neuer Pandemien immer wichtiger.

Dieses Buch wäre nicht möglich geworden ohne die Arbeiten einer großen Zahl von Forscher:innen, von Fachleuten, von Journalist:innen und Buchautor:innen. Sie finden sich im Literaturverzeichnis wieder. Ihnen bin ich zutiefst verpflichtet.

Ein besonderer Dank gilt meinen Kolleg:innen in der ehemaligen Denknetz-Arbeitsgruppe Big Pharma, die bis 2017 tätig war. Die Diskussionen und die Textarbeiten dieser Gruppe haben die Saat gelegt für dieses Buch. In der Arbeitsgruppe mitgewirkt haben Franco Cavalli, Onkologe, damaliger Präsident der Internationalen Krebs-Union (UICC); Patrick Durisch, Leiter Fachbereich Gesundheit bei Public Eye; Flavian Kurth, Projektleiter Verein Ethik und Medizin Schweiz (VEMS); Martin Leschhorn, Historiker und Geschäftsführer; Romeo Rey, Journalist und Autor; Michel Romanens, Kardiologe, Präsident des VEMS; Hans Schäppi, ehemaliger Präsident der Gewerkschaft Textil Chemie Papier (heute Unia); Johannes Wickli, Ökonom; Erika Ziltener, damalige Präsidentin des Dachverbandes Schweizerischer Patientenstellen.

Mein Dank gebührt überdies einer Reihe von weiteren Fachleuten, die mir zu diesem Buch ihre Rückmeldungen gegeben haben, die aber nicht genannt werden möchten.

Ein großer Dank geht ferner an das ganze Team des Rotpunktverlags, das mit großem Engagement kritische Sachbücher herausgibt. Ganz besonders danke ich Christiane Schmidt für das engagierte und umsichtige Lektorat.

Windisch, im August 2022

Einleitung: Nur ein Schritt

Wir stecken in einer gefährlichen Arzneimittelkrise. Wir sind nur einen Schritt davon entfernt, diese Krise erfolgreich anzupacken. Diesen Schritt zu machen, würde Millionen von Menschenleben retten und gäbe der globalen Solidarität ein neues Fundament. Ihn zu machen, hieße, Hunderte von bereits bestehenden, gemeinnützigen Akteuren in einer Pharma *fürs Volk* zu bündeln. Den Schritt nicht zu machen allerdings bedeutete, noch tiefer in die Krise zu rutschen.

Die großen Pharmakonzerne verfügen über eine der weltweit mächtigsten Lobbys und besitzen enorme finanzielle Ressourcen, sicher. Doch das Recht auf Gesundheit ist ein starkes Argument. Die Pharmabranche produziert keine Küchengeräte, sondern Arzneimittel, unterliegt also in völlig anderer Weise ethischen Kriterien.

Immer teurere Medikamente bei extremen Gewinnmargen, Versorgungslücken selbst in reichen Ländern, schlimme Nebenwirkungen vieler Medikamente, Hunderttausende Todesopfer in der Opioid-Krise – nicht von ungefähr landet die Pharmabranche bei Meinungsumfragen weit hinten. Laut einer Umfrage des amerikanischen Meinungsforschungsinstituts Gallup von 2019 beurteilen in den USA 58 Prozent der Befragten die Branche negativ, und nur 27 Prozent geben ihr positive Noten. Das ist der letzte Platz. Dasselbe Bild in der Schweiz: 2017 nimmt sie ebenfalls den letzten Platz ein, zwei Ränge hinter der Finanzindustrie. (McCarthy

2019; Hank 2022) Die Pharmakonzerne haben in der Bevölkerung wenig Rückhalt.

Doch dann kommt im März 2020 die ganze Welt beinahe zum Stillstand. Das Coronavirus fordert in wenigen Wochen Hunderttausende von Menschenleben. Es bringt die Gesundheitssysteme an ihre Grenzen, vielfach auch darüber hinaus. Die Pandemie weckt gleichzeitig enorme Kräfte der Solidarität. Während einiger Wochen sieht es sogar danach aus, als könnte es zu einer wegweisenden Erfahrung globaler Kooperation kommen.

Die rasche Entwicklung von Impfstoffen ist eine großartige Leistung und ein Beweis dafür, was auf Basis der entsprechenden Ressourcen in kurzer Zeit möglich ist. Sie ist umso erstaunlicher, als die großen Pharmakonzerne zu Beginn der Pandemie mit leeren Händen dastehen. Trotz vieler neuer und gefährlicher Krankheiten wie AIDS, Ebola, Sars-CoV-1, Zika oder MERS hatten sie sich praktisch alle aus dem Impfgeschäft zurückgezogen – zu riskant, zu wenig rentabel.

Sars-CoV-2 ist weitaus ansteckender als seine Vorläufer und verbreitet sich rasend schnell. Die Welt braucht Impfstoffe. Die pharmazeutische Basis für solche kommt ausschließlich aus der öffentlichen Forschung und daraus entstandenen jungen Firmen. Zum Glück gibt es auch neue, bahnbrechende Ansätze, insbesondere die mRNA-Technologie. Die öffentliche Hand hilft und bringt Dutzende Milliarden US-Dollar für die Impfstoffentwicklung und -produktion auf – bis Ende 2021 sind es über 100 Milliarden (Hertig 2021). Unter dem Druck der Pandemie bewegen sich nun auch die Großkonzerne. Zwei davon, Johnson&Johnson und AstraZeneca, verkünden, dass sie während der Pandemie auf jeden Gewinn mit Impfstoffen verzichten.

Die Weltgesundheitsorganisation (WHO) entwickelt innerhalb von wenigen Wochen Pläne für ein weltweit koordiniertes und möglichst gerechtes Vorgehen. Mit einer temporären Sistierung der Patentbestimmungen, dem TRIPS-Waiver, und einem Pool für den Transfer von Technologien und Fachwissen, dem COVID-19 Technology Access Pool (C-TAP), soll der Entwicklung und Produktion von Impfstoffen der Weg geebnet werden. Die Zulassung der Impfstoffe, ihre Produktion und ihre Verteilung sollen weltweit koordiniert werden.

Doch dann kommt die Wende. Satyajit Rath, einer der führenden Immunologen Indiens, berichtet: »Die Weltgesundheitsorganisation (WHO) hat bereits im Mai 2020 versucht, eine politische Entscheidung herbeizuführen, die ein gemeinsames Vorgehen vorgeschrieben hätte, weltweite, multinationale Forschung, Vakzine mit vergleichbaren Tests und vergleichbaren Versuchsgruppen, solidarisch und koordiniert von der WHO. Alle Vakzine hätten sich der gleichen Prüfung unterziehen müssen, um eine Zulassung zu bekommen, wir hätten transparente und vergleichbare Daten gewonnen. Und auch genügend produzieren können, sogar für ärmere Länder. Stattdessen konnte die WHO nur wie ein Schiedsrichter in einem turbokapitalistischen Wettrennen zusehen. Hätten wir eine globale Strategie gehabt, hätten wir uns vielleicht ein Jahr Pandemie sparen können.« (Rath 2021)

Die Corona-Gewinnler

Was ist geschehen? Einige wenige Länder – darunter die USA und die Schweiz – verhindern mit ihrem Veto, dass der TRIPS-Waiver und der C-TAP realisiert werden können. Einige Regierungen – an vorderster Stelle die USA – lancieren das Wettrennen um die ersten Chargen an Impfstoffen, schon lange bevor die erste Ampulle überhaupt ausgeliefert werden kann. Einige wenige Pharmaunternehmen – Pfizer, Moderna, Biontech – stellen ihren Profit über das Gemeinwohl, bevorzugen die reichen Länder, setzen möglichst hohe Preise durch, nötigen die Regierungen zu Geheimverträgen und zwingen sie sogar, die Verantwortung für Impfstoffnebenwirkungen zu übernehmen.

Diese Konzerne kämpfen um jeden Vorteil. Besonders tut sich Moderna hervor. Das Unternehmen verwickelt die staatlichen National Institutes of Health (NIH; vgl. Kap. 9, S. 160) in einen Streit um Patentrechte. Dabei ist ihr Impfstoff das Resultat einer mehrjährigen Zusammenarbeit mit den NIH und wird zunächst als NIH-Moderna Covid-19-Impfstoff bezeichnet. Die Patentrechte werden üblicherweise geteilt. Doch als deutlich wird, wie wirksam der Impfstoff ist, drängt Moderna jeden Einfluss der NIH zurück, um ungehindert Milliardengewinne einstreichen zu können. Dabei hatte die Firma insgesamt über 4 Milliarden US-Dollar an öffentlichen Geldern für die Forschung und Entwicklung des Impfstoffs erhalten und allein von der US-Regierung 8,1 Milliarden US-Dollar für eine halbe Milliarde Impfdosen zugesichert bekommen. Damit nicht genug: Moderna bemüht sich nach Kräften, Steuern zu umgehen. Die Patente sind im steuergünstigen Bundesstaat Delaware angemeldet. Im steuergünstigen Basel wird 2020 eine Tochtergesellschaft gegründet. Die Einnahmen aus dem Verkauf des Moderna-Impfstoffes in Europa werden in der Rheinstadt versteuert, zu einem effektiven Steuersatz von 7,83 Prozent. (Dettwiler 2021; Kiezebrink 2021)

Moderna macht 2021 einen Gewinn von 12,2 Milliarden US-Dollar, Biontech einen von 10,3 Milliarden Euro, und Pfizer steigert den Jahresgewinn auf 22 Milliarden US-Dollar gegenüber 9,2 Milliarden im Vorjahr. Alle drei Unternehmen erwarten für 2022 ähnliche oder noch höhere Erträge. So hat Pfizer neben dem Impfstoff ein neues Covid-19-Medikament im Portfolio, Paxlovid. Der Konzern will 2022 davon 120 Millionen Packungen verkaufen. Die USA haben bereits 20 Millionen Packungen reserviert. Als Preis dafür kursiert ein Betrag von 530 US-Dollar. Dem Konzern winkt somit ein Umsatz von über 60 Milliarden US-Dollar. Damit würde Paxlovid das lukrativste Medikament aller Zeiten.

Dieses Gewinnstreben hat die Solidarität vom Tisch gefegt. Während weltweit Millionen von Gesundheitsfachleuten alles geben, um der Pandemie Einhalt zu gebieten, und das oft unter Einsatz ihrer Gesundheit und ihres Lebens, und während selbst die ansonsten nicht sonderlich gemeinwohlorientierten Pharmakonzerne Johnson&Johnson und AstraZeneca auf Gewinne verzichten, erzielen die genannten Pharmaunternehmen Dutzende von Milliarden an Profiten.

Der Preis, den die Allgemeinheit dafür zu bezahlen hat, ist enorm. Die jahrhundertealte Geschichte der Kolonisierung und der imperialen Dominanz wird wiederbelebt. Noch heute liegt die Impfrate in manchen Ländern unter 10 Prozent. Es dürfte nicht schwerfallen, sich die tiefe Enttäuschung des Gesundheitspersonals und breiter Bevölkerungsteile in den betroffenen Ländern vorzustellen. Dabei steht im Verfassungstext der WHO von 1946: »Ungleichheit zwischen den verschiedenen Ländern in der Verbesserung der Gesundheit und der Bekämpfung der Krankheiten, insbesondere der übertragbaren Krankheiten, bildet eine gemeinsame Gefahr für alle.« Tatsächlich bildet das Coronavirus in ungeschützten Bevölkerungsgruppen weiterhin immer neue Mutationen aus. Bei weltweit koordinierten, möglichst gerechten Impfprogrammen wäre das nicht zu erwarten gewesen. Eine der neuen Corona-Varianten, Omikron BA.5, ist so ansteckend wie keine andere Krankheit je zuvor. (Gates 2022, S. 45) Niemand kann vorhersagen, welche Varianten sich noch ausbilden und wie sich diese verhalten werden. Sicher ist, es wird sie geben.

Auch mit einer Impfpolitik unter der Ägide der WHO hätte es Probleme und Konflikte gegeben. Manche Projekte wären gescheitert. Es wäre um Vor- und Nachteile gestritten worden, und manche Regierung hätte zwischendurch gedroht, sich über die eine oder andere Vereinbarung hinwegzusetzen. Vieles hätte aber auch geklappt. Erfolge hätten einen Sog erzeugt, durch den die globale

Kooperation gestützt worden wäre. Jedes Stolpern wäre zum Anlass geworden, es besser zu machen. Gerade die Lernprozesse hätten auch im Hinblick auf andere Krisenherde wie die Klimaerhitzung wertvoll sein können.

Wir waren nur einen Schritt von dieser Erfahrung entfernt. Einige wenige Regierungen haben uns daran gehindert.

Einige Medien versuchen dennoch, die Impfstofferfolge zum Triumph des privaten Unternehmertums zu stilisieren. Auf der Titelseite der *Neuen Zürcher Zeitung* vom 6. Februar 2021 schreibt Peter A. Fischer unter dem Titel »Der Kapitalismus rettet uns«: »Der einzige wirkliche Hoffnungsschimmer in dieser Pandemie – die schnelle Impfstoffentwicklung – ist offenem Wettbewerb und innovativen Unternehmen zu verdanken. Auch der Staat hat dazu beigetragen. Daraus sollten wir lernen.« (Fischer 2021) Eine Aufhebung des Patentschutzes wäre schädlich gewesen. Alles andere als der offene Wettbewerb hätte unweigerlich in einer bürokratischen Planwirtschaft geendet. Der Staat habe sich auf die Finanzierung der Grundlagenforschung und überall da auf die Bereitstellung von Anreizen zu beschränken, wo die Gewinnaussichten für private Unternehmen zu gering seien.

Doch von einem offenen Wettbewerb kann in der heutigen monopolgetriebenen Pharmabranche keine Rede sein. Ein solcher Marktfetischismus, wie er in vielen Medien vertreten wird, bietet den ideologischen Kitt für genau die Politik, die zur miserablen Reputation der Pharmabranche geführt hat und die heute einige Konzerne zu milliardenschweren Corona-Gewinnlern hat werden lassen. Das nährt Verschwörungstheorien. In den sozialen Medien kursieren Erzählungen über eine von Bill Gates angeleitete Weltverschwörung mit dem Ziel, allen Menschen über die Covid-19-Impfung einen Mikrochip zu implantieren, um sie unter totale Kontrolle zu bringen. Oder es wird behauptet, wer sich impfen lasse, sterbe innerhalb von zwei Jahren. (Kutzner 2021) Solche Phantasmen sind zwar leicht zu widerlegen. Weniger überzogene aber nicht. Die Pharmakonzerne würden Covid-19 dramatisieren, um daran besonders gut zu verdienen, dabei sei die Krankheit verhältnismäßig harmlos. Regierungen seien an Lockdowns und rigiden Impfvorschriften interessiert, um ihre Kontrolle über die Bevölkerung ausbauen zu können. Und die Presse schaffe ein Klima, in dem jeder Zweifel und jede Kritik verunglimpft und unterdrückt werde. Solche Fantasien sind weitverbreitet. Sie haben in großen Teilen der Bevölkerung eine hohe Impfskepsis befördert und damit in der Corona-Krise zu erheblichen Belastungen geführt. Für die Verbreitung solcher Verschwörungstheorien tragen die Pharmakonzerne eine erhebliche Mitverantwortung.

Weichen neu stellen

Während die einen die Corona-Impfstoffe als Sieg von Wissenschaft und Kapitalismus feiern, fühlen sich andere durch die kommerzialisierte Schulmedizin bedroht und suchen ihr Heil in der Impfverweigerung. Doch was als Spaltung inszeniert wird zwischen Aufklärung und Verschwörungstheorien, verdeckt das Entscheidende: die Vermischung von hohem Nutzen und kommerziellen Interessen. Antibiotika, Narkosemittel, Insulintherapien und Corona-Impfungen sind bahnbrechende pharmazeutische Erfolge. Und gleichzeitig ist es gerade dieser hohe Nutzen, der die Kommerzialisierung des Pharmageschäfts so heimtückisch wie erbarmungslos macht.

Seit vielen Jahren wird deshalb versucht, der Pharmabranche mit entsprechenden Regularien Grenzen zu setzen. Doch der Erfolg dieser Bemühungen ist bescheiden und hat sich in Einzelfällen sogar ins Gegenteil verkehrt. In den letzten zwanzig Jahren haben die Finanzmärkte das Diktat über die Pharmabranche übernommen und treiben die Pharmakonzerne vor sich her. Unter ihrem Druck setzen die Konzernleitungen die Ziele höher und höher. Novartis hat für 2022 verkündet, eine Kernprofitrate von 40 Prozent erreichen zu wollen. Kein Wunder, dass die Preise für neue Medikamente explodieren. Die Regulierungsbehörden kämpfen gegen Windmühlen.

Dieser Teufelskreis muss aufgebrochen werden. Und das geht. Die Macht der Pharmakonzerne hängt an zwei Fäden, dem Patentrecht einerseits und der Regulierung der klinischen Arzneimittelstudien andererseits. Beide sind Regeln, die geändert werden können. Und sie müssen geändert werden. Wir brauchen offene Patente und klinische Studien, die von öffentlichen Instanzen geleitet werden.

Im Verlauf meiner Recherchen für dieses Buch bin ich auf eine Vielzahl von Akteuren gestoßen, die heute schon in dieser Richtung tätig sind. Es sind Akteure, die außerhalb des Sogs der Finanzmärkte tätig sind: Universitäten, Institute, lokal und global tätige Nichtregierungsorganisationen, Stiftungen, Thinktanks, Lobbyorganisationen, Behörden, öffentlich verwaltete Fonds, gemeinnützige Unternehmen und etliche Start-up-Firmen. Manche dieser Akteure sind nur klein, manche haben Milliardenbeträge zur Verfügung. Was fehlt, ist der Schritt zur gezielten Bündelung dieser Kräfte. Was fehlt, ist ein durchsetzungsfähiges gemeinsames Konzept einer Pharma fürs Volk.

1. Big Pharma und die Blockbuster

Die großen Pharmakonzerne präsentieren sich gern als fortschrittliche Kraft im Dienst der Menschheit. So lässt Novartis verlauten: »Was uns antreibt: Wir denken Medizin neu, um Menschen zu einem besseren und längeren Leben zu verhelfen. Mit innovativer Wissenschaft und modernster Technologie gehen wir einige der größten Probleme der globalen Gesundheitssysteme an. Wir erforschen und entwickeln bahnbrechende Therapien und finden neue Wege, sie möglichst vielen Menschen zugänglich zu machen. Dabei wollen wir auch jene belohnen, die ihre finanziellen Mittel, ihre Zeit und ihre Ideen in unser Unternehmen investieren.« (Novartis 2021, S. 3)

Die realen Praktiken der Pharmakonzerne sprechen eine andere Sprache. Laut einer im renommierten *Journal of the American Medical Association* (JAMA) publizierten Studie hat Novartis in den Jahren 2003 bis 2016 in den USA wegen illegaler Aktivitäten elf Bußen mit einer Gesamtsumme von 1,198 Milliarden US-Dollar bezahlen müssen. Der Konzern steht damit nicht allein. Die Gesamtsumme der Bußen, die über die 26 großen Pharmakonzerne im selben Zeitraum in den USA verhängt wurden, beläuft sich auf 33 Milliarden US-Dollar. (Arnold u. a. 2020) Und von den 26 untersuchten Pharmakonzernen sind 22 straffällig geworden. Bei allen straffälligen Firmen, bis auf eine Ausnahme, haben sich die illegalen Machenschaften über mindestens vier Jahre hingezogen. Sidney

Wolfe, Arzt und Mitbegründer der US-amerikanischen Verbraucherschutzorganisation Public Citizen, wertet das Inkaufnehmen hoher Bußen als Teil ihres Geschäftsmodells. Das heißt, die Konzernleitungen planen mit illegalen Praktiken und rechnen allfällige Bußgelder von vornherein in ihre Kalkulationen mit ein. (Lingner, Siegert 2014)

Wie kommt es, dass Konzerne, die über eine sehr solide finanzielle Basis verfügen, so oft mit illegalen Machenschaften, Skandalen oder exorbitant hohen Arzneimittelpreisen in der Presse stehen? Warum geht es dabei auch immer wieder um beträchtliche gesundheitliche Risiken, Schäden bis zu Todesfällen? Das lässt sich nicht nur mit einer besonders ausgeprägten Gier und Skrupellosigkeit des Managements erklären. Es geht nicht nur um einige schwarze Schafe, sondern um allgemein vorherrschende Praktiken. Das lässt strukturelle Gründe vermuten. Deshalb will dieses Buch die Charakteristika dessen erkunden, was als Big Pharma bezeichnet wird.

Die dominierenden Pharmakonzerne

Wer im Internet nach den weltweit größten Pharmaunternehmen sucht, stößt auf eine Vielzahl von Ranglisten. Sie stimmen nicht immer überein, auch dann nicht, wenn dasselbe Kriterium für die Auflistung gewählt wird wie zum Beispiel der Umsatz. Das hängt unter anderem damit zusammen, dass die Abgrenzung des Pharmabereichs innerhalb der Konzerne, die auch in anderen Sparten tätig sind, also etwa auch Nahrungsergänzungsmittel oder Ähnliches produzieren, nicht immer einfach zu eruieren ist. Dennoch sind es im Großen und Ganzen dieselben Firmen, die auf den vorderen Plätzen rangieren. Diese Konstanz ist in einer Branche, die sehr stark von den Umsatzergebnissen einzelner Produkte abhängt, erstaunlich.

Die bis im Sommer 2022 verfügbaren Listen beziehen sich noch auf das Jahr 2020. Die Umsätze mit Covid-19-Impfstoffen und -Medikamenten fallen erst ab 2021 ins Gewicht. Sie werden die Ranglisten zweifellos verändern; Pfizer wird wohl die Spitze übernehmen, und möglicherweise werden Moderna und Biontech in den Top 20 auftauchen. Doch auch das eingerechnet, bleibt eine bemerkenswerte Konstanz erhalten.

Die folgende Tabelle stützt sich auf eine Zusammenstellung der US-Zeitschrift *Pharmaceutical Executive* (2021, S. 26 ff.).

Tabelle 1

Umsatzstärkste Pharmakonzerne 2020

Firma	Pharma-Umsatz in Mrd. US$ 2020	Hauptsitz
Roche	47,492	Schweiz
Novartis	47,202	Schweiz
AbbVie	44,341	USA
Johnson&Johnson	43,149	USA
Bristol Myers Squibb	41,903	USA
Merck & Co	41,435	USA
Sanofi	35,802	Frankreich
Pfizer	35,608	UK
GlaxoSmithKline	30,585	England
Takeda	27,896	Japan
AstraZeneca	25,518	UK
Amgen	24,098	USA
Gilead Sciences	23,806	USA
Eli Lilly	22,646	USA
Novo Nordisk	19,444	Dänemark
Bayer	18,995	Deutschland
Böhringer Ingelheim	16,456	Deutschland
Astellas Pharma	11,515	Japan
Viatris	11,495	USA
Teva Pharmaceutical Industries	11,009	Israel

Anders sieht die Reihenfolge aus, wenn die Rangliste aufgrund der EBIT-Marge (Earnings Before Interest and Taxes, Profitrate vor Steuern und Zinsen) erstellt wird. Die Reihenfolge ändert sich, allerdings bleiben die Firmennamen weitgehend dieselben. Die Unternehmensberatungsfirma EY hat dazu für 2019 und 2020 folgende Zahlen publiziert (EY 2021).

Tabelle 2

Ertragsstärkste Pharmakonzerne 2019 und 2020

Firma	EBIT-Marge 2019 in % des Umsatzes	EBIT-Marge 2020 in % des Umsatzes
Gilead Sciences	41,6	45,8
Novo Nordisk	43,8	42,9
Amgen	41,6	36,7
Biogen	50,6	34,6
AbbVie	41,2	34,3
Roche	34,0	33,4
Merck & Co	31,9	32,7
Eli Lilly	26,9	30,8
Johnson&Johnson	25,6	24,2
Novartis	23,4	24,2
GlaxoSmithKline	23,4	24,2
Pfizer	20,3	24,2
Böhringer Ingelheim	18,6	21,7
Sanofi	18,2	20,4
Bristol Myers Squibb	27,0	18,2
Bayer	14,8	16,5
AstraZeneca	12,6	15,6
Astellas Pharma	24,3	15,0
Otsuka Holdings	12,5	14,9
Takeda	13,8	8,9

Höchste Profitraten

Die Pharmabranche gilt als die weltweit profitabelste Branche überhaupt. Dies ist schon seit längerem so. Zwar weichen die verfügbaren Daten im Detail voneinander ab, doch das Gesamtbild bleibt dasselbe. Marcia Angell, ehemalige Chefredakteurin des renommierten *New England Journal of Medicine,* hat die Branchenprofitraten der Konzerne verglichen, die 2001 in der Fortune-500-Liste der weltgrößten Unternehmen aufgeführt waren. Darunter befanden sich die zehn größten US-Pharmakonzerne. Sie legten insgesamt eine Nettorendite von 18,5 Prozent des Umsatzes vor und rangierten damit deutlich vor der zweitplatzierten Gruppe, den Geschäftsbanken, mit einer Rendite von 13,5 Prozent. (Angell 2005) Dasselbe Bild zeigt sich weiterhin. 2020 liegt laut Angaben von EY die durchschnittliche EBIT-Marge der 21 größten Pharmakonzerne bei 25,7 Prozent des Umsatzes. Auffällig ist zudem, dass die fünf profitabelsten Pharmafirmen allesamt ausschließlich auf Biotechnologien setzen, die innerhalb der Branche als die wichtigsten Wachstumstreiber gelten. Biotech-Pharmaunternehmen weisen im Durchschnitt eine EBIT-Marge von 36,7 Prozent aus. (EY 2021)

In einer weiteren Untersuchung hat EY die 500 Weltkonzerne näher beleuchtet, die am meisten für Forschung und Entwicklung (F&E) ausgeben. Dabei fallen zwei Ergebnisse auf. Erstens weist die Pharmabranche mit einem F&E-Anteil von 17,1 Prozent am Umsatz (Geschäftsjahr 2018) mit Abstand die höchsten F&E-Ausgaben aller Branchen aus; auf den zweithöchsten Anteil kommt die IT-Branche mit 8,7 Prozent. Zweitens liegt die durchschnittliche EBIT-Marge in der Pharmabranche bei rund 22 Prozent; an zweiter Stelle steht die IT-Branche mit rund 14 Prozent.

In der folgenden Grafik werden die Angaben genauer aufgeschlüsselt. Für jede Branche wird noch differenziert zwischen Unternehmen mit über- und unterdurchschnittlichen F&E-Ausgaben. Fast in allen Branchen liegen die forschungsfreundlicheren Unternehmen auch bei der EBIT-Marge vorne.

Grafik 1

Durchschnittliche EBIT-Marge der forschungsintensivsten Weltkonzerne 2018, nach Branche

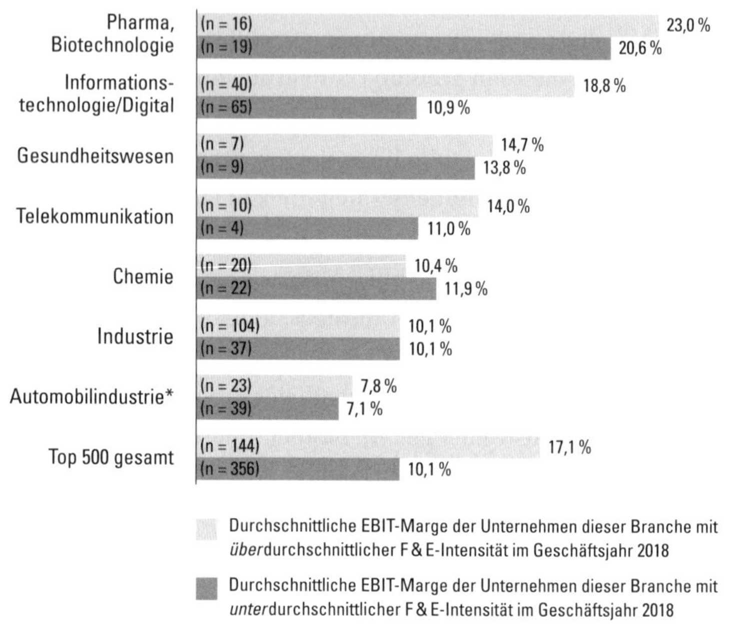

* Ohne Tesla, da bei EBIT und F & E-Intensität deutliche Abweichung vom Durchschnitt

Daten: 500 in F&E führende Konzerne 2018 (EY 2019)

Im Jahr 2020 sind die Profitraten der Pharmakonzerne wegen der Corona-Pandemie leicht zurückgegangen, weil alle medizinischen Leistungen, die nicht mit Covid-19 in Verbindung standen, weniger in Anspruch genommen wurden. Das wird sich in den kommenden Jahren aber wieder ändern. Der Schweizer Pharmakonzern Novartis zum Beispiel setzt sich in einer Mitteilung vom April 2022 neu das Ziel eines operativen Kerngewinns von über 40 Prozent. (Novartis 2022b)

Anteil der Pharmabranche an der Wirtschaftsleistung und den Gesundheitskosten

Der Bundesverband der deutschen Pharmazeutischen Industrie (BPI) gibt an, dass sich der Umsatz mit Arzneimitteln 2020 weltweit etwa auf 974 Milliarden Euro (1162 Mrd. US-Dollar) beläuft. (BPI 2021, S. 38) Das entspricht 1,37 Prozent des weltweiten BIP von 84,89 Billionen US-Dollar. Mit anderen Worten, jeder 73. US-Dollar, Euro, Franken und so weiter wird für Arzneimittel ausgegeben. Bezogen auf die Gesamtkosten der Gesundheitsversorgung kommt die Helsana-Versicherung, eine der größten Krankenkassen der Schweiz (1,2 Mio. Versicherte), für 2019 zu folgenden Zahlen: Die Ausgaben für Arzneimittel zulasten der obligatorischen Krankenversicherung werden für die ganze Schweiz auf 7625 Millionen Franken hochgerechnet. (Schur u. a. 2020) Das sind 24,5 Prozent der gesamten Ausgaben, die von den obligatorischen Krankenversicherungen getragen werden. Darin sind die Arzneimittel, die von Spitälern oder Heimen im stationären Bereich abgegeben werden, nicht enthalten; sie werden gegenüber den Krankenkassen nicht separat ausgewiesen. Laut Angaben des Bundesamtes für Statistik belaufen sich die Kosten für stationär abgegebene Arzneimittel 2019 auf 537 Millionen Franken (1,7 %). (BFS 2022) Zusammen machen die Arzneimittel also 26,2 Prozent der Ausgaben der Krankenkassen aus.

Anders sieht es aus, wenn der Anteil der Arzneimittel an den gesamten Gesundheitskosten betrachtet wird. In dieser Perspektive liegt er in der Schweiz bei 11,8 Prozent. Dabei sind alle Vertriebskanäle eingerechnet, die stationär verabreichten, die ambulant verschreibungspflichtigen und die ambulant frei verkäuflichen Arzneimittel. (BFS 2022) Der deutliche Unterschied zum Kostenanteil an den von den Krankenkassen getragenen Leistungen entsteht dadurch, dass die Kassen zwar einen hohen Teil der Arzneimittelkosten vergüten, insgesamt aber weniger als die Hälfte der gesamten Gesundheitskosten abdecken. Insbesondere werden die hohen Pflege- und Betreuungskosten in Heimen und in der aufsuchenden Pflege nur zu einem Bruchteil von den Krankenkassen vergütet.

Der Anteil von 11,8 Prozent an den Gesundheitskosten scheint zunächst einmal nicht sehr hoch zu sein. Allerdings nimmt die Pharmabranche den Großteil der gesamten Ressourcen in Anspruch, die in der Gesundheitsversorgung für Forschung und Entwicklung verfügbar sind. Die großen Pharmakonzerne haben also entscheidenden Einfluss darauf, in welche Richtung sich die Gesundheitsversorgung weiterentwickelt. Nur die viel kleinere Medizinalgerätebranche kann Ähnliches für sich beanspruchen. Das ist angesichts der Tatsache, dass beide Branchen vorwiegend kommerziellen Kriterien folgen, von einiger Bedeutung. Die Entwicklungsdynamik der Gesundheitsversorgung wird stark von eben diesen Kriterien geprägt.

Erster Pfeiler der Macht: Patente

Die rund zwei Dutzend Pharmakonzerne bilden einen Machtcluster, der als »Big Pharma« bezeichnet wird. Ihre starke Stellung beruht im Wesentlichen auf zwei Pfeilern. Der erste Pfeiler ist der Schutz geistigen Eigentums in Form von Patenten. Patente werden für pharmazeutische Wirkstoffe, für Herstellungsverfahren und für Darreichungsformen vergeben. Sie haben heutzutage weltweit eine Geltungsdauer von mindestens zwanzig Jahren. Hinzu kommen noch diverse Verlängerungsmöglichkeiten. In dieser Zeitspanne sind die Patentinhaber alleine befugt, die entsprechenden Arzneimittel zu vermarkten oder Lizenzrechte zu vergeben. Sie verfügen also über ein absolutes Monopol und können hohe, ja zum Teil exorbitant hohe Preise durchsetzen. Auf diese Weise generieren sie enorme Umsätze und entsprechend hohe Profite.

Die Einnahme oder der Gebrauch von Arzneimitteln geschieht in der Regel nicht ohne Not und ist oft unverzichtbar. Auf dem Spiel steht das Wohlbefinden, die Gesundheit und oftmals das Leben der Patient:innen. Für sie lautet die Alternative, dass entweder der hohe Preis für ein Arzneimittel bezahlt wird oder dass sie krank bleiben respektive eine Verschlechterung des Zustands bis zum Tod hinnehmen müssen. Das macht Betroffene, Behörden und Sozialversicherungen in hohem Maße erpressbar. Das ist der Grund, weshalb Preise für einzelne Medikamente bis in Millionenhöhe durchgesetzt werden können. (Vgl. zur Preisbildung Kap. 4, S. 64, und zu Patenten Kap. 10, S. 169)

Zweiter Pfeiler der Macht: Gruppenmonopol dank klinischer Studien

Der zweite Machtpfeiler beruht paradoxerweise auf den hohen Kosten, die für klinische Studien von neuen Arzneimittelkandidaten anfallen. Bevor ein neues Arzneimittel zugelassen wird, muss es ausführlich getestet werden. Mit diesen unerlässlichen Studien sollen schädliche Wirkungen und Nebenwirkungen untersucht werden. Laut Angaben des US-Branchenverbandes Pharmaceutical Research and Manufacturers of America (PhRMA) beanspruchen die klinischen Studien bei ihren Mitgliederfirmen 47,4 Prozent der gesamten Forschungs- und Entwicklungsausgaben. (PhRMA 2020, S. 4) Zu Buche schlagen vor allem die klinischen Studien der dritten und letzten Stufe vor einer Marktzulassung, bei denen oft mehrere Tausend Personen getestet werden. Stufe-III-Studien verursachen allein 28,9 Prozent der gesamten F&E-Ausgaben. Pro Arzneimittel für Krebsbehandlungen – das zurzeit mit Abstand größte Forschungsgebiet – geben Vinay Prasad und Sham Mailankody in einer unabhängigen Untersuchung F&E-Kosten in Höhe von 648 Millionen US-Dollar an (Prasad, Mailankody 2017).

Davon müssten gemäß den Prozentangaben der PhRMA für die klinischen Studien rund 310 Millionen US-Dollar veranschlagt werden und davon wiederum für die Studien der Stufe III rund 190 Millionen US-Dollar.

Solche Zahlenangaben sind strittig, unter anderem weil die Pharmakonzerne sich weigern, ihre detaillierten Kosten transparent zu machen. Aber niemand bestreitet, dass die Durchführung klinischer Studien mit hohen Ausgaben verbunden ist und dass diese auch für große Konzerne maßgebliche Kostenblöcke darstellen. Doch dies erweist sich für die großen Pharmafirmen eben auch als Vorteil. Denn die hohen Kosten für die klinischen Tests bilden eine wirksame Eintrittsschranke in die Gilde der großen Pharmakonzerne und sind damit ein Garant für das Oligopol von Big Pharma. (Zeller 2012, S. 622) Universitäre Institute und Start-up-Firmen können die Kosten für Studien oft nicht aufbringen. In vielen Fällen endet die eigenständige Existenz von pharmazeutischen Start-ups deshalb spätestens, wenn die klinischen Tests der dritten Stufe finanziert werden müssen. Wenn sie Glück haben, werden sie dann von einem Großkonzern aufgekauft. In selteneren Fällen können sie einen Konzern als Lizenznehmer gewinnen und ihre Unabhängigkeit bewahren.

Auch kleinere und mittlere Pharmaunternehmen können Arzneimittel durch alle klinischen Studienphasen bis zur Zulassung bringen; sie sind sogar besser darin, wirklich neue, innovative Medikamente zu entwickeln (vgl. Kap. 10, S. 189). Doch das reicht nicht für ein stabiles Geschäftsmodell. Um die Umsatz- und Ertragsschwankungen, die etwa beim Auslaufen einer Patentfrist entstehen, ausgleichen und hohe Profitraten erhalten zu können, muss ein Unternehmen über ein ausreichend großes Portfolio von patentierten Arzneimitteln und in der Entwicklung begriffenen neuen Arzneimitteln verfügen. Den Schritt zu der dafür notwendigen kritischen Größe schaffen neue Unternehmen nur selten. Am ehesten geschieht dies, wenn ein Technologieschub bei der Entwicklung und der Produktion einsetzt. Zuletzt war dies beim Aufstieg der Bio- und Gentechnologien der Fall. Allerdings konnten sich selbst da nur drei neue Großkonzerne etablieren. Es bleibt abzuwarten, ob die neuen mRNA-Technologien eine vergleichbare Entwicklung auslösen (vgl. Kap. 8, S. 135).

Übrigens wurden bis in die späten siebziger Jahre klinische Tests überwiegend durch akademische Instanzen geleitet. (Rajan 2017) In den Jahrzehnten danach gerieten sie immer mehr unter die Kontrolle von Big Pharma. Heute beauftragen die Pharmakonzerne damit spezialisierte Firmen, die sogenannten Clinical Research Organizations (CRO). Die CRO sind mittlerweile zu einem integralen Teil der biomedizinischen Branche geworden. Sie sind allerdings vollständig von ihren Auftraggebern, den Pharmafirmen, abhängig. Der Gesamtumsatz der CRO ist von 29 Milliarden US-Dollar im Jahr 2015 auf 46,7 Milliarden US-Dollar im Jahr 2021 angestiegen und soll 2024 62,2 Milliarden US-Dollar erreichen. (Statista 2020)

Das Blockbuster-Geschäftsmodell

Patente und die hohen Kosten für klinische Studien verklammerten sich im sogenannten Blockbuster-Geschäftsmodell. Als Blockbuster wird ein Arzneimittel mit einem jährlichen Umsatz von mindestens einer Milliarde US-Dollar bezeichnet. 1987 überschritt Zantac als erstes Medikament diese Grenze. (Rickwood 2012) Zantac ist ein Histamin-2-Blocker, der die Magensäure reduziert und dessen Wirkstoff Ranitidin heißt (vgl. Kap. 6, S. 99). Die Anzahl und die Umsatzstärke von Blockbustern ist heute zum Maßstab der ökonomischen Potenz von Pharmaunternehmen geworden: Der Wert eines Unternehmens auf den Finanzmärkten bemisst sich an der Anzahl von aktuellen Blockbustern und Blockbuster-Kandidaten, über deren Patent- oder Lizenzrechte es verfügt. Der durchschnittliche Anteil von Blockbustern am Gesamtumsatz steigt bei den führenden zehn Pharmakonzernen immer weiter an, von 59,2 Prozent im Jahr 2018 auf 66,0 Prozent im Jahr 2020 (EY 2021); um die Jahrtausendwende hatte er noch bei rund 30 Prozent gelegen. (Zeller 2001, S. 173)

Das Gebiet, das sich mit Abstand am besten für die Entwicklung von Blockbustern eignet, ist die Behandlung von Krebserkrankungen (Onkologie). Erstens ist Krebs äußerst bedrohlich und führt unbehandelt vielfach zum Tod. Zweitens dauern Krebsbehandlungen in aller Regel lang, oftmals mehrere Jahre, und so lange müssen auch die Medikamente eingenommen werden. Die Gewinnsteigerungsraten sind bei den Krebsmedikamenten entsprechend hoch. In nur drei Jahren, von 2018 bis 2020, haben die 21 größten Pharmakonzerne ihren Umsatz in Onkologie und Immunologie von 147,4 auf 202,6 Milliarden Euro ausgebaut, also um 27,2 Prozent. Zudem liegt der Anteil der Krebsmittel an den in der Entwicklung befindlichen Wirkstoffen bei 49,5 Prozent. (EY 2021, S. 16 f.)

Was entwickelt wird und was nicht

Die beiden Machtpfeiler der großen Pharmakonzerne haben dazu geführt, dass ökonomische Gesichtspunkte das Geschehen in der Arzneimittelbranche in einem wohl noch nie dagewesenen Ausmaß prägen. Der Arzneimittelmarkt hat sich im Laufe dieser Entwicklung auffällig segmentiert. Auf der einen Seite finden sich patentierte Präparate mit hohen bis sehr hohen Preisen und entsprechenden Erträgen. Dieses Segment wird von Big Pharma dominiert. Auf der anderen Seite stehen die herkömmlichen Medikamente ohne Patentschutz, mit denen nur vergleichsweise geringe Gewinnmargen erzielt werden. Sie werden überwiegend von darauf spezialisierten Firmen produziert und vertrieben. Generika, Arzneimittel, die unmittelbar nach Ablauf der Patentlaufzeit auf den Markt gebracht werden, nehmen eine Zwischenstellung ein. Auch dieses Segment wird für die großen Pharmakonzerne immer uninteressanter; sie überlassen Generika zunehmend ebenfalls den darauf spezialisierten Firmen. Der Löwenanteil der Gewinne fällt also im Segment der patentgeschützten Arzneimittel an. Und genau das verleiht Big Pharma noch mehr Macht. Denn inzwischen entscheiden praktisch ausschließlich kommerzielle Interessen darüber, welche Wirkstoffe bis zur Zulassung als Medikament oder als Impfstoff vorangetrieben werden und welche nicht. Medikamente, die dringend benötigt würden, die aber im Vergleich zu den Spitzenprodukten zu wenig Erträge versprechen, werden kaum noch entwickelt – dazu gehören zum Beispiel auch Antibiotika gegen multiresistente Keime (vgl. Kap. 5, S. 79).

Der medizinisch-industrielle Komplex

Es gibt weitere Faktoren, die die oligopolistische Macht von Big Pharma konsolidieren. Dazu gehören insbesondere ihre Beziehungsgeflechte zu Regierungen, Behörden, Verbänden, Spitälern und den Ärzt:innen.

In seiner Abschiedsrede am 17. Januar 1961 verblüffte der Präsident der Vereinigten Staaten Dwight D. Eisenhower, ehemaliger Generalstabschef der Armee, die Weltöffentlichkeit mit erstaunlich kritischen Bemerkungen über den »military-industrial complex«. Er warnte vor der Verflechtung kommerzieller, militärischer und politischer Interessen. Er sah darin eine Gefahr für die Demokratie; die Macht dieses Komplexes als Wirtschaftskraft und Lobbynetzwerk wirke darauf hin, dass Konflikte eher militärisch als politisch »gelöst« würden – im Interesse der Rüstungsindustrie.

Analog dazu kann man heute von einem medizinisch-industriellen Komplex sprechen. Die Machtposition von Big Pharma ist ja entscheidend von staatlich-politischen Regulierungen abhängig. Beide Machtpfeiler, die Patente einerseits, die Zulassungsbestimmungen für neue Arzneimittel mit den entsprechenden Anforderungen an klinische Studien andererseits, werden durch staatliche Institutionen konstituiert. Je nachdem, wie diese Regularien konkret ausgestaltet sind, verhelfen sie den Pharmakonzernen zu einer mehr oder weniger starken Stellung. Deshalb unternehmen die Pharmakonzerne alles in ihrer Macht Stehende, um bei der Ausgestaltung und der Umsetzung dieser Regulierungen entscheidend mitzubestimmen. Sie bemühen sich intensiv und mit viel Erfolg darum, Behörden, politische Kräfte und Regierungen zu beeinflussen. Gegen jede auch nur zaghafte Infragestellung ihrer starken Stellung gehen sie konsequent vor.

Das Pharmalobbying ist in den USA am stärksten ausgeprägt. Laut einer vom *Journal of the American Medical Association* (JAMA) publizierten Studie gab die Gesundheitsprodukteindustrie in den Jahren 1999 bis 2018 im Jahresdurchschnitt 233 Millionen US-Dollar für Lobbyarbeit auf US-Bundesebene aus. Laut der Onlineinformationsplattform STAT, die von der Boston Globe Media produziert wird, haben im Wahljahr 2020 mehr als zwei Drittel aller nationalen Parlamentsmitglieder Unterstützungsgelder der großen Pharmakonzerne für ihre Wahlkampagne erhalten. (Facher 2021) Eine deutliche Mehrheit der US-Parlamentsmitglieder hat sich also gegenüber den Pharmagroßkonzernen in eine Abhängigkeit begeben. Das erklärt auch, warum seit vielen Jahren in den USA jeder Versuch fehlschlägt, strengere Rahmenbedingungen für die Pharmaindustrie festzulegen, etwa im Hinblick auf Arzneimittelpreise.

Auch in der Europäischen Union (EU) ist der Lobbying-Einsatz der Pharmakonzerne beträchtlich. Laut einer gemeinsamen

Studie von Health Action International (HAI) und dem Corporate Europe Observatory (CEO) von 2012 beliefen sich die Lobbyausgaben von Big Pharma auf jährlich durchschnittlich 40 Millionen Euro. (HAI, CEO 2012) Das CEO hat diese Angaben in einem Onlinebeitrag unter dem Titel »Big Pharma's lobbying firepower in Brussels: at least € 36 million a year (and likely far more)« im Mai 2021 aktualisiert. (CEO 2021) Dabei sind die Lobbyingausgaben innerhalb der einzelnen EU-Länder nicht mitgerechnet. Sie sind aber erheblich, auch weil die Arzneimittelpreise in den einzelnen Ländern festgelegt werden und nicht in Brüssel; die EU ist lediglich für die Zulassungsverfahren zuständig.

Pharmalobbying geht oft mit Erpressungsversuchen einher. So wird etwa damit gedroht, Arbeitsplätze ins Ausland zu verlegen für den Fall, dass Regierungen und Behörden zu wenig pharmafreundlich agieren, etwa in der Steuerpolitik. Umgekehrt buhlen Länder und Regionen um die Gunst großer Pharmafirmen. Im Koalitionsvertrag zur Regierungsbildung für das Land Rheinland-Pfalz vom Mai 2021 steht: »In der Corona-Pandemie war Rheinland-Pfalz die Apotheke der Welt. [...] Wir wollen das Momentum der weltweiten Sichtbarkeit des Wissenschafts- und Biotechnologiestandortes Mainz insbesondere durch die Erfolge der Firma BioNTech nutzen, um schnell und zielgerichtet die gesamte Wertschöpfungskette am Standort dauerhaft zu sichern und zu erweitern. Rheinland-Pfalz soll zum führenden Standort für Biotechnologie ausgebaut werden. Gemeinsam mit der Stadt Mainz, der Universität Mainz, der Unimedizin und weiteren Akteuren werden wir die verschiedenen Maßnahmen bündeln.« (Zitiert nach Hamburger 2021) Eine starke Verflechtung von Big Pharma und den lokalen Behörden hat sich insbesondere in Basel entwickelt, einem der weltweit führenden Pharma-Hotspots. Auch sozialdemokratische Regierungsmitglieder wie der ehemalige Vorsteher des Departements für Wirtschaft, Soziales und Umwelt des Kantons Basel-

Stadt Christoph Brutschin dienen sich der Pharmabranche an. »Heute ist Basel der wohl produktivste Life-Sciences-Standort der Welt. Damit die Life-Sciences-Industrie in der Region Basel ihre überdurchschnittlich hohe Leistungsfähigkeit nicht nur beibehalten, sondern auch erfolgreich ausbauen kann, müssen die Rahmenbedingungen laufend angepasst und verbessert werden.« (Bruntschin 2020) Dabei werden mittlerweile allerdings vor allem die Interessen von Finanzakteuren bedient, wie ich im nächsten Kapitel ausführe.

2. Die Finanzialisierung von Big Pharma

Am Ende des Novartis-Zitats zum Unternehmenscredo (zitiert zu Beginn des letzten Kapitels) heißt es: »Dabei wollen wir auch jene belohnen, die ihre finanziellen Mittel, ihre Zeit und ihre Ideen in unser Unternehmen investieren.« (Novartis 2021, S. 3) Dieser Satz ist in den letzten Jahrzehnten in einer Weise wahr geworden, die die gängigen Vorstellungen einer Industrie auf den Kopf stellt. Waren die großen Pharmakonzerne noch bis in die neunziger Jahre überwiegend industrielle Unternehmen, deren Fokus auf ihren Produkten lag, so haben sie heute eine Mischform angenommen. Sie sind zu Finanzmarktakteuren mit einer Vertriebs- und Marketingbasis für Industrieprodukte geworden, wobei der Schwerpunkt auf den Finanzmärkten und nicht mehr auf den Medikamenten liegt. Darin liegt einer der Gründe für die Arzneimittelkrise, in die wir verwickelt sind.

Ein Basler Geisterstück

Was sich November 2021 an den Hauptsitzen der beiden großen Basler Pharmakonzerne Roche und Novartis abspielt, wirkt auf den ersten Blick wie ein unverständliches Geisterstück. In den Jahren 2001 bis 2003 hatte Novartis einen Anteil von insgesamt 33 Prozent der Aktien von Roche erworben. Dieses Investment war finanziell motiviert; Novartis wollte damit keinen Einfluss auf die

Roche-Geschäftspolitik nehmen und hätte dies auch nicht tun können, da Roche durch die Nachkommen der Gründerfamilien kontrolliert wird. Doch im Herbst 2021 trennt sich Novartis wieder von dieser Beteiligung, und Roche kauft die Aktien zu einem Gesamtpreis von 19 Milliarden Franken zurück. Roche nimmt dafür Fremdmittel auf und verschuldet sich.

Roche könnte nun zumindest einen Teil dieser Aktien auf dem Markt zum Verkauf anbieten und damit die Verschuldung abtragen. Doch das will der Konzern nicht. Vielmehr vernichtet er sämtliche rückgekauften Aktien. Das hat zur Folge, dass der Wert der verbleibenden Aktien entsprechend steigt. Solche Aktienrückkäufe sind eine mittlerweile weitverbreitete Methode, um die Aktienkurse zu pushen und damit den Aktienbesitzenden Sondergewinne zu ermöglichen. Dennoch wirkt der Vorgang angesichts des enormen Umfangs der Transaktion gespenstisch. Um den Betrag für den Aktienrückkauf zu veranschaulichen: Er übersteigt das Jahresbudget der Weltgesundheitsorganisation WHO um das Siebeneinhalbfache. Und es gibt mehr als achtzig Länder, deren gesamte Jahreswirtschaftsleistung tiefer als 19 Milliarden Franken ist. Erstaunlich ist auch, dass der Vorgang wenig Beachtung findet. Fragen dazu werden in den Medien kaum gestellt.

Doch nun folgt der zweite Akt. Viele Beobachter der Pharmabranche erwarten, dass Novartis den außerordentlichen Gewinn aus diesem Aktienverkauf in seine Produktepipeline investiert. Denn um diese Pipeline sei es nicht zum Besten bestellt, so die vielfach geäußerte Einschätzung. Dominik Felges etwa betitelt seinen Artikel in der *Neuen Zürcher Zeitung* vom 6. Dezember 2021 mit »Novartis ist zu Zukäufen verdammt« (Felges 2021b). Doch zur allgemeinen Überraschung wiederholt sich das gespenstische Schauspiel. Am 16. Dezember 2021 wird bekannt, dass Novartis den Löwenanteil des Ertrages aus dem Roche-Deal nicht in den Zukauf neuer Unternehmen oder neuer Lizenzen investiert, sondern in ein beinahe ebenso gigantisches Aktienrückkaufprogramm. Mit 15 Milliarden Franken kauft Novartis eigene Aktien zurück. In der Summe haben die beiden Konzerne innerhalb von wenigen Wochen 34 Milliarden Franken verbrannt: Diese Mittel gibt es nicht mehr für eine Weiterentwicklung der Arzneimittelversorgung. Das steht in erheblichem Kontrast zu den Beteuerungen der Pharmakonzerne, sie seien auf hohe Gewinne angewiesen, um in neue Produkte investieren zu können. In Wahrheit dienen die hohen Preise dazu, die hohen Gewinnerwartungen des Aktionariats zu befriedigen.

Was bedeutet Finanzialisierung?

Die Ausmaße des Basler Geschehens sind außerordentlich. Aktienrückkäufe sind jedoch keineswegs neu, wenn sie auch meist nicht die Basler Dimensionen erreichen. Sie haben in den letzten Jahrzehnten in vielen Wirtschaftszweigen Fuß gefasst.

Den großen Pharmafirmen gelingt es, dank geistigen Eigentums (Patente) und des Gruppenmonopols über klinische Studien außerordentlich hohe Monopolprofite zu erzielen (vgl. Kap. 1, S. 26). Damit wird Big Pharma zum Zauberlehrling, der die Geister nicht mehr loswird, die er rief. Die hohen Profitraten ziehen das renditesuchende Kapital besonders stark an und erzeugen gleichzeitig entsprechende Erwartungshaltungen: Die hohen Gewinnmargen sollen gehalten und möglichst noch gesteigert werden. Die Wertpapiere von Pharmakonzernen sind ein Finanzinvestment erster Güte. In der Folge sehen sich die Pharmakonzerne dazu verdammt, ihr Geschäft an diesen Profiterwartungen auszurichten. Ein Konzern, der sich mit bescheideneren Gewinnmargen zufriedengäbe, müsste damit rechnen, an den Finanzmärkten bestraft zu werden. Die Bewertung seiner Aktien verlöre im Vergleich zur Konkurrenz an Boden. Dadurch würde der Konzern »billiger« und möglicherweise auch zum Übernahmekandidaten. Hohe Profite und aussichtsreiche Produktepipelines hingegen pushen die Aktienkurse und steigern die Gewinne der Shareholder.

Eine solche Entwicklung wird in der kritischen volkswirtschaftlichen Literatur als Finanzialisierung bezeichnet. Eine bekannte Definition stammt vom US-Ökonomen Gerald E. Epstein: »Finanzialisierung bezeichnet die wachsende Bedeutung von finanziellen Motiven, von Finanzmärkten, Finanzmarktakteur:innen und auf Finanzen ausgerichteten Institutionen im nationalen und internationalen ökonomischen Handeln.« (Epstein 2005, S. 3) Daniel Mertens, Politikwissenschaftler an der Goethe-Universität Frankfurt am Main, erklärt Finanzialisierung wie folgt:

> Als David Bowie Anfang des Jahres verstarb, erinnerte die *Financial Times* an ein besonderes Meisterstück des Künstlers: Bowie Bonds. Der Musiker hatte 1997 die Einnahmen aus 25 seiner Alben »verbrieft« und damit zu einer auf den Finanzmärkten handelbaren Anleihe gemacht. Seine Fans hatten allerdings Schwierigkeiten Bowie Bonds zu erwerben: Die gesamten Wertpapiere im Wert von 55 Millionen US-Dollar wurden von einem einzelnen institutionellen Anleger aufgekauft, der auf Renten- und Lebensversicherungen spezialisierten Prudential Insurance Company. Diese kleine Episode im Aufeinandertreffen von Finanzmarkt und Popkultur steht exemplarisch für einen graduellen Strukturwandel in der Funktionsweise kapitalistischer Ökonomien, der als Finanzialisierung bezeichnet wird. Unter diesem Begriff wird eine ganze Reihe von miteinander verschränkten politischen, ökonomischen und kulturellen Prozessen gefasst, in denen Finanzaktivitäten und -ak-

> teure einen wachsenden Einfluss auf unterschiedliche gesellschaftliche Bereiche nehmen. Dazu zählt erstens die Tatsache, dass ein zunehmender Teil der volkswirtschaftlichen Profite durch Finanzgeschäfte erzielt wird; und zwar nicht allein von Banken und institutionellen Investoren wie Versicherungen und Pensionsfonds, sondern auch von klassischen Industrieunternehmen [zum Beispiel Pharmakonzernen, B. R]. Damit verbunden ist zweitens der Befund, dass unternehmerische Entscheidungen verstärkt der Kontrolle durch Finanzinvestoren unterliegen, die sich negativ auf Arbeitsverhältnisse und langfristige Investitionsentscheidungen durchschlagen kann (Stichwort: *shareholder value*). Drittens umschreibt der Begriff die geographische und sozialstrukturelle Ausweitung von Finanzanlagemöglichkeiten und Finanzprodukten für Bevölkerungskreise, die bislang weder als Investoren noch als Kreditnehmer in Erscheinung getreten sind, wodurch mehr Menschen ihr Handeln an »objektiven« Finanzmarktprinzipien orientieren. (Mertens 2016)

Die Finanzialisierung von Big Pharma

Die Finanzialisierung der kapitalistischen Ökonomie ist keine Besonderheit der Pharmabranche. Aber sie formt den Pharmasektor in einer spezifischen Weise um. Im Januar 2005 macht der Novartis-Finanzchef Raymond Breu an der Medienkonferenz zum Jahresergebnis des Konzerns eine beachtenswerte Äußerung: »Wir verfügen über zu viele liquide Mittel.« Das ist eines der seltenen Eingeständnisse eines Unternehmens, dass es sogar in der eigenen Optik zu viel Gewinn erzielt. Breu macht seine Aussage nach einer Periode von acht aufeinanderfolgenden Jahren, in denen der Konzern regelmäßig die Dividende erhöht und überdies bereits namhafte Aktienrückkäufe getätigt hat. (*Tages-Anzeiger*, 21. Januar 2005) Das heißt nichts anderes, als dass Novartis überkapitalisiert ist und nicht mehr weiß, was mit dem vielen Geld geschehen soll. Weder gibt es genügend aussichtsreiche eigene Entwicklungsprojekte, in die es sich zu investieren lohnt, noch bieten sich genügend andere Firmen an, an deren Übernahme Novartis interessiert ist, und selbst die Ausschüttungen an die Aktionär:innen scheinen an eine Grenze zu kommen.

Die niederländische Nichtregierungsorganisation Stichting Onderzoek Multinationale Ondernemingen (SOMO) veröffentlicht 2020 eine Studie zur Finanzialisierung von Big Pharma, (Fernandez, Klinge 2020) deren Ergebnisse ich hier zusammenfasse. Erstellt wurde die Studie in Zusammenarbeit mit der Katholischen Universität von Leuwen. Gegenstand der Untersuchung sind die 27 weltweit größten Pharmakonzerne im Zeitraum von 2000 bis 2018. Die Autoren fokussieren auf drei Kenngrößen, um Form und Ausmaß der Finanzialisierung zu veranschaulichen.

Zum Ersten sind dies die finanziellen Reserven und die Schulden der untersuchten Konzerne. Die Gesamtheit der finanziellen Reserven aller untersuchter Konzerne steigt von 83 Milliarden (2000) auf 219 Milliarden US-Dollar (2018). Parallel steigen die Schulden von 61 Milliarden auf über 500 Milliarden US-Dollar (von 20 % auf 78 % Prozent des Nettoumsatzes). Auf den ersten Blick erscheint das ein Widerspruch zu sein. Warum nehmen Konzerne in solchem Ausmaß Schulden auf und behalten gleichzeitig enorme finanzielle Reserven zurück? Die Autoren der Studie geben dafür folgende Erklärung: Es ist für die Konzerne billiger, wenn sie die eigenen Reserven in Steuerparadiesen parkieren, um so Steuerzahlungen zu vermeiden, und gleichzeitig Schulden aufnehmen, um ihre Verpflichtungen zu bedienen. Denn die Steuerersparnisse sind höher als die Schuldzinsen.

Zweitens geht es um die Summe der Shareholder-Entschädigungen (Dividenden, Aktienrückkäufe). Diese Entschädigungen sind von 30 Milliarden (2000) auf 146 Milliarden US-Dollar (2018) gestiegen. 2018 bestanden die Entschädigungen etwa zu gleichen Anteilen aus Dividenden und Aktienrückkäufen. Das entspricht einer Steigerung der Ausschüttungen von 10 auf 20 Prozent des Nettoumsatzes. Damit übertreffen die Shareholder-Entschädigungen die Ausgaben für Forschung und Entwicklung (F&E). Haben sie im Jahr 2000 noch 88 Prozent der F&E-Kosten betragen, so sind es 2018 123 Prozent. Die Autoren der Studie interpretieren das so: Die gestiegenen Ausschüttungen an die Aktionär:innen sind nicht das Ergebnis erhöhter Innovationen, sondern das Ergebnis von massiv gestiegenen Pharmapreisen. (Vgl. Kap. 4, S. 64)

Diese Interpretation findet in einem Artikel in der *Neuen Zürcher Zeitung* vom 10. Januar 2022 indirekte Bestätigung. Darin heißt es: »Laut Berechnungen des amerikanischen Wertschriftenhauses SVB Leerink dürften bis Ende Jahr allein die 18 grössten Pharmafirmen aus den USA und Europa über investierbare Mittel von 1720 Milliarden Dollar verfügen. Diese riesige Summe setzt sich aus Liquidität, Einnahmen aus geplanten Devestitionen und Fremdmitteln zusammen, welche die Konzerne nach Einschätzung der Marktbeobachter bei Bedarf aufnehmen könnten.« (Felges 2022) Der Titel dieses Artikels lautet sinnigerweise »Die Pharmabranche schwimmt im Geld«.

Die großen Pharmafirmen forschen immer weniger selbst

Die dritte Kenngröße betrifft die steigende Bewertung der immateriellen Vermögenswerte (geistige Eigentumsrechte, Goodwill). Der Anteil dieser immateriellen Vermögenswerte an der Bilanz der zehn größten Pharmakonzerne ist von 13 Prozent (2000) auf 49 Prozent (2018) markant angestiegen. Von den dafür 2018 in den Bilanzen aufgeführten 520 Milliarden entfallen 270 Milliarden auf den Goodwill. Goodwill ist nichts anderes als die monetäre Bewertung von künftigen Gewinnerwartungen und damit eine rein spekulative Größe.

Die Entwicklung wird in der Grafik 2 veranschaulicht. Sie markiert gemäß den Autoren am deutlichsten den Wandel der Pharmakonzerne von Industriefirmen, die Produkte entwickeln und verkaufen, zu Beteiligungsgesellschaften, für die Finanzoperationen ins Zentrum ihrer strategischen Überlegungen rücken. Geistige Eigentumsrechte (Patente, Lizenzen) sind entscheidend für die Bewertung einer Pharmafirma. Sie werden von den großen Pharmakonzernen zunehmend eingekauft und basieren immer weniger auf der Arbeit der eigenen Forschungs- und Entwicklungsabteilungen. Diese konzentrieren sich auf Verbesserungen des bestehenden Sortiments und damit auch auf Patent-Evergreening, also auf die Bemühungen, aufgrund partieller Veränderungen für im Kern gleiche Arzneimittel neue Patente zu lösen. Auch darin kommt die Abwendung von einer industriellen Ausrichtung hin zu einer finanzorientierten Unternehmenspolitik zum Ausdruck. Das Risiko von Fehlschlägen bei eigentlichen Neuentwicklungen wird ausgelagert. Statt selbst zu entwickeln, erwerben Pharmakonzerne Lizenzrechte auf vielversprechende Wirkstoffe oder kaufen kleinere Pharmaunternehmen auf, die solche im Portfolio haben. Die Konzerne sind bereit, für diese Firmen oder Lizenzen oftmals hohe Beträge zu bezahlen, die in keinem Verhältnis mehr zu den substanziellen Werten der Firmen stehen, sondern die Profiterwartungen (den Goodwill) an neue potenzielle Blockbuster widerspiegeln. Bei näherer Betrachtung erweist sich überdies, dass die aufgekauften Firmen in den meisten Fällen aus der universitären Forschung hervorgegangen sind und nicht selten erhebliche Mittel von der öffentlichen Hand erhalten haben, um ihre neuen Wirkstoffe entwickeln zu können. Das führt dazu, dass die Geschäftsmodelle der großen Pharmakonzerne überwiegend finanzmarktorientiert sind, letztlich aber auf öffentlichen Investitionen in Forschung und Entwicklung basieren.

Grafik 2

Gesamtwert der immateriellen Vermögenswerte der 27 größten Pharmakonzerne sowie sein Verhältnis zur Gesamtheit aller Vermögenswerte

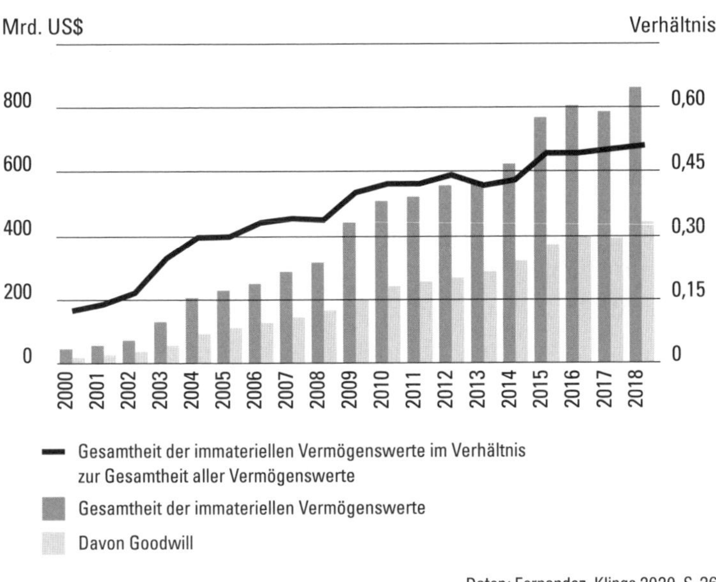

Daten: Fernandez, Klinge 2020, S. 26

Das Beispiel Sovaldi von Gilead Sciences

Ein wichtiger Transmissionsriemen, mit dem die Finanzialisierung ins Innere der Konzerne Eingang findet, sind die Vergütungssysteme des Topmanagements. Auf den Chefetagen haben die fixen Saläre an Bedeutung verloren, auch wenn sie weiterhin stattlich sind. Wichtiger sind die Vergütungen in Form von Anteilen an den firmeneigenen Aktien. William Lazonick und seine Mitautor:innen erläutern die entsprechenden Wirkungen am Beispiel des US-Konzerns Gilead Science. (Lazonick u.a. 2017) Im November 2011 gewinnt der Konzern einen Bieterwettbewerb und übernimmt für 11,2 Milliarden US-Dollar die kleine Firma Pharmasset, die den Wirkstoff Sovosbuvir entwickelt hat, wobei diese Entwicklung auf Forschungsarbeiten der Emory University in Atlanta (USA), zurückgeht. Sovosbuvir ist als erstes Medikament in der Lage, Hepatitis-C-Viren nachhaltig zu eliminieren. Der Wirkstoff gilt als wichtiger Durchbruch bei der Bekämpfung von Hepatitis-C, einer heimtückischen Krankheit, die über die Zeit zu starken Leberschäden und unbehandelt zum Tod führen kann.

Gilead gelingt es, in den USA für die empfohlene zwölfwöchige Therapie mit Sovosbuvir, das unter dem Medikamentennamen Sovaldi bekannt geworden ist, einen Preis von 84 000 US-Dollar durchzusetzen. In den folgenden Jahren bringt Gilead Präparate auf den Markt, in denen Sovosbuvir mit anderen Wirkstoffen kombiniert ist, und verlangt dafür ähnliche Preise: für eine Therapie mit Harnovi 94 500 US-Dollar, mit Epclusa 74 760 US-Dollar. (Vgl. zu den Folgen für die Patient:innen Kap. 4, S. 61) Gilead streicht in den ersten drei Jahren nach der Zulassung von Sovaldi (Dezember 2013) enorme Monopolprofite ein. Der Unternehmensgewinn steigt von 11,2 Milliarden 2013 auf 24,9 Milliarden US-Dollar im Folgejahr, 32,6 Milliarden 2015 und 30,4 Milliarden US-Dollar 2016. Lazonick und seine Mitautoren rechnen vor, dass der Gilead-CEO John C. Martin in diesen Jahren einen Gesamtverdienst von knapp über einer Milliarde US-Dollar einstreichen kann, davon mehr als 90 Prozent in Form von Gilead-Aktien. In ähnlich hohem Maße profitiert auch das übrige Topmanagement.

3. Problemfall USA

Die Vereinigten Staaten von Amerika sind der mit Abstand wichtigste Pharmamarkt der Welt. Ungefähr 50 Prozent des globalen Pharmaumsatzes werden in den USA erzielt. Der Preis eines neuen Arzneimittels wird praktisch immer als Erstes auf dem US-Markt ermittelt, weil in den USA – im Unterschied zu allen anderen OECD-Ländern – die Arzneimittelpreise nicht reguliert sind. Die Konzerne können hier den höchstmöglichen Preis durchsetzen, der noch unterhalb der Schwelle liegt, ab der sie mit für sie nachteiligen Gegenreaktionen rechnen müssen. Mit diesem Referenzpreis setzen sie dann die Regulierungsbehörden anderer Länder unter Druck, ähnlich hohe Preise zu akzeptieren. Für ein vertieftes Verständnis der globalen Pharmabranche ist deshalb auch die Frage zu klären, wie die Gesundheitsversorgung in den USA funktioniert.

Das Gesundheitswesen der USA ist seit über vier Jahrzehnten ein wirtschaftsliberales Spielfeld. Hier werden neue Mechanismen entwickelt, um kommerzielle Arrangements zu stärken. Am Beispiel der USA erweist sich deshalb, wohin es führt, wenn die Kommerzialisierung der Gesundheitsversorgung laufend weiter vorangetrieben wird.

Effiziente Märkte – die Mutter aller gesundheitspolitischen Lügen

In den letzten Jahren ist viel von Lügen, Verschwörungstheorien, Filterblasen und gezielter Manipulation die Rede, meist im Zusammenhang mit autokratischen Regimes oder rechtsnationalistischen Kräften. Die sozialen Medien, so heißt es, seien ein Motor des Zerfalls von Faktentreue und Wahrheitssuche. Doch haben manipulative Praxen, gezielte Lügen und die systematische Ausblendung unbequemer Fakten eine lange Tradition. Sie sind ein treuer Begleiter aller gesellschaftlichen Verhältnisse, in denen Herrschaft und Ausbeutung gerechtfertigt werden müssen. (Denknetz 2019) Ein für weite Teile der kapitalistischen Eliten und der Medienschaffenden nicht hinterfragbarer Glaubenssatz lautet, dass auf Märkten weitaus effizientere Leistungen erbracht werden als im Rahmen staatlich regulierter Produktion. Auf freien Märkten müssten sich Unternehmen darum bemühen, optimalen Nutzen zu möglichst günstigen Preisen bereitzustellen, da sie sonst gegenüber der Konkurrenz nicht bestehen könnten. In der Summe führe dies zu einer besseren Gesamteffizienz, weil Angebot und Nachfrage sich sozusagen automatisch optimal austarierten. Vergessen wird dabei, dass in einer marktwirtschaftlichen Welt »Nebenwirkungen« wie die Schädigung von Ökosystemen, die Klimaerhitzung und die Schaffung großer sozialer Ungleichheiten keine Beachtung finden und nicht mitgerechnet werden. Ihre destruktive Dynamik kann sich deshalb oft sehr lange ungehindert entfalten. Zudem funktionieren die wenigsten Märkte so ideal und transparent, dass die postulierten Effizienzmechanismen ausreichend zum Tragen kommen. In einigen gesellschaftlichen Bereichen führt eine marktorientierte Ausrichtung zu schweren Störungen. Letztlich gilt das wegen der ungebremsten Klimaerhitzung für die Gesamtheit von Wirtschaft und Gesellschaft. Und besonders gilt das für die Gesundheitsversorgung.

In der Gesundheitsversorgung fehlt auf der Seite der Nachfrage die für einen funktionierenden Markt nötige Wahlfreiheit. Sie ist die unabdingbare Voraussetzung dafür, dass sich das Angebot den Bedürfnissen der Nachfragenden anpassen muss. Doch Patient:innen sind nur sehr beschränkt in der Lage, die Qualität der Behandlung zu beurteilen und die medizinische Versorgung selbst auszuwählen. Dafür fehlen das erforderliche Fachwissen und die nötigen Einblicke in den Stand der Forschung und Entwicklung. Aufwendige und teure Behandlungen sind für den Großteil der Bevölkerung überdies nur dank der Sozialversicherungen überhaupt zugänglich. Deshalb kommen gleich auch eine ganze Reihe weiterer Akteure ins Spiel, etwa gesetzgebende Instanzen, Behörden und Krankenkassen, und sie alle stören das freie Spiel der Marktkräfte. Auf der Seite des Angebots wiederum haben wir es oft mit Monopolen zu tun. In einer solchen Gemengelage besteht kein Raum für freie Märkte. (Ringger 2020)

Wenn es um Gesundheit, Leben und Tod geht, sollten kommerzielle Interessen ohnehin keine Rolle spielen. Von Ärzt:innen erwarten wir zu Recht, dass sie ihr Fachwissen und ihre Berufserfahrung dafür einsetzen, um uns bestmöglich zu behandeln. Es gefällt uns nicht, wenn sie diejenigen Methoden auswählen, mit denen sie am meisten verdienen. Das sieht die überwiegende Mehrheit der Gesundheitsfachleute so. Der US-Arzt Don Berwick, 2010/11 Leiter des Centers for Medicare and Medicaid-Services, einer wichtigen US-Gesundheitsbehörde, sagt: »Ich glaube nicht daran, dass wir bessere Medizin oder Pflege bekommen, wenn wir Geld auf den Tisch von Ärzt:innen oder Pflegenden legen. Ich denke vielmehr, dass es sich hier um ein fundamentales Missverständnis der menschlichen Motivation handelt. Ich denke, Menschen lassen sich von Freude, Arbeit, Liebe, Erfolgen, Lernen, Anerkennung und Dankbarkeit leiten und durch das Gefühl, einen Job gut gemacht zu haben. Ich denke, es fühlt sich grundlegend mal gut an, ein Arzt zu sein, und noch besser, ein guter Arzt zu sein. Wenn wir aber damit beginnen, Geld direkt mit ärztlichen oder pflegerischen Leistungen zu verknüpfen, dann spielen wir mit dem Feuer. Der erste und stärkste Effekt davon ist, dass wir die Menschen von ihrer Arbeit entfremden.« (Zitiert nach Himmelstein, Woolhandler 2022)

Die Folgen einer stark marktwirtschaftlich ausgerichteten Gesundheitsversorgung sind in allen entscheidenden Aspekten negativ. Die folgenden Angaben beruhen auf den Daten der Organisation für wirtschaftliche Zusammenarbeit und Entwicklung (OECD). Die OECD trägt seit vielen Jahren ökonomische und soziale Kenndaten ihrer 38 Mitgliedsländer zusammen, unter anderem zur Gesundheitsversorgung. Gemäß diesen Daten schneiden die USA in allen wesentlichen Aspekten schlecht ab, etwa bei den drei wichtigsten Kriterien zur Beurteilung der Qualität eines Gesundheitswesens. Das ist erstens die Gesundheit der Bevölkerung: Sie ist in den USA gegenüber anderen Industrieländern deutlich schlechter. Zweitens geht es um den gleichen Zugang für alle zu den Gesundheitsdienstleistungen: Die Ungleichheiten sind in den USA weitaus stärker ausgeprägt als in allen ähnlichen Ländern. Drittens die Effizienz: Die USA weisen von allen OECD-Ländern die mit Abstand höchsten Gesamtkosten für die Gesundheitsversorgung aus.

Das schlechte Abschneiden der USA lässt sich nicht auf andere, zum Beispiel auf demografische Faktoren zurückführen. Bezüglich solcher Indikatoren stehen die Vereinigten Staaten insgesamt eher besser da als der Durchschnitt der OECD-Länder. Der Anteil der Personen über 65 Jahre ist in den USA mit 16,9 Prozent geringer als etwa in Deutschland (21,8 %) oder Japan (28,9 %). Die vorzeitigen Todesfälle aus Gründen der Umweltverschmutzung liegen in den USA mit 15 Fällen pro 100 000 Einwohner:innen tiefer als im OECD-Durchschnitt (29 Fälle pro 100 000). Erwachsene US-Amerikaner:innen rauchen weniger und essen mehr Gemüse als die Menschen im OECD-Durchschnitt, und ihr Alkoholkonsum ist durchschnittlich. Schlechter sind die US-Werte, was die Übergewichtigkeit betrifft: 73,1 Prozent der erwachsenen US-Bürger:innen sind übergewichtig gegenüber 59,6 Prozent im OECD-Durchschnitt, und auch die Zahl der Personen mit ungenügender körperlicher Aktivität liegt mit 42,5 Prozent über den durchschnittlichen 34,7 Prozent. (OECD 2022b)

Die Gesundheitsversorgung in den USA

In praktisch allen Ländern des globalen Nordens lässt sich von politisch gesteuerten Gesundheitswesen sprechen, mit denen eine möglichst gute Versorgung der gesamten Bevölkerung angestrebt werden soll. Nicht so in den USA. Hier wird kein konsistentes gesundheitspolitisches Konzept verfolgt. Vieles ist Stückwerk, und vieles bleibt der kommerziellen Logik überlassen. Insbesondere gibt es im Gegensatz zu fast allen OECD-Ländern keine medizinisch-pflegerische Grundversorgung. Es fehlt ein einheitlicher Leistungskatalog, der die medizinisch-pflegerischen Mindestleistungen definiert, auf die alle Bewohner:innen Anspruch haben und die finanziell von öffentlich regulierten Versicherungen oder vom Staat abgedeckt sind. Nur für ältere Personen ab 65 (Medicare) und für Armutsbetroffene (Medicaid) existieren staatlich regulierte Angebote, die jedoch von den einzelnen US-Bundesstaaten unterschiedlich ausgestaltet sind.

55 Prozent der US-Bewohner:innen sind über ihren Arbeitgeber versichert. Allen anderen ist erst seit der Obamacare-Reform von 2010 (dem Patient Protection and Affordable Care Act) ein bezahlbares Angebot garantiert, dank dem sie sich einer Versicherung anschließen können. Doch nur gerade 3,3 Prozent der Bevölkerung haben dank Obamacare neu eine Krankenversicherung

abgeschlossen, und weiterhin verfügen 27,5 Millionen US-Bewohner:innen (8,4 % der Bevölkerung) über keinerlei Versicherungsschutz. (Lanz 2019) Weil ein einheitlicher Leistungskatalog fehlt, unterscheiden sich die Versicherungsmodelle zudem stark voneinander. Und wegen der hohen Prämien versuchen außerdem viele Firmen, den Versicherungsschutz für ihre Angestellten – der ja nicht obligatorisch ist – zu umgehen oder zu minimieren. (Signer 2021a)

Deshalb sind auch Menschen mit einer Krankenversicherung oft nicht ausreichend abgesichert. Die Selbstbeteiligung liegt im Allgemeinen bei 20 Prozent und muss auch bei sehr teuren Behandlungen bezahlt werden. Zwar gibt es dafür in der Regel eine Deckelung, die aber bei mehreren Tausend Dollar pro Jahr liegt. Von den jährlich rund 750 000 Privatkonkursen in den USA betreffen zwei Drittel Menschen, die ihre medizinischen Kosten nicht begleichen können, die wegen Unfällen oder Erkrankungen ihre Stelle verlieren oder für die gleich beides zutrifft. (United States Courts 2022; Himmelstein u. a. 2019) Dabei handelt es sich zu 78 Prozent um Leute, die zwar über eine Krankenversicherung verfügen, deren Leistungen aber eben ungenügend sind. (Himmelstein, Woolhandler 2022, S. 71) Eine weitere Folge ist, dass die Amerikaner:innen wegen der hohen Kosten im Allgemeinen zurückhaltend mit Arztbesuchen sind. »Das führt dann längerfristig allerdings oft zu erst recht schweren und teuren Krankheitsverläufen. Zudem müssen Menschen, die nicht oder unzureichend versichert sind, sich auch bei harmlosen Problemen statt an einen Hausarzt an die Notaufnahme eines Spitals wenden, was die Kosten ebenfalls in die Höhe treibt.« (Signer 2021a)

All diese Mängel haben sich in der Ära des Neoliberalismus, die 1981 mit der Reagan-Administration ihren Anfang nahm, deutlich verschärft. Davon sind die wirtschaftlich schlechter gestellten Bevölkerungsteile besonders betroffen. So hat die Lebenserwartung der einkommensschwächsten 40 Prozent seit 1980 abgenommen, die der nächsten 40 Prozent hat stagniert, und die einkommensstärksten 20 Prozent haben um 5,9 Lebensjahre zugelegt. Grafik 3 veranschaulicht diesen erheblichen Zuwachs an Ungleichheit. Sie zeigt die Lebenserwartung in Relation zum Einkommen, aufgeschlüsselt nach den Einkommensquintilen, also je 20 Prozent der Bevölkerung. Im Jahr 1980 hat der Unterschied zwischen den ärmsten und den reichsten 20 Prozent noch 3,9 Jahre betragen. Bis ins Jahr 2010 ist er auf 13,6 Jahre gestiegen, bezogen auf die verbleibende Lebenserwartung im Alter von fünfzig.

Grafik 3

Wachsende Ungleichheiten in der Lebenserwartung, gemessen am Einkommen

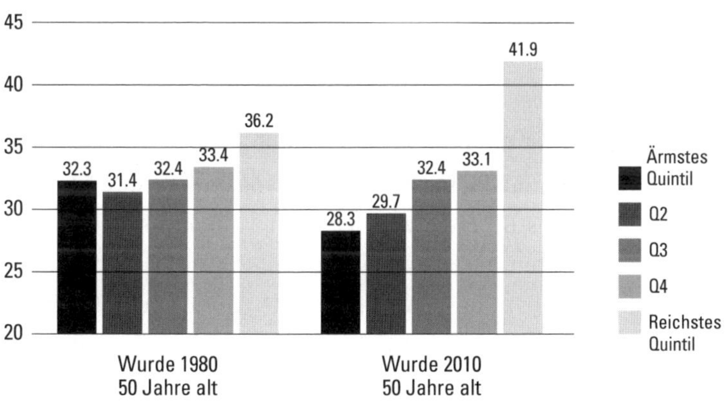

Daten: Himmelstein, Woolhandler 2022, Folie 32

Für Betroffene sind die Konsequenzen oft dramatisch. David Signer schreibt im März in der *NZZ am Sonntag*:

> Die *New York Times* berichtete kürzlich von einem Mann, dessen Vater der Pandemie erlag. Nach und nach erreichen den Sohn nun immer mehr Arzt- und Spitalrechnungen. 457 sind es inzwischen, und sie summieren sich bereits auf mehr als eine Million Dollar. Eigentlich gibt es im Zusammenhang mit den Hilfspaketen der Regierung Programme und Regeln, die Corona-Opfer vor solchen zusätzlichen Belastungen schützen sollten. Aber in Wirklichkeit funktionieren die Schutzmechanismen oft nicht. Das hat auch damit zu tun, dass das amerikanische Gesundheits- und Versicherungswesen kompliziert ist. Die codierten Abrechnungen sind für einen Laien häufig kaum verständlich, und Abklärungen mit den Ärzten und Versicherern sind zeitaufwendig und nervenaufreibend. Eine Psychologin aus Milwaukee, die sich von einer Covid-19-Erkrankung erholt und von der *New York Times* zitiert wird, sagt: »Ich habe einen Doktortitel, aber die Kostenaufstellungen übersteigen meinen Verstand. Meine Rechnungen von 2021 konnte ich noch gar nicht studieren, weil ich immer noch mit denjenigen vom letzten Jahr beschäftigt bin.« Eine Frau, die ihren Mann wegen Corona verlor, musste 50 000 Dollar für einen Transport mit dem Ambulanzhelikopter bezahlen, der von der Krankenkasse nicht übernommen wird. Sie wurde letztes Jahr pensioniert, muss sich jetzt aber einen neuen Job suchen, um die Rechnungen bezahlen zu können. (Signer 2021a)

Schlecht und teuer

Nicht nur sind die Ungleichheiten in der US-Gesundheitsversorgung zwischen Arm und Reich sehr hoch. Der Gesundheitszustand der US-Bevölkerung ist insgesamt eher tief. Die Lebenserwartung bei Geburt beträgt 2019, also noch vor der Corona-Krise, in den USA 78,9 Jahre, damit deutlich weniger als im Durchschnitt aller OECD-Länder (81 Jahre) und erheblich weniger als in den Ländern mit den höchsten Werten: Japan 84,4, Schweiz 84,0, Spanien 83,9, Italien 83,6 Jahre. (OECD 2022b) Auch bei der Bewältigung der Corona-Pandemie schneiden die USA schlecht ab. Im Jahr 2020 sinkt die durchschnittliche Lebenserwartung um 1,6 Jahre und damit deutlich stärker als in den meisten anderen Ländern, und die pandemiebedingte Übersterblichkeit liegt in den USA höher als in 33 von den insgesamt 38 OECD-Ländern. (OECD 2022a)

Paradoxerweise geben die USA von allen OECD-Ländern jedoch mit Abstand am meisten Geld für die Gesundheitsversorgung aus. In absoluten Zahlen betragen 2019 die kaufkraftbereinigten Pro-Kopf-Gesundheitsausgaben in den USA 10 948 US-Dollar. Sie liegen damit 2,68-mal höher als der Durchschnitt aller OECD-Länder (4087 kaufkraftbereinigte US$) und immer noch 1,53-mal über dem Betrag in der Schweiz (7138 kaufkraftbereinigte US$). (OECD 2022b) Dabei nehmen US-Bürger:innen nicht etwa mehr Gesundheitsleistungen in Anspruch, sondern weniger als der OECD-Durchschnitt. So belaufen sich die Aufenthaltstage in einem Krankenhaus pro Kopf im Durchschnitt auf 0,56 Tage pro Jahr; in der Schweiz sind es 1,1 Tage, in Deutschland 1,7 Tage. (Himmelstein, Woolhandler 2022, S. 242)

Ähnlich aussagekräftig ist der Anteil der Gesundheitskosten an der gesamten Wirtschaftsleistung (Bruttoinlandprodukt, BIP) eines Landes. 2019 (dem letzten statistisch konsolidierten Jahr) beträgt der BIP-Anteil in den USA 16,8 Prozent und liegt damit 1,91-mal über dem OECD-Durchschnitt (vgl. Grafik 4).

Grafik 4

Gesundheitsausgaben im Verhältnis zum Bruttoinlandprodukt 2019

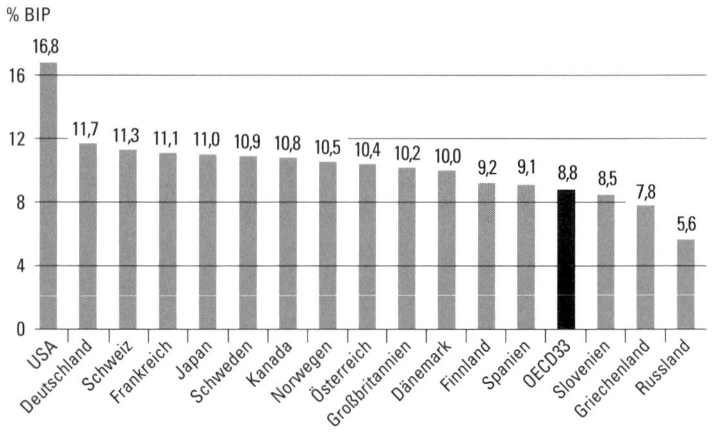

Daten: OECD-Gesundheitsstatistik 2021 (OECD 2022b)

Die Unterschiede sind enorm. Hätte das US-Gesundheitswesen denselben BIP-Anteil wie Schweden, könnten die USA jedes Jahr 1261 Milliarden US-Dollar einsparen; die Summe entspricht 5,9 Prozent des US-amerikanischen BIP, und das wiederum sind 1,43 Prozent des *globalen* BIP. Jeder siebzigste Dollar, der 2019 weltweit ausgegeben worden ist, versickert also in den Mehrkosten des US-Gesundheitswesens gegenüber vergleichbaren Ländern.

In den USA flackern immer wieder Debatten über diese Missstände auf, und in jedem Präsidentschaftswahlkampf versprechen die Kandidat:innen Besserung. In den letzten Jahrzehnten hat nur die Obama-Regierung eine entsprechende Reform zustande gebracht. Doch hat die Obama-Reform zu wenig ins bestehende System eingegriffen, um die Fehlentwicklungen im erforderlichen Maße korrigieren zu können. (Geyman 2015) Die Regulierung der Arzneimittelpreise etwa ist von der Pharmalobby erfolgreich aus der Vorlage gekippt worden.

Profite und Bürokratie treiben die Kosten hoch

Die Kommerzialisierung des US-Gesundheitswesens basiert unter anderem auf den Fallkostenpauschalen, englisch Diagnosis Related Groups (DRG). 1983 werden sie im US-Medicare-Programm für ältere und behinderte Bürger:innen als Verrechnungssystem eingeführt – erstmalig auf der ganzen Welt. Mit den DRG werden die medizinischen, therapeutischen und pflegerischen Leistungen so modelliert, dass sie als Ware mit einem eindeutigen Preis erscheinen. Auf der Basis der warenförmigen Gestaltung müssen dann die Leistungserbringer, Spitäler, Kliniken, Ärzt:innen, wie ganz normale Unternehmen funktionieren – mit dem Unterschied, dass sie statt Uhren oder Handys Pauschaleinheiten von medizinischer Behandlung, Pflege und Therapie anbieten. Das hat weitreichende Folgen, zum Beispiel im Bereich der Administration: Die ökonomische Neumodellierung der Gesundheitsleistungen hat zu einer enormen Aufblähung der Bürokratie geführt.

Bei Sachgütern ist die Sache einfach. Eine Kaffeekanne Modell Y der Marke Z ist eine Kaffeekanne Modell Y der Marke Z, ein identisches Produkt. Das ist in der Gesundheitsversorgung anders. Hier gibt es keine eindeutigen »Produkte«. Es geht immer um Einzelfälle, um individuelle Patient:innen mit ihren individuellen (Krankheits-)Geschichten. Es gibt deshalb auch keine wirklich identischen Behandlungen. In dieser Welt können Preise nicht ohne Verzerrungen festgelegt werden. Dennoch wird genau das mit den Fallkostenpauschalen versucht. Dabei werden rund 1000 Grundbehandlungspakete unterschieden (wie etwa eine Blinddarmoperation), die dann nach weiteren Kriterien gewichtet werden (nach Alter, nach Begleiterkrankungen). Zur Illustration der Komplexität, die dabei entsteht, empfiehlt sich ein Blick in den Schweizer Fallpauschalenkatalog SwissDRG (2018). Es ist augenfällig, dass solche Systeme einen erheblichen bürokratischen Aufwand erzeugen.

In den USA bewirkt die Tatsache, dass jede Krankenversicherung frei darüber bestimmen kann, welche Pauschalleistungen sie in welcher Weise vergütet und welche nicht, einen zusätzlichen Bürokratieschub. Die Unterschiede zwischen den Versicherungspolicen der verschiedenen Kassen sind erheblich und betreffen unzählige Details: Kasse A bezahlt bei einer Herzoperation die neuesten Stents, Kasse B nur bestimmte ältere Modelle, Kasse C vergütet die neuesten Krebsmedikamente, Kasse D nur eine frühere Generation und so weiter. Spitäler, Ärzt:innen, Heime und Labors müssen deshalb in jedem einzelnen Fall eruieren, welche Leistungen von der jeweiligen Krankenkasse abgedeckt werden und welche nicht, welche Behandlung sie ihren Patient:innen also angedeihen lassen können und welche nicht. Das ist aufwendig, fehleranfällig und im Einzelfall medizinisch oft fragwürdig – etwa, wenn eine zwingend gebotene Krebstherapie nicht gedeckt ist. Entscheiden sich die Ärzt:innen zum Beispiel bei einer Notfalloperation für die beste, von der Versicherung aber nicht gedeckte Behandlung, folgen endlose Rechtshändel. Fehler werden umso häufiger, je vielfältiger die Versicherungsmodelle sind; auch darauf folgen Rechtshändel. All dies steigert den administrativen Aufwand erheblich: Die administrativen Kosten der US-Spitäler liegen im Durchschnitt um 548 Prozent höher als im benachbarten Kanada. Kanada hat eine Einheitskrankenkasse mit universellem Leistungskatalog. (Himmelstein, Woolhandler 2022, Folie 265) Über die gesamte Gesundheitsversorgung gesehen ist der administrative Pro-Kopf-Aufwand in den USA gegenüber Kanada um mehr als das Vierfache höher. Nicht nur die Spitäler, auch die Krankenkassen, die frei praktizierenden Ärzt:innen, die Spezialkliniken, die Pflegeheime, die Labors und so weiter müssen einen hohen bürokratischen Mehraufwand bewältigen.

Es kommen noch weitere Kostentreiber dazu, etwa die Gewinne der privaten Krankenkassen und der kommerziellen Anbieter wie Krankenhäuser, Heime und so weiter. Diese Gewinne finden ihren Niederschlag in hohen Gehältern, die die CEO von Spitalketten, Krankenkassen und Pharmafirmen in den USA beziehen. Der US-amerikanische Gewerkschaftsdachverband AFL-CIO veröffentlicht auf seiner Website eine umfangreiche Auflistung von CEO-Gehältern, die nach Branchen sortiert werden können. (AFL-CIO 2020) Im Jahr 2020 lagen die höchsten zehn Gehälter in der US-Gesundheitsbranche zwischen 30,4 und 199,1 Millionen US-Dollar. (Websites von AFL-CIO und Statista)

Ins Gewicht fallen nicht zuletzt auch die hohen Arzneimittelpreise. Die Pro-Kopf-Ausgaben für Pharmaprodukte liegen im Einzelhandel in den USA 2019 um den Faktor 2,41 über dem Durchschnitt der OECD-Länder (vgl. Grafik 5). Das ist eine unmittelbare Folge davon, dass Pharmapreise in den USA nicht reguliert werden.

Grafik 5

Pro-Kopf-Ausgaben 2019 für Arzneimittel im Einzelhandel, kaufkraftbereinigt

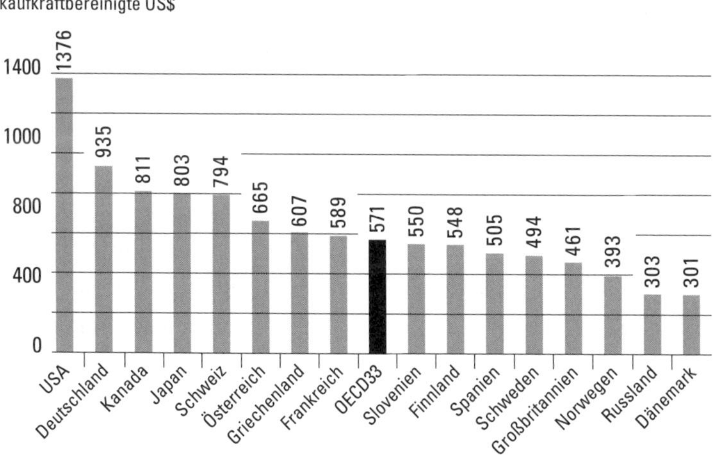

Daten: OECD, Health Statistics 2021

Big Pharma profitiert

In den letzten Jahrzehnten haben zwei Gesetzesreformen die kommerzielle Macht der Pharmabranche in den USA erheblich gestärkt. Zum einen war das die Verabschiedung des Bayh-Dole-Gesetzes (so benannt nach seinen Hauptvertretern, den Senatoren Birch Bayh und Bob Dole) am 12. Dezember 1980 durch den Kongress, kurz nach der Wahl Ronald Reagans zum US-Präsidenten und wenige Wochen vor seiner Amtseinführung. Das Gesetz bezieht sich auf die Patentierung von Forschungsergebnissen und Erfindungen, die mit öffentlichen Geldern, insbesondere von den National Institutes of Health (NIH), finanziert sind. (Zum NIH vgl. Kap. 9, S. 160) Während vor der Verabschiedung des Bayh-Dole-Gesetzes solche Erfindungen gemeinfrei waren und von allen genutzt werden konnten, erlaubt das Gesetz nun die privatrechtliche Patentierung öffentlicher Forschungsergebnisse. Damit werden diese zur Beute privater Firmen, zuerst meist von Start-ups, die später von großen Konzernen aufgekauft werden. Das hat auch Folgen für die Haltung vieler Forscher:innen an öffentlichen Institutionen wie zum Beispiel Universitäten und Universitätskliniken. Ihre Ambitionen richten sich mehr und mehr auf Forschungsergebnisse mit kommerziellem Potenzial und auf die mögliche Gründung eines eigenen Unternehmens – die Milliardenerträge vor Augen, die sich beim Verkauf an einen Pharmakonzern erzielen lassen. (Angell 2005, S. 34 f.)

Wenige Jahre später, 1984, sorgt das Hatch-Wayman-Gesetz dafür, dass über die Regeln des Patentrechts hinaus neue Alleinvermarktungsrechte für Markenpräparate vergeben werden können. Patente auf Wirkstoffe sind zwanzig Jahre gültig, wobei in dieser Zeit die Entwicklung bis zum klinisch getesteten Medikament stattfinden muss, was im Durchschnitt zwölf Jahre dauert. Das Hatch-Wayman-Gesetz hat die effektiv verbleibende Dauer einer Monopolstellung von acht auf vierzehn Jahre verlängert. (Angell 2005, S. 35 f.)

Ins Gewicht fällt auch eine Nebenwirkung der Kommerzialisierung, die meist übersehen wird. Staatliche Akteure wie öffentliche Kliniken und Heime haben weder die Mittel noch die Berechtigung, Lobbyaktivitäten zu entfalten. Ihre Möglichkeiten, gesellschaftliche und politische Entscheidungen zu beeinflussen, sind entsprechend gering. Im Gegensatz dazu stehen kommerziellen Anbietern viel mehr Mittel für die direkte und indirekte Lobbyarbeit zur Verfügung. Sie müssen dabei keine Zurückhaltung üben und haben beträchtliche Möglichkeiten, die Gesetzgebung zu beeinflussen. Das ist umso mehr der Fall, je größer und finanzkräftiger die privaten Anbieter werden.

4. Arzneimittelpreise

Ein zentraler Aspekt der Arzneimittelkrise sind die hohen Preise, vor allem für neue Medikamente. Die Menschen in ärmeren Ländern müssen schon immer damit zurechtkommen, sich lebenswichtige Medikamente oft nicht leisten zu können. Das betrifft nun aber zunehmend auch Menschen in den reichen Ländern. Die hohen Arzneimittelpreise führen tendenziell zu einer globalisierten Mehrklassenmedizin. Eine umfassende und bestmögliche Gesundheitsversorgung können sich immer weniger Menschen leisten.

Nochmals Sovaldi

In Kapitel 2 ist es im Zusammenhang mit dem Hepatitis-C-Medikament Sovaldi um die Vergütung von Gilead-Sciences-CEO John C. Martin und den Einzug der Finanzialisierung in die Pharmakonzerne gegangen (vgl. S. 43). Im Folgenden sollen die Geschichte des Medikaments, die Preispolitik von Gilead Sciences und die Folgen dieser Politik für an Hepatitis-C Erkrankte beleuchtet werden.

1998 gründen zwei Wissenschaftler:innen der Emory University in Atlanta (USA), das Start-up-Unternehmen Pharmasset, dem es dank staatlicher Unterstützung gelingt, den Wirkstoff Sofosbuvir zu entwickeln und ersten klinischen Tests zu unterziehen. Dabei erweist sich, dass im Vergleich zu den früheren, Interferonbasierten Hepatitis-C-Behandlungen der neue Wirkstoff den viralen Krankheitserreger viel besser erfasst. In 95 bis 100 Prozent der Fälle kann Sofosbuvir die Erregerlast vollständig eliminieren, das heißt die Patient:innen nachhaltig von ihrer Erkrankung heilen. Dazu kommen eine deutlich kürzere Behandlungsdauer von 12 statt 52 Wochen und ein erheblicher Rückgang der Nebenwirkungen. (Steiner u.a. 2021) Der Wirkstoff wäre also geeignet für eine Strategie der weltweiten Eliminierung (im Fachjargon Eradizierung) von Hepatitis C.

Pharmasset schätzt die Entwicklungskosten von Sofosbuvir bis zur Zulassung auf einen Betrag von 188 Millionen US-Dollar. (Schaaberi 2021) Die Firma verzichtet jedoch darauf, das Medikament selbst zur Marktreife zu bringen. Pharmasset wird 2011 an Gilead Sciences für den sagenhaften Betrag von 11,2 Milliarden US-Dollar verkauft – das ist das Sechzigfache der geschätzten Entwicklungskosten. Gilead erhält 2013 die Zulassung für das erste Sovosbuvir-basierte Medikament und gibt ihm den Markennahmen Sovaldi. Die Produktionskosten für eine Sofosbuvir-Behandlung werden auf 68 bis 136 US-Dollar geschätzt. (Hill u.a. 2017) Doch Gilead verlangt 84 000 US-Dollar für eine zwölfwöchige Therapie.

Weltweit leiden laut Angaben der WHO rund 58 Millionen Menschen an chronischer Hepatitis C. Jährlich sterben etwa 290 000 an der Krankheit. (WHO 2022) Behandelte man alle an Hepatitis-C Erkrankten zum von Gilead geforderten Preis mit Sovaldi, verursachte das weltweite Kosten von 4872 Milliarden US-Dollar. Dieser Betrag entspricht mehr als 60 Prozent der gesamten weltweiten jährlichen Gesundheitskosten. Diese Zahlen machen deutlich, in welchen Sphären sich Pharmapreise heute bewegen. Sie sind so hoch, dass auch die Gesundheitssysteme der reichsten Länder finanziell überfordert werden. Selbst in der reichen Schweiz hat deshalb die Zulassungsbehörde, das Bundesamt für Gesundheit (BAG), Sovaldi nur sehr zögerlich und mit strengsten Einschränkungen als kassenpflichtig freigegeben, nämlich erst bei bereits weit fortgeschrittener Krankheit. Das aber ist weder aus medizinischer noch aus menschlicher Sicht zu rechtfertigen. (Denknetz Arbeitsgruppe Big Pharma 2016)

Eine Behandlung mit dem neueren und etwas besseren Konkurrenzprodukt Malviret von AbbVie, das auf anderen Wirkstoffen beruht und deshalb die Sofosbuvir-Patente nicht verletzt, kostet heute 30 000 US-Dollar, und Gilead Sciences hat den Preis für Sovaldi mittlerweile in etwa halbiert. Außerdem hat das Unternehmen eine Lizenz für die nicht exklusive Herstellung und den Vertrieb von Sofosbuvir in 91 Entwicklungs- und Schwellenländern an das indische Pharmaunternehmen Mylan Laboratories Limited vergeben. Laut der deutschen *ÄrzteZeitung* gibt es in diesen Ländern Preisangaben von einigen Hundert US-Dollar pro Behandlung. (ÄrzteZeitung 2014) Solche Preisdifferenzen setzen eine neue Form des Arzneimitteltourismus in Gang. Hepatitis-C-Patient:innen aus Hochpreisländern reisen in Schwellenländer, um dort eine Behandlung mit Sovaldi zu bekommen. (Belmonte 2017) Aber mehrere Hundert Dollar sind in vielen dieser Länder immer noch so viel, dass eine Behandlung für den Großteil der Erkrankten unbezahlbar ist. Die WHO hat 2011 ein globales Programm zur Eliminierung der virusbasierten Hepatitis-Erkrankungen lanciert. Sie muss heute trotz der Verfügbarkeit wirksamer Medikamente das ernüchternde Fazit ziehen, dass der Zugang zu Diagnose und Behandlung der Krankheit weiterhin sehr vielen Menschen verwehrt ist (WHO 2017, 2022). Hepatitis C bleibt eine verbreitete und heimtückische Krankheit, die oft zum Tod führt.

Gilead hingegen hat dank seiner Sofosbuvir-Präparate 2014 den Umsatz mehr als verdoppelt und den Gewinn beinahe vervierfacht. In den drei Jahren nach der Sovaldi-Marktzulassung erzielt Gilead bei einem kumuliertem Umsatz von 87,92 Milliarden US-Dollar einen kumulierten Konzerngewinn von 43,66 Milliarden

US-Dollar. Das entspricht einer Gewinnmarge von 49,7 Prozent. In den Folgejahren sinken die Gilead-Profitraten wieder auf branchenübliche 18 bis 24 Prozent, weil der Pharmakonzern AbbVie mit neuen Wirkstoffen und dem Konkurrenzprodukt Malviret wesentliche Anteile im Hepatitis-C-Markt erobert. (Statista 2022) Solche raschen Verschiebungen in der Konkurrenzlage sind nicht der Regelfall; üblicherweise bleiben Arzneimittel so lange konkurrenzlos, wie sie patentgeschützt sind.

Fantasiepreise

Im Fall Sovaldi zeigt sich ein verbreitetes Muster der Preisfestsetzung bei der Markteinführung von Arzneimitteln. Zunächst versuchen die Pharmakonzerne in den USA den höchstmöglichen Preis festzulegen.

Danach werden die Preise – oft unter dem Druck von Öffentlichkeit und Politik – auf etwa die Hälfte gesenkt. Aufgrund der Messlatte der ursprünglichen Fantasiepreise bleibt es in dieser zweiten Phase jedoch immer noch bei sehr hohen Beträgen mit sehr hohen Profiten. Anschließend bemühen sich die Konzerne, die hohen Preise auch über die Geltungsdauer des Patentes hinaus zu halten. Folgepräparate werden lanciert, bei denen nur unbedeutende Veränderungen vorgenommen werden, für die dennoch neue Patente erworben werden können. Oft werden auch regional segmentierte Preise eingeführt. Für Entwicklungs- und Schwellenländer werden deutlich tiefere Beträge akzeptiert, weil diese Märkte sich nur so erschließen lassen.

Nach der Patentgültigkeit und dem Auslaufen der Verlängerungen folgt schließlich eine Phase von normalen Marktpreisen, die sich im Rahmen der Produktionskosten plus einer in der sonstigen Industrie üblichen Gewinnmarge bewegen. Auf lange Sicht können Arzneimittelpreise dann absacken und nur noch marginale

Profite erbringen. Manche Hersteller stellen dann die Herstellung des Medikaments ein.

Perjeta – erpresster Hochpreis

Im Sommer 2018 startet die Schweizer Nichtregierungsorganisation Public Eye die Kampagne »Für bezahlbare Medikamente«. Laut Angaben von Roche erkranken allein in Europa jährlich fast 100 000 Frauen an HER2-positivem Brustkrebs (Roche 2018). Zur Behandlung dieser Krankheit führt Public Eye folgendes Beispiel an: »573 375 Franken: So viel hat eine Schweizer Krankenkasse von 2012 bis und mit 2017 für die Therapie einer einzigen Patientin aufgewendet. Die Frau – nennen wir sie Nadja – war an Brustkrebs vom Typ HER2-positiv erkrankt. [...] Behandelt wurde Nadja mit einer Kombination aus zwei Krebsmedikamenten des Pharmariesen Roche: Einerseits mit Trastuzumab, das seit 1999 unter dem Handelsnamen Herceptin vermarktet wird, andererseits mit Pertuzumab, das unter dem Namen Perjeta im Jahr 2012 zugelassen wurde.« (Public Eye 2018b, S. 4) Das Erschreckende an diesem Fall ist nicht nur der hohe Preis. Es ist vor allem die Art, wie Roche die Schweizer Behörden 2015 in die Knie zwingt. Das Bundesamt für Gesundheit (BAG) will den Perjeta-Preis um 50 Prozent senken. Daraufhin nimmt Roche das Medikament vom Schweizer Markt, was für viele erkrankte Personen in der Schweiz einem Todesurteil gleichkommt. Daraufhin lenkt das BAG ein und akzeptiert den ursprünglichen Preis. An diesem Beispiel zeigt sich die erpresserische Macht der Pharmakonzerne. Roche konnte sich straflos anmaßen, Patient:innen ein lebensnotwendiges Medikament vorzuenthalten. Dafür gibt es im Schweizer Strafrecht eigentlich eine Strafnorm, nämlich die Vorenthaltung einer Hilfeleistung. Sie ist im Geschäft mit Arzneimitteln allerdings bislang noch nie zur Anwendung gekommen.

Glivec – Höchstpreise für Medikamente gegen seltene Krankheiten

Über viele Jahre sorgt das Novartis-Krebsmedikament Glivec immer wieder für Schlagzeilen. Glivec basiert auf dem Wirkstoff Imatinib und steht für einen Durchbruch bei der Behandlung der chronischen myeloischen Leukämie (CML). Diese seltene Form von Leukämie war zuvor nur mit einer risikoreichen Knochenmarktransplantation behandelbar, die jedoch nicht für alle Patient:innen infrage kam, und verlief ansonsten immer tödlich.

1994 lässt Novartis eine ganze Reihe von Hemmstoffen patentieren, die das Potenzial haben, CML nachhaltig einzudämmen. Da es sich bei dieser Leukämieform jedoch um eine seltene Krankheit handelt, zeigt Novartis vorerst kein Interesse daran, aus den Wirkstoffen auch ein handelbares Medikament zu machen – zu klein scheinen Absatzmärkte und damit die Profitaussichten. Der Onkologe Brian J. Druker von der Oregon Health and Science University kann jedoch nachweisen, dass der Wirkstoff Imanitibmesylat das Wachstum der Krebszellen wirksam unterdrückt, ohne normale Blutzellen in Mitleidenschaft zu ziehen. Eine solch gezielte Wirkung hatte es in der Krebstherapie vorher noch nicht gegeben. Auf nachhaltiges Drängen von Druker hin zeigt sich Novartis 1999 schließlich zu ersten klinischen Tests bereit. Sie verlaufen so erfolgreich, dass der Konzern beschließt, die Medikamententwicklung voranzutreiben. 2001 erhält das Medikament die Zulassung durch die US-Arzneimittelbehörde Food an Drug Administration (FDA). (Angel 2005) Novartis legt den Preis für eine Glivec-Jahresbehandlung auf 27 000 US-Dollar fest, was zu der Zeit eine provokativ hohe Summe für eine medikamentöse Behandlung ist; noch sind die heutigen Therapiepreise von bis zu mehr als einer Millionen US-Dollar undenkbar. Novartis schraubt in den Folgejahren den Preis bis auf das Vierfache hoch. Glivec wird zum erfolgreichsten Blockbuster des Konzerns. Allein 2012 verbucht Novatis damit einen Umsatz von 4,7 Milliarden US-Dollar.

Im selben Jahr wenden sich weltweit 120 renommierte Krebsspezialist:innen, darunter Druker, mit scharfer Kritik an die Öffentlichkeit und fordern von Novartis eine Preisreduktion. (Pollack 2013) Doch noch bis 2016, als erstmals ein Glivec-Generikum auf den Markt kommt, bleibt das Medikament eine der wichtigsten Einnahmequellen von Novartis.

Glivec markiert einen Wendepunkt in der Preispolitik der Pharmakonzerne. Lange Zeit entwickelt die Pharmaindustrie kaum Medikamente gegen seltene Krankheiten, Orphan Drugs. Doch Novartis ist es mit Glivec gelungen, die Preise für diese Medikamentengruppe in eine neue Dimension zu heben; reihenweise behaupten sich in der Folge die Orphan Drugs als neue Blockbuster. Das ist umso irritierender, als die öffentliche Hand die Entwicklung dieser Medikamente besonders fördert, etwa durch Steuererlasse, Sonderforschungsbeiträge und Marktschutzregeln. In der EU wird bei der Vermarktung von Orphan Drugs zusätzlich zum üblichen Patentschutz ein exklusives Monopol von zehn Jahren gewährt; das heißt, dass keine Arzneimittel gegen dieselben Krankheiten zugelassen werden, auch wenn sie auf anderen Wirkstoffen basieren und das ursprüngliche Patent nicht verletzen.

Kymriah – geheime Preise

Novartis bereitet den Marktauftritt Kymriahs vor, eines weiteren Medikaments gegen eine spezielle Form von Leukämie, die lymphatische B-Zell-Leukämie, die vor allem bei Kindern auftritt. 2017 erhält der Konzern die Zulassung in den USA. Diesmal verlangt Novartis von Anfang an den Preis von 475 000 US-Dollar für eine Behandlung. Die Taktik ist dieselbe wie die von Gilead Sciences bei Sovaldi: Möglichst hoch einsteigen und den Preis auf Druck von Öffentlichkeit und Behörden so wenig wie möglich senken.

In der Schweiz wird der Kymriah-Preis von Fachleuten auf 355 000 bis 370 000 Franken geschätzt, doch der genaue Preis ist nicht bekannt. Novartis und das Bundesamt für Gesundheit (BAG) vereinbaren bei der Zulassung 2018, den ausgehandelten Preis geheim zu halten. Es ist eine Praxis, die sich zunehmend verbreitet und die es schon in etlichen Ländern, etwa in Deutschland und Frankreich, gibt. Die Geheimhaltung erlaube den Behörden, wird behauptet, hohe Rabatte zu erzielen und das Zulassungsprozedere der Arzneimittel zu beschleunigen. Das wird jedoch in einer unabhängigen Studie bestritten. (Carl, Vokinger 2021) Die World Health Assembly (WHA), das oberste Organ der WHO, erhob gegen diese Praxis im Mai 2019 in einer Resolution die Forderung nach transparenten Preisen. In der WHA versammeln sich alle 194 Mitgliedsstaaten der WHO, und die Entscheidungen fallen im Konsens. Doch die Resolution verpufft wirkungslos.

Noch etwas ist neu bei Kymriah. Es handelt sich eigentlich nicht um ein Arzneimittel, sondern um ein Heilverfahren, um eine sogenannte CAR-T-Zelltherapie. Dabei werden den Patient:innen körpereigene Immunzellen entnommen, die dann im Labor gentechnisch umgerüstet werden, sodass sie die Krebsform gezielt bekämpfen. Die umgerüsteten Immunzellen werden den Patient:innen wieder injiziert. (Vgl. Kap. 8, S. 132) Fast gleichzeitig mit Kymriah wurden in den USA mit Yescarta und Tecartus, beide von Gilead Sciences, zwei weitere CAR-T-Zelltherapien zugelassen. Beide werden dort zu einem Listenpreis von 373 000 US-Dollar angeboten. Übrigens sind diese Therapien wie bei dem Medikament Sovaldi nicht von Gilead Sciences entwickelt worden, sondern vom Unternehmen Kite Pharma, das Ende 2017 von Gilead zum Preis von 11,9 Milliarden US-Dollar aufgekauft worden ist. Auch die Kymriah-Therapie ist an der Universität von Philadelphia entwickelt worden, bevor sich Novartis von der Universität die Rechte erwarb.

Die hohen Preise haben Folgen. Im Frühjahr 2020 will das Onkologieteam eines großen Schweizer Universitätsspitals eine CAR-T-Zell-Therapie auf Basis von Kymriah durchführen und stellt ein Gesuch auf Kostenübernahme bei der entsprechenden Krankenversicherung. Da Kymriah in der Schweiz zugelassen ist, müsste die Krankenkasse anstandslos zahlen. Die Kasse verweigert jedoch die Kostenübernahme und nimmt in Kauf, vor Gericht gezogen zu werden. Sie verweigert die Zahlung so lange, bis der Patient an seiner Krankheit im April 2021 verstirbt. (Hehli 2022a/2022b) Was in Schwellen- und Entwicklungsländern schon seit Jahrzehnten üblich ist und auch in den USA vorkommt, passiert nun auch in Ländern wie der Schweiz. Patient:innen erhalten nicht mehr die Behandlung, die sie brauchen, selbst wenn es um ihr Leben geht.

Avastin und Lucentis – betrügerische Praxen

Ein Arzneimittel, das nicht unter Patentschutz steht, ist Avastin, das den Wirkstoff Bevacizumab enthält und ursprünglich vom US-Pharmaunternehmen Genentech zur Tumorbehandlung entwickelt worden ist. Mit einem Dosispreis von 50 US-Dollar oder weniger gehört Avastin nach Ende der Patentfrist zu den kostengünstigen Medikamenten. 2005 wird bekannt, dass sich Avastin auch zur Behandlung einer Augenkrankheit, der feuchten altersbedingten Makuladegeneration (feuchte AMD), eignet. Von feuchter AMD sind rund 20 Prozent aller Menschen über siebzig betroffen. Sie führt ohne Behandlung in 60 bis 70 Prozent der Fälle innerhalb von zwei Jahren zur Erblindung. Es geht also um ein drängendes Gesundheitsproblem.

Avastin wird im Rahmen einer Off-Label-Nutzung gegen die feuchte AMD eingesetzt. Off-Label heißt, dass ein Medikament außerhalb des Einsatzgebietes, für das es konzipiert und zugelassen ist, zur Anwendung kommt. Genentech entwickelt eine Strategie, um gegen diese Praxis vorzugehen. Die Firma nimmt unwesentliche Veränderungen an der Wirksubstanz vor, lässt diese neu patentieren und bringt unter dem Namen Lucentis ein scheinbar neues, nunmehr explizit zur Behandlung von feuchter AMD vorgesehenes Medikament auf den Markt. Mehrere Studien weisen nach, dass Avastin und Lucentis in ihrer Wirkung als gleichwertig zu betrachten sind. (Aerzteblatt.de 2012) Dennoch wird Lucentis als einzige anerkannte Behandlung vermarktet. Der Startpreis für Lucentis liegt bei 2000 US-Dollar pro Dosis, also um das Vierzigfache höher als der Preis für Avastin. Lucentis muss mindestens dreimal injiziert werden, je nach Verlauf auch häufiger. Heute kostet eine Lucentis-Dosis über 1000 Euro.

Als Roche 2009 Genentech übernimmt, wird sie zur neuen Patentinhaberin von Lucentis. Roche tritt die Vermarktung in Europa an Novartis ab und vertreibt das Produkt nur noch in den USA. Gemeinsam unternehmen die beiden Konzerne alles, um Lucentis zu fördern und Avastin zu verdrängen. Die Schweizer Krankenversicherungen etwa müssen die Kosten für Lucentis übernehmen, dürfen das viel günstigere Avastin hingegen trotz mehrerer politischer Vorstöße im Parlament nicht vergüten. (Strassheim 2021b) Die Strategie geht aber nicht in allen Ländern auf. In Frankreich und in Italien wird Lucentis als Betrug gewertet, und Novartis und Roche müssen hohe Bußen bezahlen.

Libmeldy, Zolgensma – die Millionengrenze wird gesprengt

Arzneimittelpreise lassen sich offenbar endlos steigern. Die beiden zurzeit teuersten Präparate Libmeldy und Zolgensma werden zu einem Preis von über 2 Millionen Euro gelistet. In beiden Fällen geht es um die Behandlung seltener Erbkrankheiten bei Kindern, und beide Medikamente sind Gentherapeutika. Libmeldy ist in Europa seit Ende 2020 zugelassen, kostet 2,875 Millionen Euro und wird vom niederländischen Pharmaunternehmen Orchard Therapeutics vertrieben. Es kommt bei Kindern zum Einsatz, die an metachromatischer Leukodystrophie (MLD) leiden. Zolgensma bremst den Muskelschwund bei der spinalen Muskelatrophie (SMA), wird von Novartis vermarktet und kostet ebenfalls über 2 Millionen Euro. Beide Medikamente müssen, so die Angaben der Hersteller, nur einmal verabreicht werden. Vorderhand ist allerdings unklar, ob danach nicht doch weitere kostspielige Therapien erforderlich werden.

Zolgensma ist nicht von Novartis entwickelt worden, sondern in einem Kinderspital in Ohio (USA), finanziert mit Geldern, die zu einem beträchtlichen Teil aus einer gemeinnützigen Stiftung stammen, die die Eltern eines an SMA verstorbenen Kindes gegründet hatten. 2013 überträgt das Kinderspital die Rechte an die US-Firma AveXis, die 2018 von Novartis zu einem Preis von 8,7 Milliarden US-Dollar übernommen wird.

Niederschlag der Hochpreispolitik in Statistiken

Melanie Schröder und Carsten Telschow haben in einem Beitrag über hochpreisige Arzneimittel in Deutschland gezeigt, dass die Hochpreisigkeit bei Neuzulassungen mittlerweile den Regelfall bildet und dass dies die Gesundheitskosten beträchtlich belastet. (Schröder, Telschow 2021) Die Autor:innen weisen auf eine Schwierigkeit bei der Ermittlung der Arzneimittelkosten hin. Transparent sind nur die Verkäufe durch den Detailhandel; im Fall rezeptpflichtiger Arzneimittel sind das die Apotheken. Gerade sehr teure Medikamente werden jedoch oft durch eine stationäre Einrichtung wie Krankenhäuser verabreicht, im Fall etwa von Immunzelltherapien sogar ausschließlich. Der Preis wird dabei der entsprechenden Fallpauschale zugerechnet. Als eigener Kostenfaktor ist er dann nur noch schwer oder gar nicht mehr zu ermitteln. (Ebd.,

S. 73) Die Daten können also nur geschätzt werden. Dennoch ergibt sich ein deutliches Bild. Dies betrifft zunächst die Stellung der 21 weltweit größten Pharmakonzerne. Der Nettokostenanteil dieser Konzerne am deutschen Gesamtmarkt beläuft sich auf 53 Prozent; im Teilmarkt der patentierten Arzneimittel liegt der Anteil bei 75,3 Prozent und im Teilmarkt der Hochpreispräparate – mindestens 1000 Euro pro Arzneimittel – bei 72 Prozent. Die größten Pharmakonzerne dominieren also vor allem dort, wo es um Patente und um hohe Preise geht. (Ebd., S. 75)

Schröder und Telschow nehmen eine weitere Differenzierung vor. Sie vergleichen den durchschnittlichen Packungspreis im Gesamtmarkt, im Markt von Arzneimitteln mit Patentschutz und im Markt der Medikamentneueinführungen, das heißt der Medikamente, die innerhalb der letzten 36 Monate zugelassen wurden (vgl. Grafik 6).

Grafik 6

Entwicklung des durchschnittlichen Packungspreises nach Marktsegmenten, 2011–2020

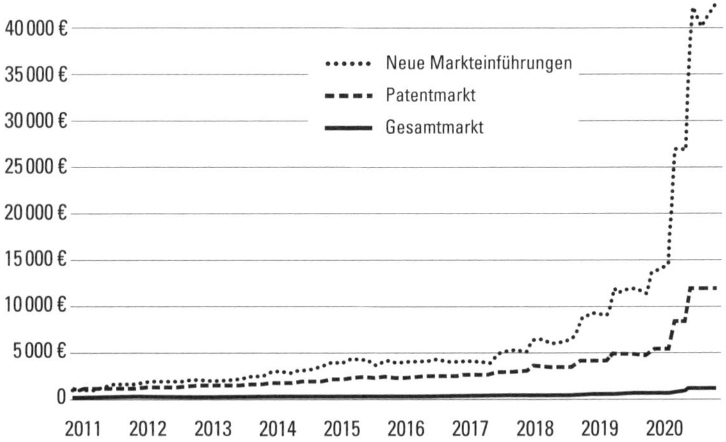

Daten: GKV-Arzneimittelindex/Arzneimittelkompass 2021; Schröder, Telschow 2021, S. 67

Die neu eingeführten Arzneimittel bestimmen die Preisdynamik. Das überrascht nicht. Verblüffend ist allerdings, wie sehr sich diese Dynamik seit 2018 verstärkt hat. Liegt der durchschnittliche Packungspreis dieser Kategorie 2018 noch bei rund 5000 Euro, so ist er in nur drei Jahren auf über 40 000 Euro gestiegen. Bei gleichbleibendem Wachstum wären wir schon in weiteren drei Jahren bei über 300 000 Euro pro Packung. Es ist zwar unwahrscheinlich, dass sich der Trend in der Weise fortsetzt. Doch die Entwicklung ist alarmierend. Wie die Grafik 7 zeigt, sollen die Umsatzzahlen für rezeptpflichtige Arzneimittel gemäß Angaben des Pharma-Anlageberaters Evaluate für den Zeitraum von 2012 bis 2026 um durchschnittlich 6,4 Prozent pro Jahr ansteigen – von 901 Milliarden US-Dollar 2020 auf 1408 Milliarden 2026. (Evaluate 2021, S. 17)

Grafik 7

Weltweiter Umsatz mit verschreibungspflichtigen Arzneimitteln 2012–2026 (2021–2026 Schätzungen)

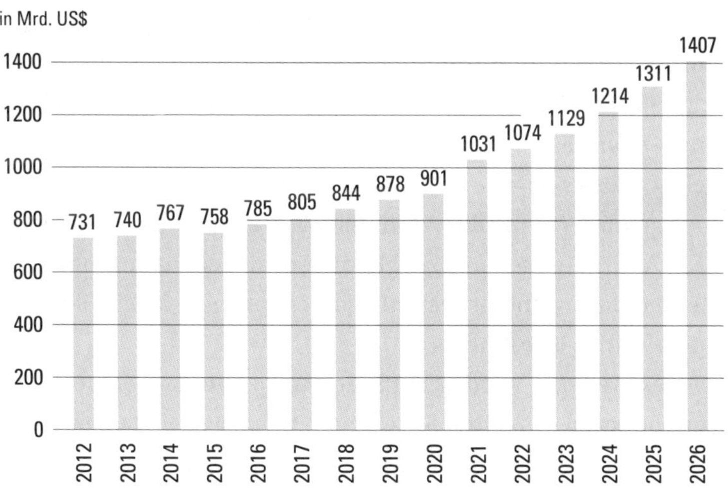

Daten: Evaluate, 2021, S. 17

Sind hohe Pharmapreise mit Kosten zu rechtfertigen?

Die Pharmaindustrie rechtfertigt die hohen Arzneimittelpreise regelmäßig mit den hohen Forschungs- und Entwicklungskosten für neue Medikamente. Diese Begründung wird in den Medien vielfach unkommentiert verbreitet. Doch stimmt das Argument? Die Konzerne weisen ihre F&E-Kosten nur summarisch aus; es bleibt also viel Interpretationsspielraum. Es gibt eine Fülle von Studien zu den durchschnittlichen F&E-Kosten pro Medikament, die aber zu ganz unterschiedlichen Ergebnissen kommen. Gemäß einer neueren Metastudie werden für die durchschnittlichen Entwicklungskosten eines Arzneimittels Beträge zwischen 43,4 Millionen und 4,2 Milliarden US-Dollar angegeben. Das ist ein Unterschied um den Faktor 96,8. (Vieira 2020)

Wenig überraschend machen Untersuchungen von pharmanahen Instituten hohe Entwicklungskosten in der Größenordnung von 2 Milliarden US-Dollar oder mehr geltend. (Deloitte 2022) Diese Studien rechnen die Ausgaben für abgebrochene Arzneimittelentwicklungen mit ein. Das lässt sich allenfalls noch rechtfertigen. Es ist jedoch nicht einzusehen, dass auch sogenannte Opportunitätskosten verrechnet werden. Opportunitätskosten sind fiktive Ertragsausfälle: Hätte man die Gelder, anstatt sie in die Entwicklung eines Pharmazeutikums zu stecken, an den Finanzmärkten angelegt, hätte sich eine bestimmte Rendite erzielen lassen. Diese nicht realisierte Rendite wird den F&E-Kosten zugeteilt. Doch F&E-Aktivitäten gehören zum Kerngeschäft der Pharmakonzerne; sie sind unverzichtbar. Deshalb gibt es gar keine Möglichkeit für anderweitige Investments.

Des Weiteren werden in pharmanahen Studien Forschungszuwendungen von dritter Seite, von Stiftungen oder Staaten, nicht berücksichtigt. Das ist keine Nebensächlichkeit. In den USA geben die staatlichen National Institutes of Health (NIH) im Jahr über 40 Milliarden US-Dollar an Unterstützungsgeldern für Pharmaforschung und -entwicklung aus. (NIH 2022a) Der Anteil der NIH-Gelder an den gesamten Ausgaben für biomedizinische Forschung belaufen sich in den USA auf 28 Prozent. (Wikipedia 2022b)

Unabhängige Expert:innen halten die Angaben der Pharmalobby für viel zu hoch. Eine im *Journal of the American Medical Association* (JAMA) publizierte Studie etwa hat anhand einer Stichprobengruppe von zehn Krebsmedikamenten durchschnittliche F&E-Kosten von 648 Millionen US-Dollar ermittelt, 757,4 Millionen unter Einbezug der Opportunitätskosten. (Prasad, Mailankody 2017) Und die Entwicklung von Krebsmedikamenten gilt als besonders teuer. Allgemein bekannt ist zudem, dass die von den Konzernen ausgewiesenen Marketingkosten weit höher liegen als die F&E-Kosten (vgl. »Pharmamarketing«, Wikipedia). Pharmakonzerne wenden deutlich mehr Mittel dafür auf, ihre Produkte zu vermarkten, als dafür, sie zu entwickeln. (Vgl. Kap. 6, S. 105) Die Arzneimittelpreise sind mittlerweile auf Größenordnungen geklettert, die längst nicht mehr mit den Kosten für F&E zu rechtfertigen sind.

Die neueste Idee: nutzenbasierte Preise

Die Pharmakonzerne versuchen seit einiger Zeit, die hohen Preise mit neuen Preisfindungsstrategien zu rechtfertigen. So sind sie auf die Idee einer nutzenbasierten Preisfindung (Value-based Pricing) gekommen. Maßgebend bei der Preisfestsetzung sollen nicht mehr die Kosten, sondern der Nutzen für die Menschen sein. Dabei wird auch das Argument der Fairness bemüht: Die Konzerne erhalten nur noch Geld, wenn ihre Präparate auch wirken. Das ist allerdings trickreich, weil es keineswegs trivial ist, Wirkungen von Medikamenten zweifelsfrei zu ermitteln.

Um den Nutzen einer Behandlung zu eruieren, wird eine Art Gesundheitsnutzenwährung vorgeschlagen, die sogenannten qualitätskorrigierten Lebensjahre, englisch *quality-adjusted life years* (QALY). Dabei sollen Lebensjahre in Relation zur Gesundheit bewertet werden. Ein Jahr bei voller Gesundheit entspricht einem QALY von 1, ein Jahr mit erheblich beeinträchtigter Gesundheit hat vielleicht noch einem Wert von 0,4. Um diese Werte zu monetarisieren, sollen nun Gesellschaft und Politik festlegen, wie viel Geld ein Lebensjahr wert ist.

Das QALY-Konzept weckt Skepsis. Wie kann der Wert der Lebenszeit in monetären Größen definiert werden, ohne dabei die Würde des einzelnen Menschen zu verletzen? Wie viel soll denn ein Lebensjahr bei voller Gesundheit wert sein? 50 000 Euro? Oder doch eher 100 000? Oder mehrere Millionen? Überall auf der Welt gleich viel? Oder in reichen Nationen doch mehr? Ist ein QALY eines berühmten Tennisspielers genauso viel Wert wie das einer Reinigungsfachkraft? Und wie bitte soll die Bewertung von Beeinträchtigungen erfolgen? Gehstock 0,9, Rollator 0,7, Rollstuhl 0,4?

QALY-Befürworter:innen argumentieren, QALY fänden nur als abstrakte Größe Verwendung und würden nicht auf einzelne Personen angewandt. Wenn ein Krebsmedikament das Leben einer oder eines Erkrankten im Durchschnitt um sechs Monate verlängere, dabei jedoch zu beträchtlichen Nebenwirkungen führe, die die Lebensqualität stark beeinträchtigen, könnte dies vielleicht wie folgt in QALY umgerechnet werden: 0,5 für das halbe Jahr mal – zum Beispiel – 0,7 für die Qualitätsminderung ergibt einen Wert von 0,35. Das Arzneimittel dürfte dann maximal 0,35-mal den Wert eines gesunden Lebensjahres kosten. Allerdings ist damit die konkrete Person noch nicht verschwunden. Sie taucht wieder auf, wenn entschieden wird, ob sie ein teures Medikament erhalten soll oder nicht. Gerade bei hochpreisigen Arzneimitteln hat etwa in der Schweiz längst eine Debatte eingesetzt, bei welchen Voraussetzungen die Kosten von der Allgemeinheit noch getragen werden sollen. Sind zum Beispiel Krebsmedikamente zum Preis von jährlich 100 000 Euro für eine 82-jährige demente Person vertretbar oder nicht?

Weil das QALY-Konzept in der Kritik steht, versuchen Pharmahersteller, Nutzenpreise auf anderen Wegen zu rechtfertigen. Eine Methode besteht im Vergleich mit bisherigen Standardtherapien. Wenn zum Beispiel bisher für eine bestimmte Erkrankung eine Medikation lebenslang aufrechterhalten werden musste, die jährlich 40 000 Euro kostet und die Lebenserwartung im Durchschnitt um 20 Jahre verlängert, nun aber ein neues Medikament nur noch wenige Wochen verabreicht werden muss, lässt sich nach dem Nutzen-Preis-Konzept für das neue Präparat jeder Preis rechtfertigen, der unter den Kosten der herkömmlichen Therapie liegt; in unserem Beispiel sind das 20 mal 40 000 Euro, also 800 000 Euro. Dieser Preis soll dann als gerechtfertigt gelten, auch wenn die Gesamtherstellungskosten vielleicht nur bei 2000 Euro liegen.

Nutzenbasierte Bepreisung ist ein hoch spekulatives Konzept. Sein Hauptzweck ist es, Höchstpreise zu rechtfertigen, die in keinem Verhältnis zu den Kosten stehen. Zu diesem Schluss kommen Mariana Mazzucato und Victor Roy: »Der Wert wird auf ein Kosten-Nutzen-Verhältnis reduziert, das den Einfluss von Monopolen, Finanzmärkten und Wertabschöpfung aus fremden Quellen im Innovationsprozess verschleiert und zentrale Quellen der Wertschöpfung – wie zum Beispiel den Staat – unsichtbar macht.« (Mazzucato, Roy 2017, S. 12)

Die gedankliche Übertragung des nutzenbasierten Konzepts auf Grundnahrungsmittel und Alltagsgüter macht das Spekulative deutlich. Was wäre ein angemessener nutzenbasierter Preis etwa für Brot, Reis und Gemüse, die uns vor dem Verhungern bewahren? Wäre es gerechtfertigt, für eine Nahrungsmitteljahresration den Preis eines halben QALY, zum Beispiel 50 000 Euro zu verlangen? Wie steht es um den Wintermantel, der uns vor der Kälte schützt, sind 10 000 Euro in Ordnung? Und der Airbag, der uns bei einem Unfall das Leben rettet und mit einer Wahrscheinlichkeit von vielleicht einem Prozent zum Einsatz kommt: Wäre als Preis ein Prozent von durchschnittlich dreißig geretteten Lebensjahren à zum Beispiel 100 000 Euro, also 30 000 Euro, passend?

5. Die Antibiotikakrise

Die beiden Jahrzehnte nach dem Zweiten Weltkrieg gelten als die goldenen Jahre der Chemie- und Pharmaindustrie. Eine Vielzahl neuer und wirkmächtiger Arzneimittel für den Massenmarkt bringen große Erfolge in der Bekämpfung und Linderung von Krankheiten. Entsprechend hoch ist das Ansehen der Branche. In den folgenden Jahrzehnten allerdings muss die Branche erhebliche Reputationsverluste hinnehmen. Die Arzneimittelversorgung gerät in eine Krise. Das markanteste Beispiel dafür sind die Antibiotikaresistenzen.

Antibiotikakrise – eine schleichende Pandemie

Seit etlichen Jahren nimmt die Zahl der antibiotikaresistenten bakteriellen Krankheitserreger zu. Im Englischen wird in diesem Zusammenhang oft die Abkürzung AMR für *antimicrobial resistance* verwendet. Die gängigen Antibiotika zeigen bei resistenten Bakterien keine Wirkung mehr. Das Problem hat inzwischen ein Ausmaß erreicht, bei dem von einer Pandemie gesprochen werden kann, die allerdings außerhalb von Fachkreisen kaum wahrgenommen wird. Wer von multiresistenten Keimen infiziert wird, erkrankt oftmals schwer und stirbt. Noch vor kurzem wurde die weltweite Zahl der Menschen, die an einer Infektion durch multiresistente Keime den Tod finden, auf jährlich 700 000 geschätzt. Mittlerweile nennt die Global Antibiotic Research and Development Partnership (GARDP) dafür die Zahl von jährlich 1,2 Millionen Personen. (www.gardp.org) Eine aktuelle, in der Fachzeitschrift *The Lancet* publizierte Studie, an der weit über hundert Spezialist:innen mitgewirkt haben, nennt genauere Zahlen: Sie schätzt die Zahl der Todesfälle im Jahr 2019, die in Verbindung mit AMR stehen, auf 4,95 Millionen, und die Zahl der Todesfälle, die eindeutig auf eine Resistenz zurückzuführen sind, auf 1,27 Millionen. (Antimicrobial Resistance Collaborators 2022)

Robert R. Redfield, Direktor des US-amerikanischen Zentrums für Krankheitsüberwachung und Prävention, sagt: »Wenn wir die Antibiotikaresistenzen stoppen wollen, müssen wir aufhören von einer kommenden postantibiotischen Ära zu sprechen – sie ist bereits da.« (CDC 2019). Und die Aussichten sind düster. »Ohne Kurswechsel könnten schon in einer Generation wieder Millionen Menschen an Infektionskrankheiten sterben – wie vor gut hundert Jahren, als Lungenentzündung, Tuberkulose oder Sepsis häufigste Todesursachen waren.« (Vogt 2017)

Was sind Antibiotika? Im Jahr 1928 entdeckt der britische Arzt und Bakteriologe Alexander Fleming per Zufall, dass ein Schimmelpilz mit dem Namen Penicillium das Wachstum von Bakterienkulturen hemmt. Fleming fragt sich, ob diese hemmende Wirkung nicht gezielt gegen bakterielle Krankheitskeime eingesetzt werden könnte. Dies ist der Beginn einer der größten Erfolgsgeschichten der Pharmakologie. Der aus dem Schimmelpilz isolierte Wirkstoff Penicillin wird zum ersten bekannten Vertreter einer Wirkstoffklasse, die als Antibiotika bezeichnet wird. Antibiotika sind keine Erfindung des Menschen. Sie sind in der Natur weitverbreitet. Bis heute sind rund 8000 natürliche Antibiotika identifiziert worden. Davon haben bislang etwa hundert in der Medizin Anwendung gefunden. (Spektrum.de 2022) Dank der Antibiotika kann heute eine Vielzahl von bakteriellen Erkrankungen vollständig kuriert werden. Die Liste dieser Krankheiten ist lang:

Typhus, Cholera, Tetanus, Syphilis, Tripper, Zeckenborreliose, Ruhr, Salmonellen, Lebensmittelvergiftungen, Magen- und Darmentzündungen, Lungenentzündungen, Scharlach, Milzbrand, Diphtherie, Tuberkulose und mehr.

Doch Bakterien können sich anpassen. Genau wie Viren mutieren sie. Sie können Resistenzen gegen antibiotische Wirkstoffe entwickeln. Damit werden die entsprechenden Antibiotika wirkungslos. Manche Erreger sind mittlerweile gegen viele, einige sogar gegen alle bekannten Antibiotika resistent. Oft siedeln sich diese resistenten Keime in menschlichen Körpern an, ohne unmittelbar zu Krankheiten zu führen. Ist der Körper aber geschwächt, zum Beispiel durch eine HIV-Infektion oder eine starke Grippe, beginnen sie sich stark zu vermehren.

Ein wichtiges Beispiel sind multiresistente Tuberkulose-Erreger. Tuberkulose war lange Zeit eine der schlimmsten Geiseln der Menschheit. In den letzten 200 Jahren sind ihr schätzungsweise eine Milliarde Menschen zum Opfer gefallen. Was die Tuberkulose besonders bedrohlich macht, ist die hohe Zahl der Menschen, die den Erreger in sich tragen, ohne unmittelbar daran zu erkranken; die Zahl wird auf ein Drittel der Weltbevölkerung geschätzt. (Engelhardt, Rühl 2022) Tuberkulose gilt als Krankheit der Armen, weil unhygienische Lebensbedingungen die Verbreitung fördern und mangelhafte Ernährung die Abwehrkräfte schwächt.

Trotz aller Fortschritte in der Behandlung mit Antibiotika zählt die Tuberkulose bis heute zu den gefährlichsten Infektionskrankheiten. Die WHO schätzt die Zahl der jährlichen Todesopfer auf gegenwärtig 1,3 Millionen. Während vieler Jahre ist es gelungen, die Krankheit zurückzudämmen, doch gemäß dem aktuellen Tuberkulosebericht der WHO ist die Zahl der Todesfälle 2020 wieder gestiegen, und zwar in allen Weltregionen. (WHO 2021) Gleichzeitig ist die Zahl der Untersuchungen und Behandlungen gesunken, weil in den armen Ländern die Systeme der Gesundheitsversorgung und die Lebensumstände der Menschen durch die Corona-Pandemie stark belastet waren. Die WHO befürchtet, dass sich die Tuberkulose in den kommenden Jahren wieder stärker ausbreitet. Die Gefahr wird umso größer, je häufiger multiresistente Tuberkulosebakterien auftauchen.

Die Gründe für die Resistenzbildung

Resistenzbildungen lassen sich nicht völlig vermeiden. Doch Tempo und Ausmaß sind auf einen unsachgemäßen, ja zum Teil skrupellosen Einsatz von Antibiotika zurückzuführen. Antibiotika werden in der Humanmedizin viel zu oft und viel zu leichtfertig verschrieben. Regelrecht schockierend aber ist ihre breite Anwendung in der Tierzucht. In der Massentierhaltung werden Antibiotika überall ins Tierfutter gemischt, um Krankheiten vorzubeugen, Krankheitsausbrüche zu bekämpfen und das rasche Wachstum der Tiere zu fördern. Dieser Masseneinsatz ist die sichere Methode, um in den Tieren Resistenzen hervorzubringen. In der Folge gelangen die multiresistenten Keime via Mist und Gülle ins Grundwasser und via Fleisch in die Küchen und bei unzureichender Erhitzung in die Körper der Konsument:innen. Die Ausmaße sind erschreckend. Über 60 Prozent aller produzierten Antibiotika werden in der Tierhaltung eingesetzt. (Maurer 2017) Das Center for Disease Dynamics, Economics & Policy (CDDEP) nennt für das Jahr 2013 einen weltweiten Gesamtverbrauch von 131 109 Tonnen Antibiotika in der Tiermast und erwartet einen Anstieg auf 200 235 Tonnen bis 2030. (CDDEP 2021, S. 25)

In der Schweiz ist ein *präventiver* Einsatz von Antibiotika bei Tieren zwar mittlerweile verboten, doch das reicht nicht. Kaum taucht in einem Mastbetrieb eine bakterielle Krankheit auf, werden Antibiotika wieder en masse eingesetzt. So sind laut Angaben des Schweizer Bundesamts für Lebensmittelsicherheit und

Veterinärwesen 2020 8,74 Millionen Küken und Masthühner mit Antibiotika behandelt worden. Besonders besorgniserregend, ja eigentlich skandalös ist der Umstand, dass dabei in 59 Prozent der Fälle sogenannte Reserveantibiotika eingesetzt wurden. Reserveantibiotika heißen so, weil sie für die Behandlung von Erkrankungen mit multiresistenten Keimen reserviert sind. Werden sie nun massenhaft in der Tierzucht verwendet, fördert dies die Resistenzbildung ausgerechnet gegen die Medikamente, die in kritischen Fällen als letzte überhaupt noch wirksam sind.

Ein Grund für diesen Missstand liegt bei den Pharmaunternehmen. Weil der Markt in der Schweiz klein ist, verzichten die Hersteller darauf, hier für ihre üblichen, in der Tiermast einzusetzenden Antibiotika eine Marktzulassung zu beantragen. Deshalb sind für etliche Infekte bei Hühnern nur Reserveantibiotika zugelassen. Obwohl die brisante Problematik bekannt ist, haben die Gesundheitsbehörden diese Zustände jahrelang untätig hingenommen. Neuerdings toleriert das zuständige Bundesamt Behandlungen mit nicht offiziell zugelassenen Medikamenten, doch das ist eine späte, inkonsequente und dürftige Reaktion. Und es ist nicht bekannt, wie oft von dieser Ausnahmeregel überhaupt Gebrauch gemacht wird. (Stoll 2022)

Dringend nötig wäre ein klares Verbot von Reserveantibiotika in der Tiermast. Doch davon wollen die Lobbys der Pharmafirmen und der Tierärzt:innen nichts wissen. So hat die Mehrheit des Europaparlaments im September 2021 auf Betreiben dieser Lobbys und entgegen einer Empfehlung des Weltärzteverbandes einen Vorstoß abgelehnt, der genau dies gefordert hatte. (Schmidt 2021)

Doch nicht nur der unsachgemäße Einsatz von Antibiotika führt zu Resistenzbildungen. Probleme entstehen bereits bei der Produktion antibiotischer Wirkstoffe. In den letzten Jahrzehnten haben die Pharmakonzerne die Produktion von Wirkstoffen und

Medikamenten aus Kostengründen systematisch an Hersteller in China und Indien ausgelagert, in Länder also, in denen nicht nur tiefere Löhne bezahlt werden, sondern auch die Umweltauflagen lascher sind. Viele dieser Zulieferer machen sich nicht die Mühe, die Reste antibiotischer Wirkstoffe aus ihren Abwässern herauszufiltern. In diesen Abwässern finden sich oft gleich mehrere Antibiotika, die unkontrolliert in die Umwelt gelangen und dabei zu eigentlichen Brutstätten für multiresistente Superkeime werden – Keime, die sich anschließend in landwirtschaftlichen Kulturen und im Trinkwasser wiederfinden, die lokale Bevölkerung infizieren und sich schließlich transnational verbreiten. (Forter 2017; Bauer 2018)

Ein besonders heimtückischer Aspekt der Antibiotikakrise besteht darin, dass ausgerechnet Krankenhäuser zu Hotspots resistenter Keime werden. Wer an resistenten Keimen schwer erkrankt, wird in den meisten Fällen in ein Krankenhaus gebracht. Für die betroffenen Krankenhäuser ist es eine große Herausforderung, solche Keime dann unter Kontrolle zu halten. Wo das nicht gelingt und sich die Erreger als sogenannte Spitalkeime im Gebäude einnisten, können Krankenhäuser zu Todesfallen werden. Eine wissenschaftliche Untersuchung von 2016 zu den sechs am stärksten verbreiteten Spitalkeimen ist zum Schluss gekommen, dass es in Europa jährlich zu rund 2,6 Millionen Spitalinfektionen kommt. Jede:r zwanzigste Spitalpatient:in ist davon betroffen. Die Zahl der Todesfälle schätzen die Autor:innen für Europa auf über 90 000. (Cassini u. a. 2016) Und das ist so, obwohl die Krankenhäuser große Anstrengungen unternehmen, um die Keime zu bekämpfen. Laut GARDP haben in Europa und in den USA die Krankenhäuser wegen der Maßnahmen gegen multiresistente Keime jährlich 13,5 Milliarden US-Dollar Sonderkosten. (www.gardp.org)

Viele Bemühungen, aber noch keine Lösung

Die Antibiotikakrise ist seit vielen Jahren ein wiederkehrendes Thema der Gesundheitspolitik. Viele Länder haben Strategien entwickelt, um die Resistenzen zurückzudämmen, darunter auch Deutschland und die Schweiz (Bundesrat 2015). Die World Health Assembly, das oberste Organ der WHO, hat im Mai 2015 einen »Global Action Plan on Antimicrobial Resistance« (WHO 2015) verabschiedet. Im Folgejahr gründen die WHO zusammen mit Partnern die bereits zitierte Global Antibiotic Research and Development Partnership (GARDP). Hauptziel der GARDP ist es, neue Arzneimittel zur Bekämpfung multiresistenter Keime zu entwickeln und weltweit zugänglich zu machen. (Vgl. Kap. 9, S. 157)

Warum aber haben sich die großen Pharmakonzerne fast durchgängig aus dem Antibiotikageschäft zurückgezogen? Neue Antibiotika werden von ihnen kaum noch entwickelt, und wenn, dann von kleinen Firmen. Birgit Vogt schreibt in der *Neuen Zürcher Zeitung:* »Alle patentgeschützten (und damit noch etwas teureren) Antibiotika zusammen erreichen etwa einen weltweiten Umsatz von lediglich 4,7 Mrd. $. Krebsmedikamente erzielen global Umsätze in Höhe von über 80 Mrd. $. Dementsprechend wenig forschen Firmen an neuen Medikamenten gegen Infektionen. Laut Analyse des Pew Instituts stecken derzeit in den USA gerade mal 12 (!) antibiotische Produkte in späten klinischen Tests. In der Onkologie liegt die Zahl bei rund 600.« (Vogt 2017) Chris Dall vom Center for Infectious Disease Research and Police der Universität von Minnesota bezieht sich auf dieselbe Untersuchung und führt weiter aus: »Gemäß den Angaben von Pew werden über 90 Prozent der neuen antibakteriellen Produkte gegenwärtig von kleinen Firmen entwickelt, und über 60 Prozent dieser Firmen bieten keine anderen Produkte an.« (Dall 2019) Die großen Pharmafirmen trennen sich überdies auch von der Herstellung und dem Vertrieb bestehender antibiotischer Medikamente. Novartis, gegenwärtig noch der weltweit größte Antibiotikahersteller, will 2022 seine gesamte Generikasparte, unter dem Namen Sandoz, abstoßen und sich damit sämtlicher Aktivitäten im Antibiotikabereich entledigen. Der Grund liegt darin, dass die Generikasparte mit 10 Prozent Gewinnmarge für die Konzernspitze zu wenig profitabel ist.

Was dieses Desinteresse von Big Pharma für den Bereich bedeutet, zeigt das Beispiel des kalifornischen Biotechunternehmens Achaogen. Im Juni 2018 erhält das von Achaogen entwickelte neue Antibiotikum Plazomicin die Zulassung durch die zuständige US-Behörde, die Food and Drug Administration (FDA). Plazomicin dient der Behandlung des Blasentraktes bei Infektionen durch multiresistente Enterobakterien. Dieser Erfolg ist wichtig. Zur Bekämpfung dieser Erreger kommen heute üblicherweise Antibiotika der Klasse Carbapeneme zum Einsatz, die selbst bereits zu den Reserveantibiotika zählen. Im Wikipedia-Eintrag zu den Carbapenemen steht: »Laut dem ›Morbidity and Mortality Weekly Report‹ der Centers for Disease Control and Prevention (CDC) vom März 2013 ist die Rate amerikanischer Kliniken mit mindestens einmal jährlich aufgetretenen Carbapenem-resistenten Enterobakterien (vor allem Klebsiella) von 1 % im Jahr 2001 auf 4 % im Jahr 2012 gestiegen. Für Infektionen mit diesen Enterobakterien stehen häufig keine wirksamen Antibiotika mehr zur Verfügung, die Letalität bei solchen Infektionen liegt bei 40 bis 50 %.« (Wikipedia 2022a) Plazomicin kann also Personen heilen, die unmittelbar vom Tod bedroht sind.

Neben Plazomicin hat Achaogen überdies weitere antbiotische Produkte in der Pipeline. Doch dann muss Achaogen am 15. April 2019 Konkurs anmelden, wenige Monate nach der Zulassung von Plazomicin. Die Erträge der Firma reichen bei weitem nicht aus, um die Kosten zu decken. Offensichtlich findet sich kein Pharmakonzern, der die Firma übernimmt, obwohl mit ihr eine starke

Position für die künftige Antibiotikaentwicklung hätte eingekauft werden können. Achaogen muss seine sämtlichen Vermögenswerte und Patente für insgesamt 16 Millionen US-Dollar verkaufen. Immerhin erwirbt das indische Pharmaunternehmen Cipla Therapeutics die Rechte für den weltweiten Vertrieb von Plazomicin unter dem neuen Markennamen Zendri. In den USA ist es erhältlich, jedoch nicht in Europa: Am 16. Juni 2020 teilt Cipla Therapeutics mit, dass die hier zu erwartenden Erträge zu gering seien, um die Kosten des Zulassungsverfahrens in Europa zu decken. (Rex, Outterson 2020) Das ist für einige Patient:innen ein Todesurteil. Verheerend ist auch das Signal an Unternehmen und Projekte, die in neue Antibiotika investiert haben oder dies in Erwägung ziehen.

Aus kommerzieller Sicht ist die Lage schwierig. Einerseits sollen neue Reserveantibiotika so selten wie irgend möglich eingesetzt werden, andererseits ist es unternehmerisch widersinnig, Produkte herzustellen, die dann nur sehr selten verwendet werden dürfen. Das sähe anders aus, wenn für diese Produkte ähnliche Preise bezahlt würden wie gegenwärtig für neue Krebstherapeutika: Zehntausende, wenn nicht Hunderttausende US-Dollar pro Behandlung. Das würde allerdings bedeuten, dass solche Reserveantibiotika ausgerechnet in den Ländern kaum zum Einsatz kämen, in denen sie am dringendsten benötigt werden. Denn auch wenn multiresistente Keime längst auf der ganzen Welt zu finden sind, so liegen die Schwerpunkte doch in Entwicklungs- und Schwellenländern.

Doch die großen Pharmafirmen fordern genau das. Rebecca Guntern, Europachefin des Marktführers Sandoz, meint, der Staat müsse bessere Rahmenbedingungen schaffen und dürfe sich nicht in Subventionen verlieren. Unterstützung erhält sie von Christoph Dehio, Infektionsbiologe an der Universität Basel. Seiner Meinung nach gehe es nicht darum, jetzt Industriepolitik zu machen, sondern darum, Marktversagen durch ein innovatives Marktmodell zu beseitigen. (Pfister 2021) Der Vorschlag bedeutet, Preise zu akzeptieren, die für Pharmakonzerne attraktiv genug sind. Das aber heißt, den Pharmakonzernen weitere Milliardenbeträge zufließen zu lassen, nur damit sie ihr Geschäftsmodell allenfalls auf Antibiotika ausdehnen, sofern sie das denn auch für genügend profitträchtig halten. Zusätzlich müssten dann wieder enorme Beträge mobilisiert werden, um die neuen Medikamente für die Bevölkerungen der ärmeren Länder zugänglich zu machen. Big Pharma würde die Entwicklung kontrollieren und sicherstellen, dass kommerzielle Kriterien bestimmend bleiben, während die Kosten für Produkte und für Profite auf der Öffentlichkeit lasteten.

Ohne Widerstand und den Aufbau funktionierender Alternativen droht ein solches Szenario Wirklichkeit zu werden. Der Problemdruck durch multiresistente Keime nimmt erheblich zu. Und es gibt Anzeichen dafür, dass die Großkonzerne umschwenken, auch wenn noch keineswegs klar ist, wie engagiert sie das zu tun gedenken. Novartis hat angekündigt, Wirkstoffe von Jungunternehmen einkaufen zu wollen, Roche will selbst wieder an Antibiotika forschen, und der Weltverband der Pharmakonzerne IFPMA stellt einen Forschungsfonds von einer Milliarden US-Dollar bereit. Parallel dazu verstärkt sich der Diskurs um nutzenbasierte Preise. (Vgl. Kap. 4, S. 75) Es zeichnet sich also ab, dass für neue lebensrettende Antibiotika demnächst ebenfalls Fantasiepreise durchgesetzt werden könnten.

In der folgenden Aufstellung fasse ich das Ausmaß und die Gründe für die Antibiotikakrise zusammen:

Die zunehmende Resistenzbildung von Krankheitskeimen gegen antibiotische Medikamente

Ausmaß

- 2019 4,95 Mio. Todesopfer in Verbindung mit multiresistenten Keimen, davon 1,27 Mio. Todesopfer eindeutig wegen der Keime
- In zwei bis drei Jahrzehnten jährlich 10 Mio. Todesopfer
- Krankenhäuser in USA und Europa tragen Kosten in Höhe von 13,5 Mrd. US$ zur Bekämpfung von resistenten Keimen

Gründe

- Verantwortungsloser Einsatz von Antibiotika in der Humanmedizin
- Extrem verantwortungsloser Einsatz von Antibiotika in der Tiermast
- Antibiotikahaltige Abwässer der Herstellerfirmen in Indien und China
- Praktisch vollständiger Rückzug der großen Pharmafirmen aus F & E neuer Antibiotika
- Rückzug der großen Pharmafirmen aus dem gesamten Antibiotikageschäft
- Start-ups, die neue Antibiotika entwickeln, ohne wirtschaftliche Chance

Wir kommen gerade in einer postantibiotischen Ära an, in der bakterielle Krankheitserreger gegen herkömmliche Antibiotika resistent werden und deshalb wieder stark auf dem Vormarsch sind. Der Schaden ist bereits groß. Wir brauchen strikte Regeln für einen sachgemäßen Einsatz von Antibiotika mit abschreckenden Strafen bei Verletzung dieser Regeln. Wir brauchen einen hohen Mitteleinsatz für die Entwicklung neuer antibakterieller Medikamente. Vorausschauend müssen die entwickelten Arzneimittel davor geschützt werden, von der privaten Pharmaindustrie in ihr Blockbuster-Geschäftsmodell überführt zu werden, was zur Folge hätte, dass wiederum den Pharmakonzernen respektive ihren Aktionären zusätzliche Milliardenbeträge aus öffentlichen Mitteln zuflössen.

6. Die Arzneimittelkrise

Big Pharma wirkt wie ein Wirbel, der sämtliche Akteur:innen in seinen Sog zieht – Universitäten, Start-ups, Behörden, politische Gremien, Beratungsfirmen, Medien. Mit der zunehmenden Finanzialisierung wird dieser Sog unerbittlicher, werden die Wirkungen gravierender. Zwar kam es auch in früheren Jahrzehnten wiederholt zu Skandalen. Inzwischen ist aber eine Schwelle überschritten. Wir sind in eine Arzneimittelkrise geraten, aus der wir ohne strukturelle Eingriffe nicht mehr herausfinden. An einigen Beispielen sollen in diesem Kapitel Form und Ausmaß dieser Krise veranschaulicht werden. (Weitere Beispiele vgl. Kap. 4, 5, 9 und 10)

AIDS-Medikamente nicht nur für reiche Länder

Am 5. Juni 1981 erscheint ein Artikel im Wochenblatt der US-Gesundheitsbehörde Centers for Disease Control and Prevention (CDC). Er schildert ein noch unbekanntes und höchst beunruhigendes Krankheitsbild. Kurze Zeit später, am 1. Dezember 1981, wird die Symptomatik als eigenständige Krankheit erkannt, und Mitte 1982 erhält sie ihren Namen: Acquired Immune Deficiency Syndrome (AIDS, deutsch: erworbenes Immunschwächesyndrom). Zwei Jahre später wird ein Virus identifiziert, das im Verdacht steht, die Krankheit zu verursachen. 1986 gilt das Virus als eindeutig identifiziert. Es erhält den Namen Human Immunodeficiency Virus (HIV, deutsch Humanes Immundefizienz-Virus) und gehört zur Gruppe der Retroviren. Das Virus wird durch sexuelle Kontakte und durch Blut übertragen. Zu Anfang gilt die Erkrankung noch als spezielles Problem von Homosexuellen und Drogenabhängigen. Doch bald wird klar, dass alle sexuell aktiven Personen potenziell betroffen sind und ebenso alle, die mit dem Blut erkrankter Leute in Kontakt kommen, zum Beispiel durch Blutkonserven. Es zeigt sich ferner, dass auch Menschen ohne klinische Symptome Antikörper aufweisen, was auf eine symptomfreie Latenzzeit von mehreren Jahren hindeutet. Das macht die Krankheit noch heimtückischer. Bricht AIDS schließlich aus, dann wird rasch das Immunsystem zerstört, was unbehandelt zum Tod führt: Seit Beginn der Pandemie hat AIDS 36,3 Millionen Menschenleben gefordert. (UNAIDS 2022; 2021) Im Jahr 2020 sind weltweit 37,7 Millionen Menschen HIV-positiv, und 1,5 Millionen stecken sich (jährlich) neu an. AIDS kann inzwischen mit Medikamenten so weit eingedämmt werden, dass die Betroffenen ein weitgehend normales Leben führen können. Allerdings ist dafür die lebenslange regelmäßige Einnahme von Kombinationspräparaten mit mindestens drei antiretroviralen Wirkstoffen erforderlich. Die Medikamente sind teuer. In den reichen Ländern des Nordens beträgt der Preis für eine Jahresbehandlung rund 10 000 US-Dollar.

Solche Preise sind in Ländern mit niedrigem oder mittlerem Einkommen untragbar. Im November 1997 verabschiedet das südafrikanische Parlament ein Gesetz, mit dem auch mittellosen Patienten der Zugang zu lebensnotwendigen Arzneimitteln ermöglicht werden soll. In dem Jahr sterben in Südafrika 250 000 Menschen an AIDS. Dennoch versuchen die Regierungen der USA und der EU bei der südafrikanischen Regierung die Verabschiedung des Gesetzes zu verhindern – allerdings erfolglos. Im Jahr darauf erheben 39 Pharmakonzerne Klage gegen Südafrika mit der Begründung, das Gesetz verstoße gegen Patentrechte; auch die

World Trade Organization (WTO) wird in der Richtung aktiv. (Fedtke 2001) Die Klage löst jedoch weltweit große Empörung aus, und eine breite Kampagne zwingt die Pharmalobby schließlich 2001 zum Einlenken. Seither kann Südafrika die Medikamente selbst herstellen, die zur Bekämpfung von AIDS erforderlich sind.

AIDS ist in den reichen Ländern mittlerweile stark zurückgedrängt und hat dank der guten Behandlungsmöglichkeiten auch viel von seinem Schrecken verloren. Im globalen Süden hingegen ist die Krankheit weiterhin stark verbreitet. 60 Prozent der jährlichen Neuinfektionen entfallen heute auf Subsahara-Afrika. Zwar hat die 1996 auf Bestreben der WHO gegründete UNO-Organisation Joint United Nations Programme on HIV/AIDS (UNAIDS) laut eigenem Bekunden erreicht, dass sich die Infektionszahlen seit dem Höhepunkt im Jahr 1997 halbiert haben und 73 Prozent aller Personen, die mit HIV leben, eine Behandlung bekommen. Dennoch sind auch 2020 noch 680 000 Menschen an den Folgen von AIDS gestorben. (UNAIDS 2022) Zusammen mit Malaria und Tuberkulose gilt AIDS heute als eine der großen drei »vernachlässigten armutsbezogenen Krankheiten« (Gerlinger 2017, S. 53 f.).

In den Auseinandersetzungen um die AIDS-Medikamente kommen die kolonialen Muster der vergangenen 500 Jahre zum Ausdruck. Und sie wiederholen sich ständig von neuem: In der Covid-19-Pandemie sind die reichen Länder unerbittlich darum bemüht, sich die ersten Chargen an Impfstoffen und an Medikamenten zu sichern, und die Pharmakonzerne haben ihre Patente wiederum mit allen Mitteln verteidigt. Erneut haben die Menschen in den ärmeren Ländern das Nachsehen. Solche Erfahrungen graben sich tief in das schon vorgeprägte Gedächtnis der betroffenen Völker ein.

Die Opioidkrise – fast eine Million Todesopfer

In den USA sind nach Angaben der US-Behörde Centers of Desease Control and Prevention (CDC) von 1999 bis April 2021 fast 850 000 Menschen an einer Drogenüberdosis gestorben. (Wikipedia 2022c) Mittlerweile dürfte die Zahl auf gegen eine Million gestiegen sein, da die jährliche Todeszahl weiterhin zunimmt. So sind von April 2020 bis April 2021 erstmals mehr als 100 000 Todesopfer in einem Jahr verzeichnet worden, was einer Zunahme gegenüber dem Vorjahr von 28 Prozent entspricht. (Pharmazeutische Zeitung, dpa 2022) Der weitaus größte Teil dieser Todesfälle ist die unmittelbare oder mittelbare Folge einer legalen ärztlichen Verschreibung von angeblich unproblematischen opioidhaltigen Schmerzmitteln. In den USA spricht man von einer Opioidkrise.

Ihren Anfang nimmt diese Krise 1996 mit der Lancierung des verschreibungspflichtigen Schmerzmittels Oxycontin durch das Unternehmen Purdue Pharma. Purdue Pharma führt eine aggressive Werbekampagne und erklärt, Oxycontin mache nur in sehr geringem Maß abhängig. Opioide, die zuvor vorwiegend bei Schwerkranken und Sterbenden angewendet wurden, kommen dadurch nun auch bei alltäglichen Schmerzen zum Einsatz. Doch Opioide machen süchtig, und zwar stark und schnell. Die Dosis muss laufend erhöht werden, um dieselbe Wirkung zu erhalten. Zudem sind Opioide gefährlich. Bei Überdosierung kommt es zu Atemlähmungen und zum Tod. Die bekanntesten Opioide sind Opium, Morphium und Heroin, alles allgemein bekannte gefährliche Drogen.

Purdue Pharma hat mit dem neuen Medikament großen Erfolg. Rasch springt eine Reihe weiterer Pharmafirmen auf den Zug auf. Die USA werden mit opioidhaltigen Schmerzmitteln regelrecht überschwemmt. Laut Wikipedia (2022c) werden in den USA von 2006 bis 2012 etwas mehr als 76 Milliarden dieser Schmerztabletten ausgeliefert. Engagiert sind dabei nicht nur die produzierenden Firmen, sondern auch Detailhändler wie Wallmart.

Die Verschreibungswelle erreicht ihren Höhepunkt 2012. Danach geht sie deutlich zurück. Doch ist die Sache längst nicht ausgestanden, wie die laufende Zunahme der Todesopfer verdeutlicht. Dies hat zum einen damit zu tun, dass viele Menschen, die mit Opioiden behandelt wurden, auf illegale, aber kostengünstigere Drogen wie Heroin oder Fentanyl umsteigen. Zum anderen werden Opioide weiterhin leichtfertig verschrieben. David Signer schreibt am 21. November 2021 in der *Neuen Zürcher Zeitung:* »Vor allem in den Kleinstädten und auf dem Land werden die gefährlichen Schmerzkiller offenbar nach wie vor grosszügig verschrieben. So erhalten beispielsweise Jugendliche, die Schmerzen haben, weil ihnen der Weisheitszahn wächst, bis heute routinemässig Opioide. Die verbreitete Verschreibung hat auch mit dem teuren Gesundheitssystem zu tun. Gerade Arbeiter leiden oft unter Abnutzungen beispielsweise der Gelenke, können sich aber keine aufwendigen Therapien oder Operationen leisten. Deshalb greifen sie zu Schmerzmitteln, die zumindest die Symptome bekämpfen.« (Signer 2021b)

Es kommt zu etlichen Rechtsverfahren. Viele Detailhändler und Pharmaunternehmen, unter anderem auch der Großkonzern Johnson & Johnson, müssen hohe Bußen in Kauf nehmen, um Strafverfahren zu vermeiden. Im Zentrum der rechtlichen Auseinandersetzungen steht die Familie Sackler von Purdue Pharma, der Firma, die die Opioidwelle losgetreten hat. Doch trotz aller Kritik bleibt Purdue bis 2019 im Opioidgeschäft tätig und verschafft sich 2018 ironischerweise sogar Patente für ein Medikament zum Opiatentzug. 2019 meldet das Unternehmen dann plötzlich Insolvenz an. Der Grund liegt darin, dass in den USA eine Insolvenz juristische Immunität verleiht. Kurz darauf zieht die Familie Sackler in die Schweiz. Sie erklärt, der Umzug sei nur vorübergehend, was aber niemand so richtig glauben mag. (Schlapbach 2020) Das Magazin *Forbes* schätzt das aktuelle Vermögen der Familie auf 13 Milliarden US-Dollar. (Wikipedia 2022d)

Wie kann es sein, dass die Gesundheitsversorgung in einem reichen und informierten Land derart leicht mit höchst toxischen Medikamenten überflutet werden kann? Wie kommt es, dass sich Tausende von Ärzt:innen daran beteiligen? Wie ist es möglich, dass eine solch tödliche Welle über viele Jahre am Laufen gehalten und auch durch eine beträchtliche Zahl von Rechtsverfahren nicht gestoppt werden kann?

Ein Magensäureblocker, der Knochen zersetzt und Demenz fördert

Nicht ganz so spektakulär, aber möglicherweise ähnlich folgenschwer sind Protonenpumpenhemmer (PPI), die unter Markennamen wie Omeprazol oder Pantoprazol vertrieben werden. PPI dämpfen die Säureproduktion des Magens und werden unter anderem gegen Sodbrennen eingenommen, also gegen das oft schmerzhafte und für die Speiseröhre schädigende Aufsteigen von Magensäure. Erstmals wird ein PPI Anfang der neunziger Jahre von AstraZeneca auf den Markt gebracht und entwickelt sich rasch zu einem Blockbuster mit Jahresumsätzen von mehr als 5 Milliarden Euro. Der Patentschutz läuft 1999 aus. Seither gibt es eine Vielzahl von PPI-Generika.

Lange Zeit gelten PPI als harmlos. So heißt es im Lehrbuch *Pharmakologie und Toxikologie:* »PPI sind in aller Regel gut verträglich und haben eine große therapeutische Breite.« (Herdegen 2010, S. 155) Inzwischen wird jedoch über einige bedenkliche Nebenwirkungen berichtet. Das Fachbuch *Arzneimittel und Mikronährstoffe* von 2012 schildert gravierende Störungen bei der Verwertung von Vitalstoffen wie Vitamin B12, Calcium, Magnesium und Folsäure. Die Risiken sind erheblich: kognitive Störungen, Alzheimer, vaskuläre Demenz, Depressionen, verringertes Knochenwachstum, Osteoporose, Muskelspasmen, Herzrhythmusstörungen und Krebs. Außerdem führt eine andauernde Senkung des Magensäuregehalts dazu, dass sich Krankheitskeime im Magen, im Darm und in der Lunge einnisten und zu Entzündungen führen können. (Gröber 2012, S. 109 ff.)

All diese Risiken steigen, wenn PPI über einen langen Zeitraum eingenommen werden. Solche langfristigen Verschreibungen nehmen zu. Das hat unter anderem damit zu tun, dass PPI abhängig machen. Werden sie abgesetzt, kommt es zu einer Überschussproduktion von Magensäure. Die Beschwerden setzen wieder ein, häufig stärker als zuvor, worauf sich die Patient:innen genötigt sehen, die Medikamente wieder einzunehmen. Diese langfristigen Nebenwirkungen werden auf dem Beipackzettel von Omeprazol (https://beipackzetteln.de/omeprazol-20-mg) nicht thematisiert.

Unter dem Titel »Bye-bye PPI« schreibt Verena Stahl 2017 in der *Deutschen Apotheker-Zeitung:*

> Zulasten der gesetzlichen Krankenversicherung (GKV) wurden 2015 mehr als dreimal so viele Tagesdosen verordnet wie noch zehn Jahre zuvor. Und auch im Barmer Arzneimittelreport 2017 belegen Pantoprazol und Omeprazol Spitzenplätze unter den am häufigsten verordneten Wirkstoffen der Hausärzte und hausärztlich tätigen Internisten. Pantoprazol steht dabei mit knapp über einer Million behandelter Versicherter der Barmer auf Rang 1 – noch vor Ibuprofen mit 975 000 behandelten Versicherten. Umgerechnet heißt dies, dass jedem neunten Barmer-Versicherten 2016 Pantoprazol verordnet wurde – andere Krankenkassen werden Vergleichbares zu berichten wissen. [...] Man geht davon aus, dass insgesamt 40 bis 60 % der PPI-Verordnungen einer strengen Indikationsprüfung nicht standhalten würden. Bei vielen Patienten ist die Verordnung zu Therapiebeginn zwar berechtigt, aber nur zur Kurzzeit-

> behandlung und nicht auf Dauer.« (Stahl 2017, S. 2; Barmer ist mit rund 9 Millionen Versicherten eine der größten deutschen Krankenkassen)

Weil ein Absetzen der PPI nicht einfach ist, nehmen viele der ursprünglich nur kurzfristig behandelten Patient:innen die Mittel dann dauerhaft ein. Grafik 8 zeigt diese Entwicklung.

Grafik 8

Verschreibungen von Säureblockern zulasten der deutschen GKV, 2006–2015

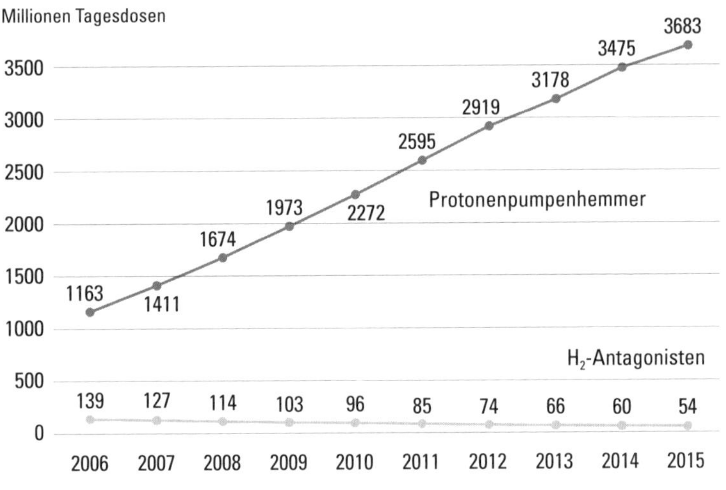

Daten: Stahl 2017

Laut einem Bericht im *Tages-Anzeiger* vom 11. Mai 2021 nimmt auch in der Schweiz mittlerweile etwa jeder vierte Erwachsene PPI ein. (Straumann 2021) Die Problematik ist in Fachkreisen erkannt. So führt etwa die Schweizerische Gesellschaft für allgemeine innere Medizin seit 2016 Säureblocker auf einer Liste von Interventionen, die möglichst vermieden werden sollten. Doch bis solche Warnungen die Breite der verschreibenden Ärzt:innen erreicht, dauert es oft Jahre.

Wer versucht, die PPI abzusetzen, kann mit einer entsprechenden Diät und einem schrittweisen Vorgehen die Dosis meist reduzieren. Nicht immer gelingt es, vollständig auf Säureblocker zu verzichten. Es gibt eine Alternative zu den PPI, die sogenannten H2-Antagonisten. Sie sind zwar auch nicht frei von Nebenwirkungen, auch sie führen dazu, dass sich Krankheitskeime im Magen, im Darm und in der Lunge einnisten können, doch das Spektrum der Nebenwirkungen ist gemäß der verfügbaren Literatur kleiner. Die am besten verträglichen Varianten von H2-Rezeptoren basieren auf dem Wirkstoff Ranitidin. Ranitidin wird von der WHO auf der Liste der rund 300 essenziellen Arzneimittel aufgeführt. Doch im August 2019 stoppt die Schweizer Arzneimittelbehörde Swissmedic die Auslieferung sämtlicher Ranitidin-Produkte; auch in anderen Ländern wird ein solcher Stopp verfügt. In den Produkten war die Chemikalie N-Nitrosodimethylamin (NDMA) entdeckt worden. Sie steht unter dem Verdacht, krebserregend zu sein. Ranitidinhaltige Produkte sind bis heute nicht im Handel erhältlich. (BfArM 2021)

NDMA ist auch in anderen Zusammenhängen aufgetaucht. Schon im Jahr zuvor war bekannt geworden, dass auch auf dem Wirkstoff Valsartan basierende Blutdrucksenker mit NDMA verunreinigt waren. In dreißig Ländern werden Valsartan-Produkte zurückgerufen. Die Quelle der Verunreinigung ist der chinesische Hersteller Zhejiang Huahai Pharmaceuticals. Unter dem Markennamen Diovan hatte Valsartan seinem Hersteller Novartis jährliche Einnahmen von bis zu 6 Milliarden US-Dollar eingebracht. Seit dem Ablaufen der Patentfrist gibt es entsprechende Generika zu einem Bruchteil des Preises. Die Wirkstoffe für Generika müssen aus Konkurrenzgründen möglichst billig produziert werden. Oft macht das weltweit nur noch ein Hersteller. Gibt es dann ein Problem, bricht die Versorgung ein. (Felges 2019)

Zurück zu den säurehemmenden Präparaten. Es gibt also zum einen die PPI-basierten Medikamente, von denen mittlerweile bekannt ist, dass sie bei langfristigem Einsatz erhebliche Nebenwirkungen haben. PPI werden von bis zu einem Viertel der Bevölkerung eingenommen, sodass eine deutliche Zunahme insbesondere von Demenz- und Osteoporoseerkrankungen zu befürchten ist. Der Schaden für die Betroffenen und für die ganze Gesundheitsversorgung wird vermutlich enorme Ausmaße annehmen und ist möglicherweise längst spürbar, ohne dass dies bisher analysiert wurde. Die Herstellerfirmen allerdings wollen keine Aufklärung, im Gegenteil. Die staatlichen Akteure wiederum müssen sich gegen die kommerziellen Interessen der Produzenten durchsetzen – kein leichtes Unterfangen. Die wichtigste Alternative zu PPI, die H2-Antagonisten, sind vom Markt verschwunden, ohne dass dies für besonderes Aufsehen gesorgt hätte. Das wiederum ist kennzeichnend für den Zustand der Generikamärkte und für die globalen Lieferketten von Pharmawirkstoffen. Zwei Drittel aller Wirkstoffe werden mittlerweile in Indien oder China hergestellt. (Mundicare 2020)

Lieferengpässe

Lieferengpässe oder Ausfälle von Medikamenten sind mittlerweile gang und gäbe. Das Schweizer Bundesamt für wirtschaftliche Landesversorgung (BWL) führt eine entsprechende Liste, die laufend aktualisiert wird. Laut drugshortage.ch bestehen am 25. April 2022 Lieferengpässe für 378 Produkte mit 227 verschiedenen Wirkstoffen; am 10. August 2022 sind es 516 Produkte mit 284 verschiedenen Wirkstoffen. (Drugshorage.ch 2022) Das bedeutet, dass für jedes 21. der rezeptpflichtigen Produkte Engpässe auftreten. Die Zahl der Engpässe hat zwischen Januar 2016 und Dezember 2019 deutlich zugenommen (vgl. Grafik 9).

Grafik 9

Anzahl der von Lieferengpässen betroffenen Wirkstoffe für die Schweiz, 2016–2019

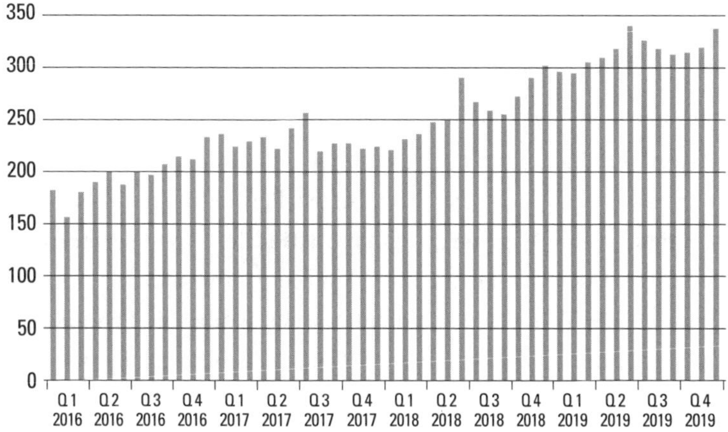

Daten: www.drugshortage.ch (26. April 2022)

Das Medikament BCG zum Beispiel ist von einem solchen Lieferengpass betroffen. Die Forscher Albert Calmette und Camille Guérin züchteten Anfang des 20. Jahrhunderts einen nicht krank machenden Bakterienstamm mit dem Namen BCG, der bis heute weltweit als Impfstoff gegen Tuberkulose eingesetzt wird. In den siebziger Jahren stellte man fest, dass BCG auch gegen Blasenkrebs wirkt. Seither wird es entsprechend eingesetzt und ist bis heute alternativlos. Im Jahr 2016 stellt der Pharmakonzern Sanofi die Produktion von BCG ein, nachdem einige Chargen wegen Verunreinigungen beanstandet worden sind. Seither gibt es weltweit nur noch einen einzigen Hersteller. Dieser ist jedoch nicht in der Lage, den gesamten Bedarf zu decken. (Witte 2022) In Frankreich wird das Medikament inzwischen rationiert (Delen 2022).

2019 publiziert die *SonntagsZeitung* einen Artikel zu Arzneimittelengpässen, in dem etliche weitere Beispiele aufgeführt werden. (Frei 2019) Ende 2018 ist Syntocinon nicht mehr erhältlich. Das Medikament schützt Frauen bei einem Kaiserschnitt vor lebensgefährlichen Blutungen. Laut Auskunft eines Schweizer Krankenhausapothekers muss kurzzeitig auf ein Medikament für Kühe ausgewichen werden. Im August 2019 ist Vitamin K nicht mehr lieferbar, das bei dringenden Operationen verwendet wird, wenn Patient:innen zuvor bestimmte Medikamente zur Blutverdünnung eingenommen haben. Die Krankenhäuser müssen auf ein 600-mal teureres Präparat ausweichen. Selbst Penicillin wird zum Problemfall, was in Brasilien zu einem Anstieg der Syphiliserkrankungen führt. Die letzte Firma, die Rifampicin, ein wichtiges Antibiotikum gegen Tuberkulose, noch herstellt, wollte die Produktion stoppen, konnte aber von der WHO noch rechtzeitig davon abgehalten werden.

Antibiotika tauchen besonders häufig auf den Engpasslisten auf. In der Schweiz kam es 2019 bei den systemischen Antibiotika zu 53 Lieferunterbrechungen. Betroffen waren 20 verschiedene Wirkstoffe und Wirkstoffkombinationen. (Beyer 2020) Die Herstellung von Antibiotika konzentriert sich auf immer weniger Unternehmen. (Vgl. Kap. 5, S. 85) In einem Bericht der WHO heißt es, dass bei zehn untersuchten Antibiotika lediglich noch je zwei Wirkstoffhersteller verfügbar seien. (WHO 2019) In Deutschland gab es 2015 für insgesamt 23 Antibiotikawirkstoffe nur einen Anbieter. (Beyer 2020)

Die wichtigsten Charakteristika der Arzneimittelkrise

1. Big-Pharma-Komplex

Rund zwei Dutzend große Pharmakonzerne (Big Pharma) verfügen über ein Gruppenmonopol (Oligopol) im Pharmamarkt. Die Monopolstellung basiert auf Patenten und auf den hohen Kosten für klinische Studien, die eine fast unüberwindbare Eintrittsschwelle für neue Unternehmen in den lukrativen Markt mit neuen Arzneimitteln bilden. Entscheidungen darüber, welche Wirkstoffe zu Medikamenten weiterentwickelt werden und welche nicht, fallen überwiegend in den Chefetagen dieser Konzerne. Mit intensivem Lobbying und engen Beziehungen zu den Regierungen der Standortstaaten vermag Big Pharma Angriffe auf ihre Oligopolstellung abzuwehren und sich immer wieder von neuem günstige Rahmenbedingungen zu verschaffen.

2. Patente, Blockbuster, Finanzialisierung

Das Pharmageschäft ist weitgehend von staatlichen Regulierungen abhängig, etwa von Patenten und Zulassungsvorschriften. Patentbasierte Monopole erlauben es den Konzernen, für neue Arzneimittel extrem hohe Preise durchzusetzen, was die Pharmabranche zur profitabelsten aller Branchen macht. Dies wiederum weckt das Interesse von Finanzmärkten und Investoren und bestimmt deren Erwartungen an die Gewinnmargen. In der Folge wandeln sich Pharmakonzerne mehr und mehr von Industrieunternehmen zu finanzialisierten Beteiligungsgesellschaften. Potenzielle Blockbuster werden von den Konzernen nicht mehr selbst entwickelt, sondern von Universitäten oder Start-up-Firmen. Diese haben wegen der hohen Markteintrittsschwellen in der Regel keine andere Wahl, als sich für Lizenzvergaben oder einen Firmenverkauf an Big Pharma zu wenden.

3. Reproduktion neokolonialer Verhältnisse

Die Pharmabranche hat wenig Interesse, Arzneimittel für kaufkraftschwächere Weltregionen zu entwickeln, weil die voraussichtlichen Gewinne zu tief sind. Dadurch ist die Kategorie der vernachlässigten armutsbezogenen Krankheiten entstanden, für die keine oder wenig Arzneimittel zur Verfügung sehen. Dazu gehören die typischen Tropenkrankheiten wie Gelbfieber oder Malaria, aber auch Krankheiten, die in armen Ländern weitaus häufiger sind als in Ländern mit hoher Kaufkraft, wie etwa Tuberkulose oder AIDS. Big Pharma setzt die Patentrechte immer wieder dazu ein, eine eigenständige Arzneimittelproduktion in kaufkraftschwächeren Ländern zu behindern. Die reichen Länder sichern sich bei einer Knappheit von Medikamenten oder Impfstoffen eine Vorrangstellung. Millionen von vermeidbaren Todesfällen werden so in Kauf genommen und leidvolle neokoloniale Diskriminierungen reproduziert.

4. Rasante Preisentwicklung und die Nichtversorgung von Patient:innen

Seit der Jahrtausendwende werden die Preise für neue Arzneimittel in immer höhere Gefilde getrieben. Dies bringt die Gesundheitsversorgung selbst in Ländern mit hoher Kaufkraft in Bedrängnis. Behörden und Versicherungen reagieren mit Zulassungsbeschränkungen und Rationierungen. Was für Menschen in ärmeren Ländern schon seit langem bitterer Alltag ist, nämlich keinen Zugang zu lebenswichtigen Arzneimitteln zu haben, wird auch in reichen Ländern zur gängigen Praxis.

5. Engpässe und Versorgungsausfälle

Da Big Pharma kein Interesse an der Produktion von Arzneimitteln hat, die keine hohen Profite abwerfen, kommt es zu Engpässen und Ausfällen. Wirkstoffe werden nur noch von wenigen, manchmal nur noch von einem einzigen Unternehmen hergestellt. Die Wirkstoffherstellung und die Generikaproduktion verlagern sich nach China und Indien. Regelmäßig sorgen inzwischen Produktionsprobleme oder die Verunreinigung einer Wirkstoffproduktion global für Lieferengpässe oder gar für den Ausfall von Arzneimitteln.

6. Parasitäre Abschöpfung öffentlicher Finanzen

Pharmafirmen kommerzialisieren die Ergebnisse öffentlicher Forschung, profitieren von staatlichen Fördergeldern oder von Sondermaßnahmen wie Absatzgarantien in der Corona-Pandemie oder Erweiterungen der Monopole wie bei Orphan Drugs. Big Pharma beansprucht den Löwenanteil der Ressourcen, die für Forschung und Weiterentwicklung in der Gesundheitsversorgung verfügbar sind. Mit ihrer Hochpreispolitik schöpfen die Pharmakonzerne einen wachsenden Anteil der Geldmittel ab, die von Patient:innen, Sozialversicherungen und Staaten für die Gesundheitsversorgung bereitgestellt werden können.

7. Patent-Evergreening

Die Pharmakonzerne versuchen aggressiv und mit hohem finanziellem Einsatz, die Monopolstellung ihrer Blockbuster mit aufwendigem Marketing zu stärken und über den Ablauf der Patentfrist hinaus zu erhalten. Sie lancieren Nachfolgeprodukte, für die sie dank geringfügiger Veränderungen, oft ohne erkennbaren Zusatznutzen, ein neues Patent mit neuer Frist erwerben. Laut der *Washington Post* vom 11. Februar 2015 haben die zehn größten Pharmakonzerne eine Gesamtsumme von 98,3 Milliarden US-Dollar für Marketing ausgegeben. Damit liegen die Marketingausgaben deutlich über denjenigen für Forschung und Entwicklung von 65,8 Milliarden US-Dollar. (Swanson 2015)

8. Inkaufnahme von gesundheitlichen Schäden

Big Pharma nimmt immer wieder wissentlich umfassende Gesundheitskrisen in Kauf, etwa die Ausbreitung von Antibiotikaresistenzen oder die Verbreitung von süchtig machenden Medikamenten. Ebenso haben Pharmaunternehmen wenig Interesse, langfristig schädigende Nebenwirkungen zu erfassen.

9. Behinderung und Unterbindung von Forschung und Entwicklung

Die Pharmakonzerne vertreten die Ansicht, Patente machten Forschung und Entwicklung erst möglich. Doch in vielerlei Hinsicht ist das Gegenteil der Fall. Die Patentinhaber bestimmen, ob und in welche Richtung geforscht wird. Denn Patente monopolisieren in ihrem Gültigkeitsbereich die Forschung und Entwicklung. Besonders fragwürdig ist dies bei Patenten auf Gensequenzen und Zelltherapien. In diesen Bereichen werden ganze Forschungsgebiete besetzt.

10. Manipulierte Studien

Das Design einer klinischen Studie entscheidet darüber, welche Ergebnisse mit der Studie generiert werden. Das Design wählen die Pharmafirmen, Und sie bestimmen auch, welche Studienergebnisse publiziert werden und welche nicht. Entsprechend häufig werden Studienergebnisse manipuliert. Um Kosten zu sparen, werden viele Studien zudem in ärmeren Ländern durchgeführt – nicht immer unter Wahrung der Menschenrechte.

11. Korrumpierung von Politik, Gesellschaft, Wissenschaft

Kaum eine andere Branche investiert so viel Geld für die Beeinflussung ihres Netzwerks; dazu gehören Politik, Gesundheitsinstitutionen, Universitäten, Ärzt:innen, Patient:innenorganisationen, Behörden und Medien. Die Praktiken der Pharmakonzerne sind immer wieder illegal, wofür sie regelmäßig mit hohen Bußen belegt werden.

12. Umweltverschmutzung

Die Umweltverschmutzung durch die Abwässer von Pharmaproduktionsstätten ist in Schwellen- und Entwicklungsländern ein erhebliches Problem. Besonders gravierend ist die Verschmutzung mit Antibiotika, wodurch Brutstätten multiresistenter Keime entstehen. Und durch den hohen Antibiotikaeinsatz in der Landwirtschaft entstehen Umweltbelastungen.

13. Medikamentalisierung der Gesundheitsversorgung

Big Pharma fördert und zementiert ein Medizinverständnis, das auf die Anwendung standardisierter Arzneimittel ausgerichtet ist. Andere Therapieformen und Heilverfahren, die sich weniger gut kommerzialisieren lassen, werden bedrängt oder gar verdrängt. Dazu gehören etwa Psychotherapien, Ernährungsberatungen, Methoden der Stressbewältigung, Pflege, Begleitung und Betreuung. Ebenso wird die Wirksamkeit nicht pharmazeutischer Verfahren viel zu wenig erforscht.

14. Nichtachtung und Abwertung der Menschenrechte, moralischer Zerfall

In der Summe führen diese Fehlentwicklungen dazu, dass das Menschenrecht auf Gesundheit und Unversehrtheit ausgehöhlt wird. Postkoloniale Ungleichheiten und Diskriminierungen werden gefördert, Korrekturbemühungen unterlaufen. Das fördert in der Bevölkerung Ohnmacht, Wut, Zynismus und Verschwörungstheorien.

7. Eine kurze Geschichte der Pharmaindustrie und der Impfstoffe

Die Geschichte der Pharmaindustrie beginnt in der zweiten Hälfte des 19. Jahrhunderts. Ihre Grundlagen sind der Aufstieg der Naturwissenschaften, die Industrielle Revolution und der Siegeszug des Kapitalismus.

Naturwissenschaften als Grundlage einer industriellen Arzneimittelproduktion

Arzneimittel werden viele Jahrhunderte lang durch Heiler:innen, später auch in Klöstern und Apotheken von Hand zubereitet. Basis der Arzneien sind in aller Regel Rezepturen, die auf Erfahrungswerten beruhen, oft aber auch auf Glauben und Aberglauben. Auch sind die Eigenschaften der Bestandteile, etwa die einer Heilpflanze, veränderlich und können sich von Standort zu Standort unterscheiden.

Auf einer solch unsteten Basis lässt sich keine Industrie aufbauen. Das wird erst möglich, wenn ein stabiler, dank naturwissenschaftlicher Verfahren ausreichend bestätigter und verlässlicher Wissensbestand verfügbar ist. In diesem Prozess haben sich Vorstellungen und Erkenntnisse durchsetzen müssen, die uns heute selbstverständlich sind. Zu diesen Erkenntnissen gehört, dass alle Lebensformen auf bestimmten Grundprinzipien beruhen. So basiert alles Leben auf vier Stoffklassen, auf Fetten, Kohlehydraten, Proteinen und Nukleinsäuren. In allen Formen des Lebens finden gleiche oder zumindest vergleichbare Stoffwechselvorgänge zur Gewinnung von Energie, zur Speicherung von Information und zur Steuerung von Lebensprozessen statt. Zwar unterscheiden sich Pflanzen und Tiere in vielerlei Hinsicht. Sie weisen aber genügend Gemeinsamkeiten auf, sodass Tiere pflanzliche Nahrung verdauen und in Bausteine für die eigene Versorgung zerlegen können. Die Ähnlichkeiten zwischen Gattungen und Arten nehmen mit dem Verwandtschaftsgrad zu. So verfügen alle Säugetiere über einen Blutkreislauf und vergleichbare Organe, und ihr Bewegungsapparat basiert auf Skelett und Muskeln. Eine große Zahl von Krankheiten wird durch lebendige Erreger verursacht, die in den Stoffwechsel und in die zellulären Prozesse unseres Körpers eingreifen. Dazu gehören Bakterien, die zum Beispiel Pest, Tuberkulose, Cholera, Typhus, Tetanus, Syphilis, Scharlach, Milzbrand und noch vieles mehr verursachen. Viren wiederum sind für Masern, Ebola, Grippe, Gelbfieber, Windpocken, Kinderlähmung, Röteln, Pfeiffersches Drüsenfieber, Hepatitis C, Herpes und Corona verantwortlich, Pilze für manche Fuß-, Haut- und Darmerkrankungen, weitere Mikroben für Malaria und Toxoplasmose. Die Entdeckung der Übertragungswege, zum Beispiel über Fäkalien, Insekten oder Ratten, hat zu einer Hygienebewegung mit einer starken sozialpolitischen Komponente geführt, weil die ärmeren Bevölkerungsschichten oft in besonders prekären Verhältnissen lebten.

Eine weitere bahnbrechende Erkenntnis betrifft die Struktur des Erbgutes. Sie hat die Form von langen, einem Reisverschluss vergleichbaren Strängen, die die gesamte Erbinformation enthalten. Geschrieben ist die Information mit einem Alphabet von nur vier verschiedenen Buchstaben respektive Reißverschlusszähnchen. Genau wie in diesem Satz, den Sie gerade lesen, wird die Information durch die Reihenfolge der Zeichen bestimmt. Der Stoff, in dem die Erbinformation kodiert ist, heißt Nukleinsäure, die einzelnen Buchstaben Nukleotide. Die Reißverschlüsse gibt es in zwei Varianten. Die Desoxyribonukleinsäure (DNS, englisch DNA) ist das Speichermedium für die dauerhafte Ablage der Erbinformation in den Zellkernen. Die verschiedenen Varianten der Ribonukleinsäure (RNS, englisch RNA) tragen dazu bei, die Erbinformation aus der DNA auszulesen und für die Produktion von Proteinen verfügbar zu machen. Proteine wiederum bilden die Basis für sämtliche Stoffwechselprozesse im Körper. Sie können eine Vielzahl von Aufgaben erfüllen. Sie sind zum Beispiel die Grundbausteine für Muskeln und Blutkörperchen, fungieren aber auch als Enzyme und Botenstoffe, die ihrerseits wieder andere Prozesse in Gang setzen.

Diese grundlegenden biologischen Erkenntnisse wurden in den letzten 200 Jahren gewonnen. Die Zellularpathologie etwa, also die Untersuchung der Krankheiten im Hinblick auf ihre Wirkungen in Körperzellen und Geweben, wird in den 1850er Jahren entwickelt. Der erste Nachweis von bakteriellen Krankheitserregern gelingt 1878. Der erste Beweis für die Existenz von Viren stammt aus dem Jahr 1892. Und die Entschlüsselung der Erbinformation erfolgt 1953.

Die Identifizierung von Krankheitserregern gibt der Entwicklung von Impfstoffen großen Auftrieb. Im Gegensatz zu den Medikamenten, mit denen Krankheiten geheilt oder zumindest ihre Symptome gemildert werden, kommen Impfstoffe vorbeugend zum Einsatz. Ihr Zweck ist es, die körpereigene Immunabwehr zu trainieren, damit sie vorbereitet ist, wenn sie es mit den echten Erregern zu tun bekommt. Dies gelingt, weil die Immunabwehr lernfähig ist. Wie diese Lernprozesse genau funktionieren, wird allerdings erst lange nach der Entwicklung der ersten Impfstoffe besser verstanden. Bis auf den heutigen Tag gibt das Immunsystem immer wieder Rätsel auf.

Parallel zur Biologie erfährt die Chemie eine rasante Entwicklung. Mit chemischen Verfahren gelingt es Schritt für Schritt, einzelne pharmazeutische Wirkstoffe zu identifizieren und aus Naturstoffen in genügender Reinheit zu extrahieren. Schon vor Mitte des 19. Jahrhunderts werden Opium aus Mohn, Salicylsäure (die Grundlage des Aspirins) aus der Weidenrinde, Chinin aus der Rinde des südamerikanischen Cinchonabaumes und herzwirksame Glykosiden aus dem Fingerhut gewonnen. Apotheken nehmen die Herstellung der Medikamente in größeren Mengen in die Hand. Sie sind der erste von zwei Vorläufern der heutigen Pharmafirmen. Bedeutende Firmen wie etwa Merck, Schering und C. H. Böringer in Deutschland, Wander, Sigfried und Sauter in der Schweiz (Drews 1998, S. 37 ff.), Pfizer und Eli Lilly in den USA (Zeller 2001, S. 164) gehen auf Apotheken zurück.

Ein entscheidender nächster Schritt gelingt mit der chemischen Herstellung von Arzneimitteln auf der Basis von organischen Rohstoffen. Ein wichtiger erster organischer Ausgangsstoff ist der Steinkohleteer, ursprünglich ein Abfallprodukt der Leuchtgasherstellung für die Straßenbeleuchtung. Dann wird entdeckt, dass sich daraus auch Farbstoffe herstellen lassen. Diese Farbstoffe befördern die chemische Industrie. Bald schon zeigt sich, dass aus Steinkohleteer neben Farbstoffen auch medizinisch wirksame Substanzen synthetisiert werden können. Firmen wie Ciba, Sandoz oder Bayer haben in Chemieunternehmen ihren Ursprung.

Im 20. Jahrhundert kommt es zu weiteren Entwicklungsschritten, etwa durch die Entdeckung des Insulins, mit dem Diabetes, eine vormals tödliche Krankheit, behandelbar wird. Die Entwicklung von Antibiotika gegen bakterielle Keime Mitte des 20. Jahrhunderts gibt der Pharmaindustrie einen enormen Schub.

Schulmedizin

Im Verlauf dieser Entwicklung festigt sich die Vorstellung, Krankheiten seien die Folge von gestörten biochemischen Abläufen. Die Störungen seien auf Eindringlinge, Infekte oder auf fehlerhafte körpereigene Prozesse, etwa Gendefekte, zurückzuführen. Sie könnten durch die Zuführung von biochemischen Präparaten geheilt oder wenigstens gemildert werden. Dafür müssen Wirkstoffe identifiziert, in der erforderlichen Reinheit produziert, in klinischen Studien erprobt und dann in geeigneter Darreichungsform verfügbar gemacht werden. Den Ärzt:innen kommt die Aufgabe zu, die richtige Diagnose zu stellen und anschließend die passende medikamentöse Therapie festzulegen.

Im Gesundheitsbereich eignen sich die Therapien auf Arzneimittelbasis am besten für eine Standardisierung. Das Konzept entspricht der gewinnstrebenden industriellen Produktion. Die Unternehmen bieten ihre Produkte zu einem Preis an, der ihre Kosten deckt und überdies Profit abwirft. Das Erzielen dieses Profits ist der eigentliche Grund und der zentrale Antrieb des Systems. Das zentrale Interesse eines Unternehmens liegt im gewinnbringenden Verkauf seiner Produkte. Ob und wie nützlich diese Waren sind, wird zweitrangig im Vergleich zum Verkauf. Dabei entsteht eine ökonomisch-gesellschaftliche Dynamik, die alles in ihren Bann zieht – es sei denn, bestimmte Bereiche werden gezielt dieser Logik entzogen und in öffentliche Dienste überführt.

Gewinnorientierte Produktionsverhältnisse fördern die Medikalisierung der Medizin. Wo immer möglich werden Arzneimittel eingesetzt. Die Verschreibung von Medikamenten spart Zeit und Mühe – zumindest auf kurze Sicht. Eine Pille ist rasch verabreicht, eine Änderung der Verhaltensweisen oder der Ernährungsgewohnheiten hingegen braucht individuelle Fallanalyse, kompetente Begleitung, Gespräch, Zeit und Ausdauer. Die Medikalisierung gräbt anderen Therapieverfahren wie Kuren, Diäten oder Psychotherapien das Wasser ab. Die Patient:innen werden zu Arzneimittelverwertungsobjekten. Als Individuen geraten sie aus dem Blickfeld. Die seelische Befindlichkeit und die soziale Situation werden unerheblich. Pflege und Betreuung werden nicht in ihrer therapeutischen Wirkung gesehen. Diese Marginalisierung anderer Behandlungsformen birgt viel Spannungspotenzial und führt zu Polarisierungen, unter anderem zur Spaltung in Schulmedizin und Alternativmedizin. (Seidler, Leben 2003, S. 197 f.)

Psychopharmaka

Die Vorstellung, Infekte oder fehlerhafte Prozesse könnten durch Medikamente behoben werden, erobert in der zweiten Hälfte des 20. Jahrhunderts auch das Feld der noch wenig verstandenen psychischen Störungen und Erkrankungen, für die eine wachsende Zahl von Psychopharmaka auf den Markt gelangt. Auch hier kommt es zu einer Polarisierung zwischen Psychiatrie, die sich stark am Einsatz von Psychopharmaka orientiert, und Psychotherapie, die mit einer Vielzahl von anderen Methoden arbeitet, etwa Gesprächstherapien, Körpertherapien, Rollenspielen, Aufmerksamkeits- und Entspannungstechniken.

Psychopharmaka sind Arzneimittel, die die psychische Verfassung beeinflussen. Hier ist die Medikalisierung besonders problematisch. Die Psyche ist ein hoch entwickeltes, komplexes und nur schwer fassbares Gebilde und unterscheidet sich von Mensch zu Mensch erheblich. Psychopharmaka hingegen greifen in universelle Stoffwechselvorgänge ein und wirken nur indirekt auf die Psyche. Sie haben in der Regel gravierende Nebenwirkungen. Wenn sie zum Beispiel Ängste reduzieren, dämpfen sie meist auch viele weitere Körpervorgänge. Sie machen oft abhängig, und ihr Absetzen kann neue psychische Probleme auslösen.

Ein Beispiel dafür sind Serotonin-Wiederaufnahmehemmer

(SSRI). Sie kommen bei Depressionen zum Einsatz und sind heute in diesem Bereich mit einem Anteil von 80 Prozent die dominierende Stoffklasse. Jedes zweite verschriebene Psychopharmakum ist ein SSRI. Damit gehören sie zu den meistverschriebenen Medikamenten überhaupt. (Simhofer 2016)

Wie wirken SSRI? Depressionen werden mit einem Mangel an Signalübertragung über die Kontaktspalten zwischen den Nervenzellen in Verbindung gebracht. Verantwortlich für die Übertragung ist das körpereigene Serotonin. SSRI bewirken, dass die Konzentration von Serotonin in den Kontaktspalten erhöht wird. SSRI-basierte Medikamente kommen zunächst vor allem bei schweren Depressionen zum Einsatz, finden jedoch mehr und mehr den Weg in die hausärztlichen Praxen, wo sie auch bei leichteren Depressionen verschrieben werden. SSRI haben viele Nebenwirkungen, etwa Übelkeit, Gewichtszunahme, Verstopfung, Durchfall, Schläfrigkeit, Störung der Sexualfunktion. (Psychonet.de o. D.; Gøtzsche 2016) Ein Absetzen der SSRI ist schon nach kürzerer Einnahmeperiode heikel und kann zu heftigen Angstattacken führen. Deshalb wird ein ausschleichendes Absetzen von SSRI empfohlen, also eine schrittweise Reduktion der Dosis, möglichst in ärztlicher Begleitung. Doch für die zeitlich oft stark belasteten Hausärzt:innen ist es einfacher, die Pillen weiter zu verschreiben, als einen schmerzhaften und oft schwierigen Absetzungsprozess zu begleiten. (Gøtzsche 2016, S. 263 ff.) Die Folge davon ist, dass heute viel zu viele SSRI eingenommen werden.

Die älteste Gruppe von Psychopharmaka sind die Neuroleptika. Sie haben eine stark beruhigende Wirkung und kommen zur Behandlung von Wahnvorstellungen, Halluzinationen und psychotischen Schüben zum Einsatz, wie sie etwa bei einer Schizophrenie oder einer Manie auftreten. Wie die SSRI können sie bedenkliche Nebenwirkungen haben: Schwindel und erhöhte Sturzgefährdung, Lethargie, Inkontinenz, Schlaganfall, Herzrhythmusstörungen,

Funktionsstörungen von Leber, Niere und Bauchspeicheldrüse, Einschränkungen der Sexualität, Gewichtszunahme, bei lang dauernder Einnahme degenerative Schädigungen des Gehirns.

Neuroleptika werden, wie SSRI, in Bereichen eingesetzt, für die sie nicht konzipiert sind, zum Beispiel in Pflegeheimen, um rastlose, verwirrte oder aggressive Bewohner:innen ruhigzustellen. Eine für die deutschsprachige Schweiz repräsentative Studie kommt zum Ergebnis, dass 37 Prozent aller Pflegeheimbewohner:innen über 65 Jahre, die nicht an Schizophrenie leiden, Neuroleptika verabreicht bekommen. Die Ressourcen fehlen, um diesen Bewohner:innen mehr Betreuung, persönliche Zuwendung, soziale Kontakte, Angebote für Spaziergänge, Spiele und so weiter angedeihen zu lassen. Pflegende berichten, Neuroleptika würden verteilt, »als wären es Bonbons«. Oft werden die Betroffenen und die Angehörigen nicht oder unvollständig informiert. (Gamp 2022) Peter C. Gøtzsche, Professor für klinisches Forschungsdesign und Analyse, kommt nach Auswertung diverser Studien zum Schluss, dass in Europa und den USA jährlich mehr als eine halbe Million Menschen über 65 Jahre an Psychopharmaka sterben. (Gøtzsche 2016, S. 321)

Vom Nutzen des Impfens

Die Pharmaindustrie trägt eine erhebliche Mitschuld am Misstrauen gegenüber der Pillenmedizin in breiten Teilen der Bevölkerung. Die Folgen davon zeigen sich beim Impfen. Eigentlich ist Impfen den alternativmedizinischen Methoden näher als der klassischen Schulmedizin. Dennoch haben sich in der Corona-Pandemie viele Personen, die mit der Alternativmedizin sympathisieren, auf die Seite der Impfgegner:innen geschlagen. (Haug u. a. 2021) Impfungen sind aber ein wichtiges Instrument, um Epidemien und Pandemien einzuschränken und zum Erliegen zu bringen.

Eine weitverbreitete Impfskepsis ist nicht nur eine Bedrohung für die Verweiger:innen selbst, sondern kann auch zu einem epidemiologischen Problem werden.

Viele Menschen glauben, dass gängige Krankheitserreger wie Masern- oder Grippeviren immer schon da waren und es deshalb das Beste sei, wenn die Menschen mit diesen Erregern in Kontakt kommen und dabei die körpereigene Immunabwehr stärken. Impfen sei nicht erforderlich, habe möglicherweise ernsthafte Nebenwirkungen und werde nur im Interesse der Pharmaindustrie gepusht. Ganz unberechtigt sind solche Vorhaltungen nicht. Es gibt zum Beispiel deutliche Hinweise darauf, dass Kinder, die auf Bauernhöfen aufwachsen und dort mit einer Vielzahl an Mikroorganismen konfrontiert sind, deutlich weniger Allergien entwickeln als Kinder in der Stadt. (Allergieinformationsdienst.de 2019) Und tatsächlich kommt es bei Impfungen zwar selten, aber immer wieder zu problematischen Nebenwirkungen.

Doch die Vorstellung, Impfen sei überflüssig und quasi widernatürlich, ist falsch. Erinnert sei an das Massensterben der indigenen Bevölkerung der beiden Amerika nach der Kolonisierung durch die europäischen Eindringlinge. Rund 90 Prozent der Bevölkerung – vielerorts sind es sogar 100 Prozent – werden von Infektionskrankheiten wie Pocken, Masern, Mumps oder Grippe dahingerafft, weil sie gegen die eingeschleppten Erreger über keine Abwehrkräfte verfügen. (Rinke 2005) Unbekannte Krankheitserreger können lebensbedrohlich sein.

Die meisten Infektionskrankheiten sind ein Produkt der Ökosysteme, die erst durch die Menschen geschaffen worden sind, vor allem durch die Tierhaltung und durch die Städtebildung. James C. Scott schreibt, dass »nahezu alle Krankheiten, die sich Mikroorganismen verdanken, die spezifisch an den Homo Sapiens angepasst sind, erst in den letzten zehntausend Jahren entstanden« sind. (Scott 2020, S. 113) Viele Erreger sind Zoonosen, Mikroorganismen, die in Tieren vorkommen und in diesen oft gar keine Krankheiten auslösen. Erst wenn sie auf den Menschen überspringen, werden sie gefährlich. Dazu gehören die Tuberkulose und die ocken (vom Rind), die Grippe (von Schweinen und Enten), die Erkältungsviren (von Pferden), die Masern (von Hunden und Rindern). (Porter 2006, S. 1; Wikipedia, Artikel Zoonose) In neuerer Zeit werden solche Übertragungen durch die Zerstörung von Wildhabitaten, etwa Urwäldern, und die dadurch zunehmenden Kontakte zwischen Menschen und Wildtieren gefördert. (Wallace 2020) Deshalb sind in den letzten Jahrzehnten in rascher Folge neue und gefährliche Erreger aufgetaucht wie HIV, Ebola, Sars-CoV-1, MERS, Sars-CoV-2 (Covid-19) und neuerdings die Affenpocken.

Es gibt etliche Hinweise darauf, dass ein Massensterben, wie es nach der Kolonisierung Amerikas aufgetreten ist, schon in frühen Perioden der Menschheitsgeschichte vorkam, jeweils ausgelöst durch das Auftreten neuer Erreger. Die Weltbevölkerung 10 000 vor unserer Zeit wird auf ungefähr vier Millionen Menschen geschätzt. 5000 Jahre später sind es mit fünf Millionen noch nicht viel mehr, und das, obwohl sich in der Zwischenzeit in verschiedenen Weltregionen Ackerbau, Viehzucht und städtische Siedlungen durchgesetzt haben. Das widerspricht den Erwartungen. Denn dank dieser zivilisatorischen Entwicklungssprünge ist die Produktivität erheblich gestiegen: In derselben Zeit können deutlich mehr Lebensmittel hergestellt werden, und dank neuer Konservierungsmethoden sind sie dauerhaft verfügbar. Es hätten also weitaus mehr Menschen ernährt werden können als in Wildbeutergemeinschaften. Doch es dauerte Tausende von Jahren, bevor ein entsprechendes Bevölkerungswachstum tatsächlich eintrat. Als Grund dafür wird heute allgemein angenommen, dass die ersten Jahrtausende, in denen Menschen Landwirtschaft betrieben und Städte gründeten, »epidemiologisch vielleicht die tödlichste Periode der Menschheitsgeschichte« (Scott 2020, S. 108) waren. Ein

Indiz ist auch, dass in dieser Zeit viele Städte ohne erkennbaren Anlass vollständig aufgegeben wurden.

Auch in späteren Epochen setzten Seuchen den Menschen zu. So wird vermutet, dass der Aufstieg Athens im 5. Jahrhundert vor unserer Zeit durch eine Epidemie gestoppt wurde. In Teilen des Römischen Reichs kostete im 2. Jahrhundert eine Seuche – vermutlich die Pocken – ein Viertel der Bevölkerung das Leben. Als die Pest Mitte des 14. Jahrhunderts erstmals in Europa auftrat, raffte sie rund ein Drittel der Bevölkerung dahin. Und noch bis ins 19. Jahrhundert waren die Städte wegen mangelnder Hygiene derart gefährliche Orte, dass die Zahl der Todesfälle diejenige der Geburten übertraf, was nur durch die ständige Zuwanderung ausgeglichen wurde. (Porter 2006, S. 22)

Der Mythos vom gesunden Körper, der sich selbst immunisiert und keiner Hilfe wie Impfungen bedürfe, ist irreführend. Impfungen stellen vielmehr zusammen mit der Verbesserung der hygienischen Verhältnisse die zivilisatorische Antwort auf ein gesundheitliches Problem dar, das erst durch die Zivilisation überhaupt geschaffen wurde. Impfungen stärken die Selbstheilungskräfte des Körpers, was exakt den Zielen vieler alternativmedizinischer Schulen entspricht. Sie trainieren das Immunsystem, neue Krankheitserreger wirksam zu bekämpfen. Überdies arbeiten sie nach dem Prinzip, Gleiches mit Gleichem zu heilen. Darauf beruht auch die Homöopathie, eine der am meisten verbreiteten alternativen Heilmethoden.

Dennoch ist nicht jede Impfung empfehlenswert und unproblematisch. (Gøtzsche 2021) Influenzaviren mutieren sehr rasch und bilden von Saison zu Saison neue Varianten. Deshalb sind Grippeimpfungen schnell veraltet und oft gar nicht mehr wirksam. Corona-Viren wiederum sind weniger mutationsfreudig als Grippeviren. Aber die schiere Verbreitung, die die Sars-CoV-2-Viren in der globalen Pandemie gefunden haben, schafft dennoch immer wieder Voraussetzungen für neue Varianten, die sich gegen ihre Vorgänger durchsetzen, weil sie die erreichte Immunantwort besser umgehen. Entsprechend nimmt die Wirksamkeit der Corona-Impfungen ab. Immerhin gewähren bislang die Corona-Impfungen der ersten Generation noch immer erheblichen Schutz gegen bedrohliche Krankheitsverläufe. Und es besteht kein Zweifel, dass ihr Einsatz bislang Millionen Menschen vor dem Tod und wohl mindestens ebenso viele vor Long Covid bewahrt hat. (Thelitz 2022; Stadler 2022) Manche Erreger wiederum verhalten sich so geschickt, dass es für sie (noch) keine Impfstoffe gibt. Das HIV-Virus etwa schmuggelt sein Erbgut in die DNA der infizierten Zelle und kann sich so vor einem Zugriff verstecken.

8. Technologische Umbrüche – Geneditierung, mRNA, Big Data

Seit den achtziger Jahren wird in der Medizin das medizinisch-chemische Paradigma der Arzneimittelkunde durch ein informationelles Paradigma erweitert. (Drews 1998, S. 102 ff.) Krankheiten entstehen, wenn der Körper nicht über die erforderlichen genetischen oder erlernten Informationen verfügt, um Stoffwechselvorgänge optimal zu regulieren und besondere Belastungen zu bewältigen. Ziel einer Therapie ist nun, Unzulänglichkeiten bei den verfügbaren Informationen respektive ihrer Nutzung zu korrigieren. Erneut rückt das körpereigene Immunsystem und seine Arbeitsweise ins Blickfeld. Impfungen hatten schon bisher den Zweck, die Immunabwehr zu trainieren, folgten also seit jeher dem informationellen Paradigma. Weil die Funktionsweise des Immunsystems immer besser und differenzierter verstanden wird, ergeben sich nun eine Fülle weiterer Interventionsmöglichkeiten, um die Immunabwehr zu unterstützen und Ungleichgewichte in ihr zu korrigieren.

Im Jahr 1973 gelingt es erstmals, Gene gezielt zu sequenzieren und neu zusammenzusetzen. Das Ergebnis erhält den Namen »rekombinante DNA«. Auch Gene verschiedener Lebewesen können rekombiniert werden, etwa von Menschen und Bakterien. Eine rekombinante DNA führt in einem lebenden Organismus genauso zur Produktion von Proteinen wie die körpereigene DNA. Das wird für völlig neue, biotechnologische Herstellungsverfahren von Wirkstoffen genutzt. Die Erbinformation des gewünschten Wirkstoffs wird in das Erbmaterial von Bakterien eingesetzt, worauf diese den Stoff synthetisieren.

Dank der rasch zunehmenden Kenntnisse über das gesamte menschliche Erbgut, das Genom, können einige Gendefekte identifiziert werden, die zu Erbkrankheiten führen. Gentherapien zielen darauf ab, diese Gendefekte zu korrigieren.

Für die Herstellung von Corona-Impfungen wird erstmals in großem Maßstab die neue mRNA-Technologie angewandt. Geimpft wird nicht der Impfstoff, sondern eine Bauanleitung zu seiner Herstellung durch den Körper selbst. Basis ist dabei nicht die DNA, sondern die messenger-RNA (mRNA). Diese liest normalerweise die körpereigene DNA-Erbinformation ab und übermittelt sie an die zellulären Proteinfabriken. Dieser Mechanismus findet sich in allen Formen des Lebens. Die geimpfte mRNA geht nun direkt zu den Proteinfabriken, die dann den Impfstoff produzieren und damit die Immunabwehr mobilisieren. Die Wirkstoffe müssen nun nicht mehr außerhalb des Körpers hergestellt werden. Vielmehr kann der Körper mit dieser neuen Technologie dazu veranlasst werden, alle möglichen Wirkstoffe selbst herzustellen. Der Körper muss nur die entsprechende Information bekommen. Die mRNA selbst wird nach getaner Arbeit im Körper rasch und ohne Rückstände abgebaut.

Immer mehr kommt auch die Informatik ins Spiel. Sie erlaubt die Verarbeitung und die Bereitstellung von immensen Datenmengen. Das ist für die informationelle Verarbeitung von vollständigen Genomen notwendig oder für Datenpools, in denen sämtliche bekannten Stoffwechselmoleküle beschrieben werden, oder für die Auswertung umfangreicher Patient:innendaten, um Krankheitsverläufe zu verfolgen und die Wirkung von Arzneimitteln zu überprüfen.

Die nächsten Abschnitte beschreiben diese Entwicklungen und ihre Folgen genauer.

Das Immunsystem

Das Immunsystem produziert spezialisierte Immunzellen, die in der Lage sind, Krankheitserreger wie Viren oder Bakterien zu eliminieren, indem sie sie mit entsprechenden Enzymen zur Auflösung bringen oder sich einverleiben. Im ersten Schritt müssen die schädlichen Eindringlinge erkannt und vom gesunden körpereigenen Gewebe unterschieden werden. Das Immunsystem orientiert sich dabei an spezifischen Oberflächenstrukturen der Eindringlinge. Diese Strukturen werden Antigene genannt. Diese Antigene werden vom Immunsystem durch sogenannte Antikörper besetzt. Die Immunzellen greifen nur Zellen oder Viren an, die durch solche Antikörper markiert sind. Die Antikörper werden im Knochenmark nach dem Zufallsprinzip in mehreren Millionen Varianten erzeugt und auf spezialisierte weiße Blutkörperchen aufgetragen. Anschließend werden diese Blutkörperchen daraufhin getestet, ob sie körpereigenes Gewebe markieren. Diejenigen, die das tun, werden sofort eliminiert, um zu verhindern, dass das Immunsystem körpereigene Zellen angreift. Die übrig bleibenden Blutkörperchen zirkulieren im Körper und suchen nach körperfremden Antigenen. Finden sie ein passendes, binden sie den Antikörper daran. Erst diese Markierung löst anschließend den Angriff der Immunzellen aus. Auch geschädigte körpereigene Zellen, die zum Beispiel von Viren befallen sind, zeigen auf ihrer Oberfläche besondere Strukturen, die von den Blutkörperchen als Antigene erkannt und ebenfalls markiert werden. Dasselbe gilt für eine Reihe von Krebszellen. Dieser Mechanismus erlaubt es dem Immunsystem, sowohl bekannte wie auch neue Eindringlinge respektive erkrankte Körperzellen zu identifizieren und zu markieren.

Eine weitere Fähigkeit der Immunabwehr ist, sich die Struktur von erstmals auftretenden Antigenen merken zu können. Dadurch kann sie auf eine zweite Infektion durch denselben Erreger viel rascher und entschlossener reagieren. Es ist also ein lernfähiges System.

Eine Vielzahl von körperfremden Mikroben sind jedoch nützlich, etwa die Mikroorganismen der Darmflora, die bei der Verdauung helfen und ohne die wir nicht überleben könnten. Die Anzahl der nützlichen Mikroorganismen im Körper ist sogar höher als die der körpereigenen Zellen. Es muss also um jeden Preis verhindert werden, dass Immunzellen auch nützliche Mikroben attackieren. Deshalb kommt in vielen Fällen ein zweites Signal zum Tragen, das die Immunzellen erst richtig aktiviert und nur übermittelt wird, wenn es sich bei den körperfremden Mikroben wirklich um Problemfälle handelt. (Male 2005; Sadava u. a. 2019) Dieser Mechanismus wird auch bei manchen Impfungen genutzt, indem ihnen sogenannte Adjuvantien beigefügt werden. Diese wirken wie das beschriebene zweite Signal. (Davis 2019, S. 23 ff.)

Überdies verfügt das Immunsystem über Verfahren, mit denen es sich selbst bremsen kann, etwa nach getaner Arbeit, wenn also eine Krankheit erfolgreich bekämpft worden ist. Dann muss die Abwehr gestoppt werden, damit sie nicht aus dem Ruder läuft. Wenn das nicht richtig funktioniert, beginnt das Immunsystem, den eigenen Körper zu schädigen. Im Zusammenhang mit Corona ist ein solcher, oft tödlich endender Ablauf unter dem Namen Zytokinsturm bekannt geworden.

Das Immunsystem kann also auch fehllaufen. Nebst den Zytokinstürmen sind Allergien ein Beispiel dafür. Sie entstehen, wenn es nach dem Erstkontakt mit einem Antigen zu einer Überreaktion kommt. Bei Immunschwächeerkrankungen wie AIDS fällt die Immunabwehr zu gering aus. Bei Autoimmunkrankheiten attackieren Immunzellen körpereigenes Gewebe; dazu gehören unter anderem

Morbus Bechterew (eine rheumatische Erkrankung der Gelenke), Morbus Crohn (eine chronische Entzündung des Darms), Schuppenflechte, Typ-1-Diabetes, Multiple Sklerose (entzündliche Erkrankung des Nervensystems) und Zöliakie (Glutenunverträglichkeit). Je besser die Mechanismen des Immunsystems verstanden werden, umso eher können Medikamente entwickelt werden, die solche Fehlverhalten der Immunantwort zu korrigieren vermögen.

Zellen, die von Viren befallen sind, produzieren Interferone und warnen damit die umliegenden Zellen, die sich dann vorsorglich gegen einen Virenbefall wappnen. Die Entdeckung der Interferone 1957 hat große Erwartungen geweckt, weil sie damals in Experimenten dazu führten, einige Formen von Krebs einzudämmen. Aber sie sind kein Wundermittel. Manche Krankheitserreger haben gelernt, der Immunabwehr ein Schnippchen zu schlagen. So ist ein Zehntel aller Gene der Grippeviren darauf spezialisiert, Interferone unwirksam zu machen. (Davis 2019, S. 109) Dennoch kommen Interferone heute in vielen Fällen als Arzneimittel zum Einsatz, etwa gegen Multiple Sklerose oder Hautkrebs.

Nach dem Basler Immunologen Mike Recher haben bis zu 50 Prozent aller Gene des Menschen eine immunologische Funktion. (Braun 2021) Das deutet darauf hin, dass die Entwicklung der Lebewesen von Anbeginn ein Zusammenspiel von Kooperation, Rivalität und gegenseitiger Abwehr war. Schon einzellige Lebewesen wie die Bakterien mussten Mechanismen entwickeln, um sich gegen feindliche andere Bakterien oder Viren zur Wehr zu setzen. Mehrzellige Lebewesen konnten sich erst etablieren, als sie in der Lage waren, Eindringlinge fernzuhalten. Das erklärt auch, warum das Immunsystem so hochgradig differenziert ist. Pharmazeutische Wundermittel zu finden, die etwa gegen alle Krebsformen wirksam sind, ist deshalb sehr unwahrscheinlich.

All diese Erkenntnisse könnten die Spaltung von Schul- und Alternativmedizin eigentlich aufweichen. Eine Vielzahl von neuen

Arzneimitteln stärken das Immunsystem und die Selbstheilungskräfte des Körpers und entsprechen damit dem Kernkonzept vieler alternativmedizinischer Methoden. Umgekehrt gibt es eine Fülle von Hinweisen, dass Praktiken wie Meditation oder Tai Chi stärkend auf das Immunsystem einwirken. (Davis 2019, S. 177) Allerdings lassen sich Meditation oder Tai Chi nicht patentieren, und deshalb gibt es dazu kaum klinische Studien.

Bio- und Gentechnologien

Mit dem Begriff der Biotechnologie werden all die Verfahren benannt, in denen die Stoffwechselvorgänge von Mikroorganismen produktiv genutzt werden. Menschen tun dies schon seit Jahrtausenden, etwa durch die Verwendung von Hefe bei der Herstellung von Brot, Wein und Bier oder von Milchsäurebakterien in der Käse- oder Joghurtproduktion. Seit dem Aufkommen der Geneditierung Ende der siebziger Jahre erweitert sich das Feld der Biotechnologien massiv. Dabei werden Bio- und Gentechnologien kombiniert. Für die Pharmabranche bedeutet das einen beträchtlichen Innovationsschub, vergleichbar mit der Entdeckung chemischer Produktionsverfahren hundert Jahre zuvor. Genmanipulierte Bakterien, die für die Herstellung von Arzneimitteln eingesetzt werden, ermöglichen es, ausreichend große Mengen von Medikamenten herzustellen, die aus hochkomplexen Proteinen bestehen. 1972 gelingt es zum ersten Mal, ein Gen zu editieren, also künstlich zusammenzusetzen. 1982 wird in den USA das erste gentechnisch hergestellte Arzneimittel zugelassen, ein von Genentech produziertes Humaninsulin. 1999 überschreitet das Marktvolumen gentechnisch hergestellter Medikamente erstmals den Wert von 10 Milliarden US-Dollar im Jahr. Eine bahnbrechende jüngere Entwicklung ist die CRISPR-Cas9-Schere. Mit diesem Begriff wird ein neues, wesentlich einfacheres Verfahren zur Geneditierung bezeichnet. Es basiert auf denselben Prinzipien, die Bakterien zur Abwehr von Viren verwenden.

Die Welle biotechnologischer Innovationen wird für die großen Pharmakonzerne zur Herausforderung. Bisher waren die Eintrittsschwellen in die Gilde der großen Pharmakonzerne extrem hoch (vgl. Kap. 1, S. 26), doch nun dringen einige neue Unternehmen dorthin vor. Biogen (gegründet 1978), Amgen (1980) und Gilead Sciences (1987) sind bis heute eigenständige Pharmakonzerne. Die meisten der Biotechunternehmen werden allerdings von etablierten Konzernen aufgekauft; dazu gehören Genentech, 1976 gegründet und 2009 von Roche übernommen, Serono, ein biotechnologisch neu aufgestelltes älteres Unternehmen, 2006 von Merck aufgekauft, Chiron Corporation, 1981 gegründet und 2006 von Novartis erworben, oder Genzyme Corporation, 1981 gegründet und 2011 von Sanofi übernommen. Die etablierten Konzerne müssen für die Übernahme von Biotechfirmen oft hohe Summen aufbringen; Roche etwa bezahlt für Genentech 46,8 Milliarden US-Dollar. Im Ganzen gesehen hat Big Pharma den Technologieschub weitgehend unangefochten bewältigt. Die großen Pharmakonzerne sind heute längst alle auch Bio- und Gentechunternehmen. Die Segmentierung der Pharmabranche in die großen Konzerne einerseits, die kleineren Start-ups, Zulieferer und Hersteller von patentfreien Arzneimitteln andererseits hat sich erhalten. Möglicherweise werden in nächster Zeit einige Pioniere der mRNA-Technologie wie Moderna oder Biontech den Eintritt in den Kreis der großen Pharmakonzerne schaffen. Aber am Gesamtbild wird sich dadurch nichts ändern.

Eine wichtige Grundlage für die Anwendung der Gentechnologien in der Humanmedizin ist die vollständige Entschlüsselung des menschlichen Genoms. Als Genom wird die Gesamtheit der DNA-Erbinformationen eines Lebewesens bezeichnet. Lediglich bei einigen Viren basiert der genetische Code nicht auf DNA, sondern auf RNA; Viren sind allerdings ohnehin keine eigenständigen Lebensformen, sondern benötigen für ihr Überleben Wirtszellen.

Im Jahr 1990 wird in den USA ein internationales, öffentlich finanziertes Forschungsprojekt zum Humangenom gestartet. Beteiligt sind über 1000 Wissenschaftler:innen aus 40 Ländern. 13 Jahre dauert es, bis das gesamte menschliche Genom entschlüsselt ist. Es umfasst 3,2 Milliarden Basenpaare, die je gegenüberliegenden Reißverschlusszähnchen der DNA-Doppelhelix. Darunter sind die klassischen Gene, die eine Bauanleitung für die Produktion eines Proteins enthalten. Jedes dieser proteincodierenden Gene enthält eine mitunter sehr hohe Zahl von Basenpaaren; das größte bringt es auf 2,5 Millionen Paare. Dennoch machen die proteincodierenden Gene nur 1,5 bis 2 Prozent des gesamten Genoms aus. Die übrigen Gensequenzen haben andere Aufgaben, zum Beispiel festzulegen, wie und wann die proteincodierenden Gene ausgelesen werden sollen. Das Genom ist nicht nur eine Datenbank mit Bauanleitungen, sondern ein sich selbst regulierendes System, quasi eine Bibliothek samt Personal.

Dank der Genomsequenzierung gelingt es unter anderem, vererbte defekte Gene zu identifizieren und innerhalb des Genoms zu lokalisieren. Damit ist die Voraussetzung für Gentherapien im engeren Sinn geschaffen. Gentherapien zielen darauf ab, defekte Gene auszuschalten. Im Idealfall gelingt es, defekte Gene vollständig durch funktionstüchtige zu ersetzen. Ein Beispiel für eine solche Gentherapie sind Medikamente zur Behandlung der spinalen Muskelatrophie, eines genetisch bedingten Muskelschwunds, der zu einem fortschreitenden Abbau von Nervenzellen im Rückenmark führt; jede zehntausendste Person ist davon betroffen. Das neueste dieser Medikamente, Zolgensma (vgl. Kap. 4, S. 70) von Novartis, schleust die erforderlichen korrekten Erbinformationen mithilfe eines Vektorvirus in die DNA der Erkrankten ein. Der Vektorvirus hat die Aufgabe, das korrekte Gen in die Zellkerne zu bringen und den Einbau in die Zell-DNA zu veranlassen. Mit einem Preis von über 2 Millionen Euro gehört Zolgensma zu den beiden teuersten Medikamenten der Gegenwart. Ohnehin zeichnen sich die gentherapeutischen Arzneimittel durch extreme Preise aus. Unter dem Stichwort »Gentherapie« findet sich in Wikipedia eine Tabelle, in der die Preise einiger gängiger Gentherapeutika aufgelistet sind. Acht von neun aufgeführten Arzneimitteln kosten 315 000 Euro oder mehr. (Wikipedia 2022e)

Der Anwendungsbereich solcher Gentherapien ist jedoch begrenzt. Sie können nur bei monogenetischen Erkrankungen angewendet werden, also nur, wenn die Krankheit durch den Defekt eines einzigen Gens ausgelöst wird. Bei vielen Krankheiten, zum Beispiel bei vielen Krebsarten, sind jedoch mehrere defekte Gene im Spiel. Solche Genkombinationen erfolgreich zu korrigieren, ist praktisch aussichtslos. Hier wird nach anderen Lösungen gesucht.

Krebsmedikamente

Krebs kann mit Gentherapien in der Regel nicht ursächlich behandelt werden. Hier richtet sich das Augenmerk auf das Immunsystem. Es geht darum, die Immunabwehr so zu modulieren, dass sie Krebszellen erkennt, eliminiert oder zumindest ihre Ausbreitung behindert.

Was ist Krebs? In mehrzelligen höheren Organismen, erst recht im hochdifferenzierten menschlichen Körper, fügt sich jede Zelle in die Abläufe des Organismus ein und erfüllt spezifische Aufgaben. Die meisten Zellarten lösen nach einer gewissen Zeit das eigene Absterben aus, weil sie nicht mehr benötigt werden oder um jüngeren Zellen Platz zu machen. Diese laufende Verjüngung des Zellbestands verhindert, dass sich Schädigungen in den Zellen anhäufen. Krebs entsteht, wenn körpereigene Zellen solche Regulationsmechanismen ignorieren und sich unkontrolliert vermehren. Die soliden Krebsformen bilden Wucherungen (Tumore) und können sich in Form von Metastasen (Sekundärtumoren) im ganzen Körper ausbreiten. Bei Leukämien sind Zellformen betroffen, die im Blut zirkulieren. Zellen, die nicht mehr richtig funktionieren, werden vom Immunsystem oft als defekt erkannt und eliminiert. (Klein 2021, S. 163) Doch manche Krebszellen können auf unterschiedliche Weise der Immunabwehr entkommen.

Zur Erinnerung: Das Immunsystem verwendet Antikörper, um Krankheitserreger oder kranke Zellen zu markieren. Auch Krebszellen können Ziele von Antikörpern werden, sofern sie entsprechende Antigene präsentieren und damit als krank erkennbar sind. Das ist jedoch nicht immer der Fall. Deshalb wird nach passenden, sogenannten monoklonalen Antikörpern geforscht, die diese Aufgabe übernehmen. Aus diesem Ansatz sind eine ganze Reihe neuer Krebsmedikamente hervorgegangen.

Manche Medikamente beruhen darauf, monoklonale Antikörper mit einem Zellgift oder einer radioaktiven Substanz zu verbinden. Auf diese Weise kann die giftige Substanz über den Antikörper direkt an die Krebszelle angedockt werden. Die Krebszelle wird dann vom Zellgift oder von der radioaktiven Substanz zerstört. Kadcyla von Roche etwa wirkt gegen einige Formen des Brustkrebses und arbeitet mit diesem Mechanismus.

Auf den Immunzellen befinden sich Checkpoints, über die die Immunzelle abgeschaltet werden kann. Manche Krebsformen bedienen sich dieses Mechanismus, um diejenigen Immunzellen zu neutralisieren, die ihnen gefährlich werden könnten. Die Medikamentenklasse der Checkpoint-Inhibitoren unterbindet dies: Sie blockiert die Checkpoints und verhindert so das Abschalten der Immunzelle.

Trotz diverser Teilerfolge kann Krebs noch lange nicht als besiegt gelten. So gibt es nur wenige tumorspezifische Antigene, die ausschließlich auf einer bestimmten Krebsart vorkommen. Nur in diesem Fall kann ein Krebs mit entsprechenden Antikörpern gezielt bekämpft werden. Die meisten Tumorantigene kommen jedoch ebenso auf gesunden Zellen vor, wenn auch oft in leicht veränderter Form oder in kleinerer Zahl. Doch das führt zu erheblichen Nebenwirkungen und zwingt oft zum Absetzen der Behandlung. Das Tumorantigen HER2 etwa kommt auf der Zelloberfläche bestimmter Brust- und Magentumore vor, aber eben auch auf gesundem Herzmuskelgewebe. Deshalb müssen Patient:innen, die das Roche-Medikament Herceptin erhalten, regelmäßig auf ihre Herzfunktion überwacht werden. Die Wirksamkeit der neuen Krebsmedikamente ist zudem oft bescheiden. So sprechen nur 20 bis 25 Prozent der Erkrankten auf eine Behandlung mit Checkpoint-Inhibitoren an. (Coukos 2019)

Arzneimittel wie monoklonale Antikörper oder Checkpoint-Inhibitoren modulieren die Immunantwort. Sieben der gegenwärtig umsatzstärksten Medikamente gehören zu dieser Wirkstoffgruppe. (Liste der umsatzstärksten Arzneimittel 2022) Zusammen haben sie 2018 einen Umsatz von über 64 Milliarden US-Dollar erzielt. Roche ist mit drei Medikamenten vertreten, Herceptin, Avastin und Rituxan/MabThera. Ein weiteres Beispiel aus dieser Gruppe ist Keytruda von Merck. Eine Keytruda-Einzeldosis kostet rund 8000 Euro und muss bis zu einem Jahr lang alle drei Wochen verabreicht werden. Der Jahresumsatz von Keytruda hat sich von 2018 bis heute auf über 17 Milliarden US-Dollar mehr als verdoppelt. Damit ist Keytruda aktuell das Arzneimittel mit dem weltweit zweitgrößten Umsatz. An erster Stelle steht Humvira von AbbVie mit einem Umsatz von 20,7 Milliarden Dollar (2021). Humvira ist ein TNF-Blocker. TNF (Tumornekrosefaktor) ist ein Botenstoff des Immunsystems, der den Zelltod auslösen kann. Eine zu hohe Ausschüttung von TNF ist gefährlich und führt zu Autoimmunkrankheiten.

Immunzelltherapien

Seit einigen Jahren gibt es eine neue Krebsbehandlungsform, die vielen Fachleuten als besonders vielversprechend gilt. Es handelt sich um ein laborgestütztes individuelles Therapieverfahren und ist damit kein Arzneimittel im herkömmlichen Sinn. Den Patient:innen werden körpereigene Immunzellen entnommen, die anschließend im Labor genmanipuliert werden und dann als CAR-T-Zellen bezeichnet werden. Den CAR-T-Zellen wird beigebracht, Krebszellen zu erkennen und deren Bekämpfung auszulösen. Im Labor wird eine hohe Anzahl (z. B. 100 Mrd.) produziert. Für die eigentliche Behandlung, die mit der Injektion der CAR-T-Zellen beginnt, müssen die Patient:innen für drei Wochen ins Krankenhaus. Die auftretenden Nebenwirkungen können mit entsprechenden Medikamenten meist erfolgreich eingedämmt werden. Behandelnde Ärzt:innen bezeichnen die Therapieerfolge als »spektakulär« oder als »Revolutionierung der Behandlungen von Lymphkrebsarten«. (Cerny 2022; Heini, Novak 2021)

Kymriah von Novartis ist eine solche Immunzelltherapie, zugelassen zur Bekämpfung der lymphatischen B-Zell-Leukämie. Mit einem Preis von über 300 000 US-Dollar ist Kymriah sehr teuer. Nach Angaben der Universität von Pennsylvania, die diese Therapieform entwickelt hat, belaufen sich die Laborkosten zur Herstellung von CAR-T-Zellen auf rund 70 000 US-Dollar. (Waltersperger, Friedli 2019) Der Preis von Kymriah liegt also um mehr als das Vierfache über den Herstellungskosten. Hinzu kommt der Aufwand für den Krankenhausaufenthalt und für die kostenintensiven Begleittherapien und Überwachungsverfahren in der Größenordnung von weiteren 100 000 US-Dollar.

Die Therapie ist ohne Unterstützung der Pharmaindustrie an Universitäten und in Krankenhäusern entstanden. Der Präsident der Krebsforschung Schweiz Thomas Cerny schreibt:

> Was in herausragenden akademischen Krebszentren der USA entwickelt wurde, ist – zu unser aller Verblüffung – in ultrakurzer Zeit ohne weitere Diskussionen auf dem »Medikamenten-Markt« gelandet. […] Solche hochkomplexen Therapien und ihre Herstellung aber gehören zwingend in die Hände der damit vertrauten hochspezialisierten multidisziplinären Teams, welche die klare Indikationsstellung und aufwändige heikle Therapieführung beherrschen und den raschen weiteren Fortschritt dieser Therapien ohne Rücksicht auf Firmeninteressen weiter vorantreiben. Diese zellulären Immun-Therapien müssen keineswegs zwingend durch externe Firmen hergestellt werden, sondern können innerhalb von entsprechend ausgerüsteten kompetenten Zentren an unseren miteinander kooperierenden Universitäten und Forschungsinstituten genetisch verändert und vervielfacht werden. Die wirklichen Kosten sind damit nachvollziehbar, die Transportwege, Sicherheiten und Resultate werden wie bisher bei Hochdosistherapien, Stammzelltherapien und Transplantationen dokumentiert und transparent international publiziert. Noch ist es nicht zu spät! (Cerny 2018)

Die Schweizer Universitätsspitäler haben beschlossen, eine gemeinsame Plattform aufzubauen, um Immunzelltherapien nach standardisierten und qualitätsgeprüften Verfahren selbst anzubieten. Vergleichbare Aktivitäten gibt es bereits in den USA und in China. (Waltersperger, Friedli 2019) Dabei konzentriert sich die Schweizer Plattform auf Arbeiten an Immunzelltherapien ohne Geneditierung. In vielen Fällen versucht die Immunabwehr der Krebspatient:innen, den Tumor selbst zu bekämpfen, weshalb sich im Tumorgewebe auch aktive Immunzellen vorfinden. Diese kommen jedoch oft nicht in genügender Zahl vor, um den Tumor eliminieren zu können. Deshalb werden die körpereigenen Immunzellen dem Tumorgewebe der Patient:innen entnommen, im Labor zu rascher Vermehrung gebracht und anschließend wieder in den Körper zurückgeführt. Es handelt sich also um einen Schub für die Immunabwehr. Die Immunzellen werden dabei nicht verändert. Das erklärt auch das bislang eher geringe Interesse der Pharmakonzerne an dieser Therapieform. Um den Pharmakonzernen allerdings bei den CAR-T-Zelltherapien die Stirn zu bieten, fehlen den öffentlichen Krankenhäusern in der Schweiz die Finanzmittel.

Kommerziell vertriebene CAR-T-Zelltherapien wie Kymriah sind bisher auf Leukämien und Krebsformen des Lymphsystems beschränkt. Krebsarten, die solide Tumore ausbilden, können damit nicht erfasst werden. Hier könnten jedoch die Therapieformen der Krankenhausplattform infrage kommen. George Coukos, Direktor der Abteilung Onkologie am Waadtländer Universitätsspital (CHUV), bis 2012 Mitarbeiter der erwähnten Universität von Pennsylvania, arbeitet mit seinem Team in der Plattform mit. Er ist zuversichtlich, dass ihre Immunzelltherapie bei allen Krebsarten anwendbar ist. Auf diese Weise könnte Krebs auch im fortgeschrittenen Stadium, nach der Bildung von Metastasen, heilbar werden. (Coukos 2019) Schon oft allerdings waren die Erwartungen in neue Verfahren und Medikamente, gerade bei der Behandlung von Krebs, überzogen. Doch Immunzelltherapien sind vielversprechend, weil sie auf dem individuellen Immunsystem des oder der einzelnen Patient:in aufbauen. Eine große Herausforderung sind jedoch die hohen Kosten. Zwar ist zu erwarten, dass diese mit der wachsenden Erfahrung gesenkt werden können. Dennoch wäre sehr wichtig, für die Arbeiten im Labor nur die realen Kosten begleichen zu müssen und nicht auch noch zusätzliche 230 000 Millionen US-Dollar Gewinnanteil der Pharmakonzerne. Sonst werden die Immunzelltherapien, sofern sich ihre Wirksamkeit bestätigt, die Entwicklung in Richtung Zweiklassenmedizin erheblich beschleunigen.

mRNA-Technologien

Im Zuge der Entwicklung von Corona-Impfstoffen ist eine Technologie in die öffentliche Aufmerksamkeit gerückt, die gerade dabei ist, einen Meilenstein in der Pharmazeutik zu setzen: die messenger-RNA-Technologie. Die bislang deutlich wirksamsten Corona-Impfstoffe von Moderna und Biontech/Pfizer basieren auf dieser Technologie.

Die in Form der DNA vorliegende Erbinformation ist in jeder Zelle eines Organismus vollständig vorhanden. Sie muss möglichst stabil gehalten werden. Gleichzeitig muss sie zielgenau ausgelesen werden. Verschiedene Mechanismen sorgen dafür, dass sich die DNA-Doppelhelix (der DNA-Reißverschluss) immer genau an den Abschnitten öffnet, an denen ein auszulesendes Gen positioniert ist. An diesen offenen Stellen docken dann freischwebende Reißverschlusszähnchen an, die sich zu einer eigenständigen Kette verbinden und damit die gewünschte Erbinformation kopieren. Diese Ketten heißen messenger- oder Boten-RNA, kurz mRNA. Nachdem die mRNA als Kopie des betreffenden Gens fertig ausgebildet ist, wandert sie zu den Proteinfabriken der Zellen, wird dort für die Proteinsynthese abgelesen und anschließend wieder in einzelne Zähnchen zerlegt.

Das Konzept der mRNA-Technologie beruht nun darauf, künstliche mRNA in die Zellen einzuschleusen und dadurch die Zelle unter Umgehung der DNA zu veranlassen, Proteine zu synthetisieren. Diese Proteine sollen anschließend als Arzneimittel ihre Wirkung entfalten. Im Fall von Impfungen werden die Zellen auf diese Weise veranlasst, Bruchstücke der Krankheitserreger herzustellen, die als Antigen fungieren und dem Immunsystem Gelegenheit bieten, die Signatur der Krankheitserreger kennenzulernen. Damit wird erreicht, dass bei einem späteren wirklichen Krankheitsbefall die Erreger rasch und gezielt bekämpft werden – der Zweck jeder Impfung.

Mit der mRNA-Technologie kann der Körper dazu veranlasst werden, nahezu jedes erdenkliche Protein herzustellen. Dem Körper werden keine Wirkstoffe mehr zugefügt, sondern nur noch Informationen, nämlich die Bauanleitungen für diese Wirkstoffe. Diese produziert er dann in eigener Regie. Viele Fachleute sind der Ansicht, dass das mRNA-Verfahren zu einer eigentlichen pharmazeutischen Schlüsseltechnologie werden wird. (VFA 2022) Die Vorteile sind bedeutend. Zunächst sind die Substanzen, die dem Körper zugefügt werden, aus biochemischer Sicht immer dieselben: die mRNA und eine Schutzhülle gegen ihren raschen Zerfall, zum Beispiel aus Fettbausteinen. Die verwendeten Stoffe sind unproblematisch und werden vom Körper wieder in ihre Bestandteile zerlegt, die er ohnehin laufend für die eigenen Stoffwechselvorgänge benötigt.

Die Herstellungsverfahren für mRNA-Arzneimittel können standardisiert werden. Es sind ja immer dieselben Arten von Substanzen erforderlich, unabhängig von der Wirkung, die im Körper erzielt werden soll. Deshalb können für die Herstellung auch immer dieselben Fabrikationsanlagen genutzt werden. Sie können zum Beispiel in Standardräume wie Schiffscontainer eingebaut werden. Biontech hat bereits eine Kleinfabrik konzipiert, die aus zwölf Containern besteht und lediglich fünf Bediener:innen benötigt, um jährlich 40 bis 60 Millionen Impfdosen zu produzieren.

Ein weiterer Vorteil der mRNA-Technologie besteht in einer radikalen Verkürzung der Forschungs- und Entwicklungszyklen für neue Impfstoffe und möglicherweise auch für andere mRNA-basierte Arzneimittel. Es stellt sich nur die Aufgabe, die Gensequenz des benötigten Proteins zu ermitteln. Sind die Abweichungen von bereits bestehenden Präparaten klein, wie zum Beispiel bei Impfstoffen für neue Coronavirus-Varianten, ist die Arbeit in wenigen Wochen zu bewältigen, und für klinischen Studien ist ein verkürztes Prozedere zu rechtfertigen.

Der rasche Zerfall von mRNA ist ein Hauptgrund dafür, dass die mRNA-Technologie viele Jahre ein Mauerblümchendasein fristete, obwohl es bereits 1993 zum ersten Mal gelang, bei Mäusen mit einem mRNA-Grippeimpfstoff Erfolge zu erzielen. (Klein 2021, S. 28) Der jetzige Durchbruch ist der Hartnäckigkeit von ein paar Dutzend Forscher:innen zu verdanken, die ihre Arbeiten an den Universitäten in Tübingen, Mainz und Cambridge begannen und dann Start-up-Unternehmen gründeten. Heute werden Hunderte von mRNA-basierten Pharmazeutika in klinischen Studien getestet. Der deutsche Verband der Pharmaindustrie (VFA) listet allein im Impfstoffbereich 94 Entwicklungen von mRNA-basierten Vakzinen auf: Chlamydien-Infektionen 1, Covid-19 55, Cytomegaloviren-Infektion 1, Genitalherpes (Infektion mit HSV) 2, Grippe 9, Gürtelrose 2, Hepatitis C 1, HIV-Infektionen 3, HPV-Infektion 2, Lassafieber/Gelbfieber 1, Malaria 3, Metapneumovirus-Infektion 2, Nipah 1, Pfeiffersches Drüsenfieber und latente Epstein-Barr-Virus-Infektion 3, Rotavirus-Infektionen 1, RSV-Infektion 3, Tollwut 1, Tuberkulose 2, Zika 1. (VFA 2022) Dabei lag der Fokus der mRNA-Biotechfirmen vor Covid-19 nicht auf Impfungen. Es standen und stehen weiterhin Krebsbehandlungen im Zentrum des Interesses – sicher auch wegen der ganz anderen Preiskategorie, in der sich Krebsmedikamente bewegen.

Genmanipulationen der Keimbahn

Gentherapien, die keine Auswirkungen auf die Vererbung haben, werden somatisch genannt. Bis heute werden in der Humanmedizin ausschließlich solche somatischen Therapien angewandt. Bei höheren Lebewesen findet eine Vererbung nur in der Keimbahn statt. Die Keimdrüsen produzieren Ei- und Samenzellen, die sich gegenseitig befruchten und zur Ausbildung eines neuen, eigenständigen Lebewesens führen. Nur diese Keimzellen sind in der Lage, das Erbgut an die Nachkommen weiterzugeben. Um neue Lebensformen zu erzeugen, müssen also Keimzellen gentechnisch verändert werden. Solche Keimbahntherapien sind äußert problematisch. Versuche an mehrzelligen Lebewesen haben gezeigt, dass die Auswirkungen von Genmanipulationen nur sehr schwer kontrollierbar sind.

Keimzelltherapien sind in vielen Ländern verboten. Dennoch ist 2018 ein Fall von Genmanipulation in der menschlichen Keimbahn bekannt geworden. Das Team des Biophysikers He Jiankui hatte an einer Universität von Shenzen (China) das Erbgut von drei menschlichen Embryonen verändert mit dem Ziel, sie gegen AIDS zu immunisieren. Die drei Babys kamen zur Welt, wobei sich allerdings erwies, dass die Manipulation nicht gelungen war. Der Fall löste international einen Sturm der Entrüstung aus. Jiankui wurde zu einer dreijährigen Gefängnisstrafe und zum Ausschluss aus dem universitären Betrieb verurteilt. (Souza 2022, S. 47) Bislang sind keine weiteren Fälle von Genmanipulationen in der menschlichen Keimbahn bekannt geworden.

Allerdings gibt es seit 1990 Verfahren zur Genselektion, die mit der künstlichen Befruchtung kombinierte genetische Präimplantationsdiagnose. Dabei werden von in vitro befruchteten Embryos in sehr frühem Stadium Zellen entnommen und auf mögliche Schäden im Erbgut untersucht. Das Verfahren ist in den meisten Ländern nur auf den Ausschluss von Erbkrankheiten zugelassen. Nicht so in den USA: Hier gibt es einige Kliniken, die den Test auch zur Wahl von Eigenschaften wie etwa der Augenfarbe anbieten. (Souza 2022, S. 48)

Big Data und künstliche Intelligenz in Pharmakologie und Medizin

Heutige Computer sind in der Lage, mit enormen Datenmengen zu arbeiten. Nachdem wir uns gerade an Gigabytes (1000 Mrd. Bytes) gewöhnt haben, ist schon die Rede von Petabytes (1 Mrd. mal 1 Mrd. Bytes). Und während es bis vor nicht allzu langer Zeit noch erforderlich war, Daten in exakt strukturierten Datenbanken zu versorgen, damit sie überhaupt gefunden und genutzt werden konnten, sind mit dem Siegeszug der künstlichen Intelligenz (KI) Verfahren entstanden, die auch unstrukturierte Daten in unterschiedlichsten Formaten wie Text, Bild, Video, Sprache auswerten können. Damit öffnet sich auch in der Medizin und der Pharmakologie ein weites Feld neuer Anwendungen.

Für Schlagzeilen hat kürzlich die KI-basierte Software Alphafold gesorgt, die die dreidimensionale Gestalt von Proteinen aufgrund der Abfolge ihrer Bausteine berechnen kann. Das ist deshalb entscheidend, weil die Eigenschaften von Proteinen auf ihrer dreidimensionalen Form basieren. So verhalten sich in vielen Stoffwechselvorgängen die beteiligten Proteine wie Schlüssel und Schloss zueinander, etwa bei der Koppelung von Antikörpern an Antigene, bei der Kontraktion und der Entspannung von Muskeln oder bei der Übertragung von Signalen zwischen Nervenzellen. Schon kleinste Defekte in der dreidimensionalen Proteinstruktur können große Auswirkungen haben und Krankheiten wie Alzheimer, Parkinson oder Krebs auslösen. Ebenso können aber modifizierte Proteine als Medikament zum Einsatz kommen.

Alphafold wird als frei verfügbare Open-Source-Software angeboten. Sie ist von der Firma Deepmind entwickelt worden, die dem aus Google hervorgegangenen Alphabet-Konzern gehört. Künstliche Intelligenz muss trainiert werden, und Alphafold hat seine Fähigkeiten im Training mit den Angaben zu rund 180 000 Proteinen aus öffentlichen Datenbanken gewonnen. Dank Alphafold und dank der offen zugänglichen Moleküldatenbanken können mögliche pharmazeutische Wirkstoffe heute viel gezielter ermittelt werden, (Neubauer 2022) und dies in allen Laboratorien und Forschungsinstitutionen weltweit.

Solche Einsätze von Big-Data-Technologien und künstlicher Intelligenz dürften kaum umstritten sein. Anders verhält es sich mit Daten, die auf personenbezogenen Informationen beruhen. Mit personalisierten Genomanalysen werden bedenkliche Geschäfte gemacht. Die beiden führenden kommerziellen Anbieter 23andMe und Ancestry offerieren DNA-Analysen für 99 US-Dollar (Mai 2022). Zunächst standen für die Kund:innen solcher Angebote meist Fragen zur eigenen Herkunft im Vordergrund. Mittlerweile wird aber viel mehr offeriert, bei 23andMe etwa Angaben zu 200 Genkrankheiten und zu weiteren rund 100 Veranlagungen. Das eigentliche Geschäft aber findet gar nicht mit diesen individuellen Kunden statt. Vielmehr ergeben sich aus der Analyse der Gendaten von vielen Kunden neue große Datenbestände. Zwar können die individuellen Kunden explizit untersagen, ihre Daten weiterzuverwenden. Laut 23andMe stimmen jedoch 80 Prozent einer Weitergabe zu Forschungszwecken zu. Die Firma habe bereits 11,9 Millionen Genomsequenzen erstellt, von denen sie also 80 Prozent weiter nutzen kann. (Wojcicki u. a. 2022) Sie ist unter anderem mit den Pharmakonzernen Pfizer, Biogen und GlaxoSmithKline Kooperationen eingegangen.

Die Pharmakonzerne versuchen gegenwärtig mit großem Druck, Zugang zu solchen und ähnlichen Datenbeständen zu bekommen. So fordert der Roche-CEO Severin Schwan eine rasche Digitalisierung des Schweizer Gesundheitssystems; geschehe dies nicht, sei der Forschungsstandort in Gefahr. (Rutishauser 2022) In Frankreich startete 2016 ein Projekt mit dem Ziel, jährlich 220 000 menschliche Genome vollständig analysieren zu können, was einer Datenmenge von 60 Petabytes entspricht. In Großbritannien gibt es bereits seit 2006 das langfristig angelegte öffentliche Forschungsprojekt UK Biobank, das auf Basis von 500 000 Teilnehmer:innen die Folgen von Genetik und Umwelt auf die Entwicklung von Krankheiten untersucht. Auch hier kommt neuerdings die Genomsequenzierung zum Zug. Die Daten der UK Biobank stehen auch ausländischen Forscher:innen zur Verfügung.

Alan Niederer, Arzt und Wissenschaftsredakteur der *Neuen Zürcher Zeitung* fordert, ganz im Sinn von Severin Schwan, die individuelle Genomsequenzierung müsse zu einem Standardangebot der medizinischen Grundversorgung werden. (Niederer 2022) Den einzelnen Personen erwüchsen daraus viele Vorteile. So könne man dank der Genomanalyse ein individuelles gesundheitliches Risikoprofil erstellen, möglichen Erkrankungen vorbeugen, Therapien individueller justieren und Nebenwirkungen minimieren. Wie zuverlässig solche Ergebnisse wären, ist allerdings ungewiss. Oberflächliche und irreführende Angaben könnten falsche Ängste auslösen. Es gibt zwar Erbkrankheiten, bei denen ein eindeutiger Zusammenhang von Erbdefekten und Krankheitsbild besteht. Die gesamte Risikodisposition eines Menschen aber beruht auf der Kombination unzähliger Gene und lässt sich nicht so einfach entschlüsseln. Für die Pharmabranche aber entstünden interessante Datenbestände.

Der gläserne Genommensch birgt erheblichen datenrechtlichen und demokratiepolitischen Zündstoff. DNA-Daten sind ganz besondere Daten. Sie sind unveränderbar und hochidentifizierend. Ist das Genom eines Menschen erst einmal in einer Datenbank gespeichert, ist auch das genetische Buch über diese Person geöffnet, ein für alle Mal. Das kann üble Konsequenzen haben. 2003 wurde einer Lehrerin in Deutschland der Beamtenstatus verweigert, weil ihr Vater an der schweren Erbkrankheit Chorea Huntington litt, die mit 50 Prozent Wahrscheinlichkeit auf die Kinder übertragen wird. Die Lehrerin klagte und bekam recht. Das Beispiel zeigt, was uns blüht, wenn Arbeitgeber auf genetische Informationen Zugriff bekommen – oder autoritäre und diktatorische Regime. Laut der *New York Times* bietet die chinesische Regierung den Uigur:innen umsonst vermeintliche Gesundheitstests an. Aber kein:e Uigur:in hat danach etwas über ihre Gesundheit erfahren. Die Tests dienten der Regierung lediglich dazu, DNA-Daten zu sammeln. (Gerhard 2019)

Zusammenfassend lässt sich sagen, dass Gentechnologien, große Datenpools und KI-Anwendungen erhebliche Potenziale bieten, aber auch erhebliche Risiken mit sich bringen. Umso wichtiger ist es, diese Potenziale im Interesse der Menschheit und nicht im Interesse der Pharmaindustrie und ihrer Aktionäre zu nutzen.

9. Ein Service-public-Pharmacluster

Gesundheit ist im Völkerrecht mehrfach als Menschenrecht festgeschrieben. In Artikel 25 der »Allgemeinen Erklärung der Menschenrechte« von 1948 heißt es: »Jeder hat das Recht auf einen Lebensstandard, der seine und seiner Familie Gesundheit und Wohl gewährleistet, einschließlich Nahrung, Kleidung, Wohnung, ärztliche Versorgung und notwendige soziale Leistungen, sowie das Recht auf Sicherheit im Falle von Arbeitslosigkeit, Krankheit, Invalidität oder Verwitwung, im Alter sowie bei anderweitigem Verlust seiner Unterhaltsmittel durch unverschuldete Umstände.« Im UNO-Menschenrechtsabkommen zu den wirtschaftlichen, sozialen und kulturellen Rechten von 1966 steht in Artikel 12: »Die Vertragsstaaten erkennen das Recht eines jeden auf das für ihn erreichbare Höchstmaß an körperlicher und geistiger Gesundheit an. Die von den Vertragsstaaten zu unternehmenden Schritte [...] umfassen die erforderlichen Maßnahmen [...] zur Schaffung der Voraussetzungen, die für jedermann im Krankheitsfall den Genuss medizinischer Einrichtungen und ärztlicher Betreuung sicherstellen.« (Fedlex 2022)

Das Recht auf Gesundheit hat als Menschenrecht eine besondere Stellung, weil es dabei um das Menschsein schlechthin geht. Die Gesundheit macht zwar nicht das ganze Leben aus, aber ohne Gesundheit ist das Leben infrage gestellt. Entsprechend ist die Gesundheitsversorgung eine öffentliche Aufgabe, die stark reguliert wird und deren Fundament in sehr vielen Ländern als klassischer öffentlicher Dienst gestaltet ist; dies gilt insbesondere für alle Länder mit hohem Einkommen mit Ausnahme der USA (vgl. Kap. 3, S. 49).

Arzneimittel sind ein maßgebender Teil der Gesundheitsversorgung. Die Kontrolle über Arzneimittel, über ihre Qualität, ihre Auswahl, ihre Herstellung und ihre Verbreitung, liegt weltweit jedoch fast ausschließlich in privaten Händen. Das hat, wie gezeigt, fatale Folgen. Das Menschenrecht auf Gesundheit wird dadurch erheblich ausgehöhlt. Der Zugang zu Arzneimitteln ist in globaler Sicht äußerst ungleich und zunehmend fragil. Die Ausrichtung von Forschung und Entwicklung bei Medikamenten folgt den Profitaussichten privater Pharmafirmen und nicht dem realen Bedarf. Armutsbezogene Krankheiten werden systematisch vernachlässigt, weil in den entsprechenden Ländern die Kaufkraft fehlt. Die Finanzialisierung der Pharmabranche hat diese Fehlentwicklungen noch akzentuiert. Nicht zuletzt saugen die Finanzmärkte über Big Pharma erhebliche Gelder aus den öffentlichen Gesundheitswesen ab.

In der im Gesundheitsbereich entstandenen Dynamik werden systematisch Straftatbestände erfüllt, die, wären es die Taten von Individuen, streng geahndet würden. So zum Beispiel der Straftatbestand der unterlassenen Hilfeleistung. Im Schweizerischen Strafgesetzbuch (StGB) etwa lautet der Artikel 128: »Wer einem Menschen, den er verletzt hat, oder einem Menschen, der in unmittelbarer Lebensgefahr schwebt, nicht hilft, obwohl es ihm den Umständen nach zugemutet werden könnte, […] wird mit Freiheitsstrafe bis zu drei Jahren oder Geldstrafe bestraft.« Genau dieser Tatbestand ist erfüllt, wenn Pharmaunternehmen für lebensnotwendige Medikamente Fantasiepreise verlangen, die die Krankenkassen und die öffentliche Hand finanziell überfordern und für die meisten Erkrankten nicht bezahlbar sind. Ein weiterer

Straftatbestand ist der des Wuchers. In Artikel 157 des StGB steht: »Wer die Zwangslage, die Abhängigkeit, die Unerfahrenheit oder die Schwäche im Urteilsvermögen einer Person dadurch ausbeutet, dass er sich oder einem anderen für eine Leistung Vermögensvorteile gewähren oder versprechen lässt, die zur Leistung wirtschaftlich in einem offenbaren Missverhältnis stehen, [...] wird mit Freiheitsstrafe bis zu fünf Jahren oder Geldstrafe bestraft. Handelt der Täter gewerbsmäßig, so wird er mit Freiheitsstrafe von einem Jahr bis zu zehn Jahren bestraft.« Ähnliche Straftatbestände finden sich in den meisten Ländern.

Regulierungen reichen nicht

Die Fehlentwicklungen im Pharmabereich sind längst erkannt. In den Medien und in der Fachliteratur findet man darüber seit Jahrzehnten regelmäßig ausführliche Berichte. Die Politik hat zum Teil mit einschneidenden Regulierungen reagiert. Die Zulassung neuer Medikamente setzt ausführliche klinische Studien voraus. Die Zulassungsregulierungen sind allerdings zwiespältig. Sie erzeugen hohe Markteintrittsschwellen und sichern so die Vormachtstellung der großen Pharmakonzerne. Die Federführung bei diesen Studien liegt erstaunlicherweise bei den Pharmaunternehmen selbst.

Bei den Patenten wiederum gehe es um die Wahrung öffentlicher Interessen, so die Argumentation. Ein Patent läuft nach zwanzig Jahren ab; danach müssen die patentierten Informationen offen zugänglich gemacht werden. Nun können Generika hergestellt werden, worauf die Preise sinken. Ein Patent muss angemeldet werden, wenn die Entwicklungsarbeit beginnt. Bis zur Zulassung vergehen oft viele Jahre, um die sich die Zeit der Monopolstellung verkürzt. Nun wollen die Pharmakonzerne während der relativ kurzen Zeit des Monopols allerdings möglichst hohe

Erträge erzielen. Sie konzentrieren sich auf Arzneimittel, für die sie entsprechend hohe Preise durchsetzen können. Sie versuchen, Patente unlauter zu verlängern, etwa mit Folgeprodukten, die keinen oder nur einen marginalen Zusatznutzen aufweisen. Regierungen könnten laut internationalen Regeln zwar öffentliche Interessen geltend machen und Pharmakonzerne zwingen, Lizenzen zur Produktion von patentgeschützten Medikamenten freizugeben. Doch nicht einmal die Corona-Pandemie war Anlass genug, Zwangslizenzierungen durchzusetzen.

Arzneimittel gegen seltene Krankheiten (Orphan Drugs) werden öffentlich gefördert, um Anreize zu schaffen, damit Pharmafirmen trotz des kleinen Absatzmarktes in solche Präparate investieren. In den USA gelten Krankheiten als selten, wenn weniger als 200 000 Personen daran leiden. Die USA gewähren seit 1983 den Pharmakonzernen für die Entwicklung von Orphan Drugs Steuerermäßigungen. Zudem garantieren sie ihnen ein Monopol von sieben Jahren. Das bedeutet, dass für sieben Jahre keine alternativen Arzneimittel für dieselbe Krankheit zugelassen werden, selbst wenn sie auf anderen Wirkstoffen beruhen und deshalb nicht unter dasselbe Patent fallen. In der EU wird eine vergleichbare Monopolfrist für zehn Jahre gewährt. (Kaufmann 2010, S. 273) In der Folge haben die Pharmakonzerne gelernt, dass sie für Orphan Drugs exorbitante Preise verlangen können, wie das Beispiel von Glivec zeigt (vgl. Kap. 4, S. 66). Seither investieren sie intensiv in Orphan-Drug-Projekte. Viele dieser Arzneimittel gehören mittlerweile zu ihren Blockbustern. Manchmal lässt sich das Anwendungsgebiet nach der Markteinführung zudem ausweiten, und aus einer Orphan Drug wird ein breit einsetzbares Medikament. Das gelang zum Beispiel Amgen mit Epogen, das die Bildung von roten Blutkörperchen stimuliert und das als Sportdopingmittel Epo bekannt geworden ist. Ursprünglich war Epogen nur für Nierenversagen im Endstadium zugelassen, wurde dann aber auch bei AIDS- und Chemotherapien eingesetzt. 2001 landete Epogen zusammen mit einem zweiten Epo-Medikament in den USA auf den Rängen 6 und 7 der umsatzstärksten Medikamente. (Ebd., S. 274) Dieselben Förder- und Unterstützungsmaßnahmen mit paradoxen Auswirkungen werden jetzt für die Entwicklung neuer Antibiotika vorgeschlagen, damit die Pharmaindustrie wieder darein investiert. Doch an den Strukturen, die den aktuellen Problemen zugrunde liegen, wird nichts geändert.

Wer die Pharmabranche ernsthaft in den Griff nehmen will, kann sich nicht nur auf Regulierungen verlassen. Es braucht einen zweiten Zugriff, ein zweischenkliges Werkzeug wie eine Zange. Den einen Schenkel bilden Regulierungen, die erforderlich sind und weiterentwickelt werden müssen; sie alleine greifen aber nicht. Der zweite Ansatz muss eine Pharmaversorgung im Sinne eines Service-public-Clusters sein. Das ist eine durch gemeinsame Regeln verbundene Community von forschenden Institutionen, Universitäten, von sozial ausgerichteten Unternehmen, Gesundheitseinrichtungen, lokalen und globalen Behörden, gemeinnützigen Organisationen und von sozialen Bewegungen, die gemeinsam alle erforderlichen Tätigkeiten vereinen, um Arzneimittel eigenständig zu entwickeln, herzustellen und zur Anwendung zu bringen. Ein solcher Cluster hat den Charakter einer öffentlichen Dienstleistung (vgl. Ringger, Wermuth 2020).

Das ist im Grunde keine neue Erkenntnis. Es gibt unzählige Initiativen, die in diese Richtung zielen. Eine davon ist die Drugs for Neglected Diseases *initiative* (DND*i*). Sie wurde 2003 in der Absicht gegründet, neue Therapien für vernachlässigte Krankheiten zu entwickeln. Die Trägerschaft besteht aus führenden Forschungszentren für solche Krankheiten, der brasilianischen Oswaldo Cruz Foundation, dem Indian Council of Medical Research, dem Kenya Medical Research Institute, dem Gesundheitsministerium von Malaysia und dem französischen Institut Pasteur.

Das WHO-Sonderprogramm für tropische Krankheiten begleitet die Initiative. Ein weiteres Beispiel ist die Global Antibiotic Research and Development Partnership (GARDP), die 2016 von der WHO zusammen mit der DND*i* ins Leben gerufen wurde. GARDP will neue Behandlungen für multiresistente bakterielle Krankheitskeime entwickeln und damit der Antibiotikakrise entgegentreten.

Doch bisher werden solche Initiativen nur unzulänglich finanziert. Sie bleiben deshalb am Gängelband der Pharmakonzerne. Zu diesem Schluss kommen die Autor:innen eines Papiers aus den Reihen der GARDP. Sie fordern, der öffentliche Sektor müsse bei der Entwicklung von Arzneimitteln die Führung übernehmen, und zwar gemäß den Prioritäten der WHO. In der WHO sind fast alle Länder dieser Welt vertreten, und Entscheidungen werden nach Möglichkeit einstimmig gefällt. Für eine Prioritätensetzung in der Entwicklung von Arzneimitteln verfügt die WHO über gute Instrumente, im Bereich der Antibiotika etwa über das Global Antimicrobial Resistance and Use Surveillance System (GLASS). Bei öffentlich-privaten Partnerschaften sei Vorsicht geboten, solange letztlich die Profiterwartungen des privaten Partners darüber entscheiden, welche Arzneimittel tatsächlich auf den Markt kommen. (Piddock u. a. 2021) Ähnlich argumentieren die Publikationen aus den Reihen von Democracy Collaborative, einem 2000 an der Universität von Maryland gegründeten Labor für eine demokratische Wirtschaft. Dana Brown, Leiterin der Sparte Gesundheit und Ökonomie, schreibt: »In den USA müssen die pharmazeutische Entwicklung, die Produktion und der Vertrieb in öffentlicher, demokratischer Hand sein, um die zunehmend schädlichen Wirkungen bekämpfen zu können, die von Big Pharma ausgehen und die jahrzehntelange Regulierungen nicht haben eindämmen können.« (Brown 2019)

Der Service-public-Pharmacluster

Die Pharmabranche muss sich transformieren, sie muss sich aus der Umklammerung der Gewinnmaximierung lösen, sonst entfernen wir uns immer weiter von dem allgemeinen Menschenrecht auf Gesundheit. Ende 2016 hat die Arbeitsgruppe Big Pharma des sozialkritischen Schweizer Thinktanks Denknetz, deren Mitglied ich war, ein Papier veröffentlicht, in dem sie zu dem Schluss kommt, dass es im Pharmabereich starke Akteure braucht, »die unmittelbar auf den Bedarf der PatientInnen ausgerichtet sind, keine privaten Profitinteressen bedienen müssen und der Kontrolle durch die demokratische Öffentlichkeit unterstellt sind«. Nötig seien »starke öffentliche F&E-Konsortien und ein entsprechendes Regime zu ihrer Finanzierung. Es braucht zudem auch potente Pharma-Produzenten in öffentlicher Hand. Beides zusammen bezeichnen wir als Service public im Bereich Pharma und Gesundheitsforschung.« (Denknetz-Arbeitsgruppe Big Pharma 2016, S. 14) Der Impuls, dieses Buch zu schreiben, geht auf die damalige Arbeitsgruppe zurück und übernimmt diese Schlussfolgerung.

Der postulierte Service-public-Pharmacluster soll auf der Grundlage klarer Regeln alle Akteure verknüpfen, die in globaler Zusammenarbeit wirksame Therapien unabhängig vom Zwang der Kapitalverwertung verfügbar machen. Er deckt die gesamte Kette von der Forschung bis zum Vertrieb der Arzneimittel ab.

Das Konzept in einigen Sätzen:

Die Regeln: Die Pharma fürs Volk richtet sich am globalen Bedarf an wirksamen Therapien aus. Der Zugang zu diesen Therapien soll für alle Menschen gesichert werden. Alle Akteure arbeiten transparent und kooperieren untereinander. Es wird möglichst mit offenen Patenten gearbeitet. Es ist zu verhindern, dass Ressourcen wie Finanzen, Wissen etc. zu kommerziellen Akteuren abfließen, die sich nicht an diese Regeln halten.

Die Akteure: Akteure sind Staaten, Stiftungen, internationale Organisationen, öffentlich verwaltete Fonds, Universitäten, Gesundheitsdienstleister, Institute, NGOs sowie alle Unternehmen, ob öffentliche, nicht gewinnorientierte oder kommerzielle Firmen, die sich auf die Einhaltung der Regeln verpflichten.

Offene, gemeinnützige Patente: Innerhalb des Clusters sind die am Gemeinwohl orientierten Patente offen. Sie stehen allen beteiligten Akteuren zur freien Nutzung und zur Weiterentwicklung zur Verfügung. Alle Weiterentwicklungen sowie alle Erkenntnisse, die aus der Nutzung entstehen, werden wiederum der ganzen Pharma-fürs-Volk-Gemeinschaft frei verfügbar gemacht.

Öffentliche Fonds zur Steuerung und Finanzierung: Basis für den Aufbau des Clusters sind öffentliche Fonds. Die Finanzierung dieser Fonds erfolgt aus einem Preisanteil der bereits entwickelten Arzneimittel, aus allgemeinen Steuermitteln, aus Sondersteuern auf kommerzielle Pharmagewinne und aus Spenden. Aus diesen Fonds werden Neuentwicklungen finanziert und Förderbeiträge gesprochen. Die Koordination der Vergaben liegt bei der WHO.

Preise: Die Festlegung der Preise beruht auf transparent ausgewiesenen Kosten, einem Anteil für künftige Arzneimittelentwicklungen, abgeführt an die öffentlichen Fonds, einem Solidaritätsanteil zugunsten von Preissenkungen in den Ländern mit geringem Einkommen und einem maximalen Gewinn von 10 Prozent.

Marketing: Marketingausgaben werden am Interesse des Gemeinwohls orientiert und auf das erforderliche Maß zurückgefahren.

Forschung und Entwicklung: Alle Entwicklungen und alle aus Forschung, Entwicklung und Anwendung gewonnenen Erkenntnisse werden den Akteuren des Clusters frei verfügbar gemacht und in Publikationen, durch regelmäßige Kontakte, an Konferenzen ausgetauscht. Sämtliche relevanten Daten werden in gemeinsamen Datenbanken veröffentlicht. Der Cluster ist ein lernendes soziales System, das sich ständig weiterentwickelt.

Produktion und Vertrieb: Die Produktion wird von unternehmerischen oder öffentlichen Akteuren übernommen. Dabei wird auf eine angemessene regionale Verteilung der Produktionsstätten geachtet, um die Verfügbarkeit der essenziellen Medikamente in allen Regionen der Welt zu stärken. Für Vertrieb, Schulung und Einbettung der Therapien in die jeweiligen nationalen Gesundheitssysteme wird unter dem Schirm der WHO und unter Beteiligung von NGOs ein globales Netzwerk aufgebaut.

Die einzelnen Clusterkomponenten gibt es in der einen oder anderen Form bereits. Sie verfügen zum Teil über beträchtliche Mittel. Nun sollten sie zu einem Cluster zusammengeführt werden, der in der Lage ist, die Monopolstellung der großen Pharmakonzerne aufzubrechen. Es braucht den politischen Willen, für ein solches Projekt einzutreten. Die Formierung dieses Willens kann auch von einem einzigen Land ausgehen, etwa von der Schweiz (vgl. Kap. 11, S. 206).

Das Beispiel Insulin

Die Diabetes-1-Erkrankung, die oft bei Kindern und Jugendlichen auftritt, verläuft unbehandelt tödlich. 1921 konnte ein Forschungsteam an der Universität von Toronto anhand von Experimenten mit Hunden zeigen, dass eine Verabreichung von Insulin in der Lage ist, den Krankheitsverlauf zu stoppen. Anfang 1922 konnte Insulin dann aus den Bauchspeicheldrüsen von Kaninchen in genügender Reinheit extrahiert werden, um bei Menschen eingesetzt zu werden. Dieser pharmakologische Durchbruch wurde bereits im Folgejahr mit der Verleihung des Nobelpreises honoriert.

Heute würde ein solcher Forschungserfolg sofort mit kommerziell ausgerichteten Patenten »geschützt«. Doch 1922 übertrugen die Forscher das Insulinpatent der Universität von Toronto für einen symbolischen Dollar. Sie taten das in der Absicht, Insulin möglichst breit verfügbar zu machen. (Hegele 2017; Hegele, Maltman 2020) Auch die Entdecker der Impfstoffe gegen Kinderlähmung Jonas Edward Salk, der Erfinder des Totimpfstoffes (1955), und Albert Bruce Sabin, auf den der Lebendimpfstoff zurückgeht (1960), verzichteten auf die kommerzielle Patentierung ihrer Impfstoffe. (Kaufmann 2010 S. 216) Die Haltung der Forscher entspricht der Kernidee eines offenen Patents und der medizinischen Ethik, wie sie etwa in der Genfer Deklaration des Weltärztebundes von 1948 formuliert ist.

Wenn ein Wirkstoff oder ein Verfahren breit verfügbar bleiben und nicht kommerziellen Interessen unterworfen werden soll, reicht es jedoch nicht aus, auf eine Patentierung zu verzichten. Schon eine kleine Veränderung am Wirkstoff oder am Herstellungsverfahren ermöglicht es privaten Firmen, ein neues Patent anzumelden und dieses kommerziell einzusetzen. Seit den achtziger Jahren sind Insuline, die gentechnisch produziert werden, marktbeherrschend. Die der neuesten Generation heißen Insulinanaloga. Sie unterliegen ausnahmslos privaten Patenten. Insulinanaloga wirken etwas schneller als Humaninsuline, weisen jedoch gegenüber den Vorgängerpräparaten keine zusätzlichen Vorteile auf. Obwohl sie deutlich teurer sind, dominieren sie mittlerweile den Markt. (Egidi 2019) Der Insulinmarkt wird von Novo Nordisk, Sanofi-Aventis und Eli Lilly beherrscht. Rund 10,5 Prozent der US-Bevölkerung sind an Diabetes 1 oder 2 erkrankt. Die Preise für Insulin sind zwischen 2007 und 2018 in den USA um 262 Prozent gestiegen. (Collington 2020) In den USA, wo es keine staatlichen Preisfestsetzungsverfahren gibt, liegen sie achtmal höher als im benachbarten Kanada oder in anderen vergleichbaren OECD-Ländern. (Irving 2021) Für weniger bemittelte Diabetespatient:innen sind die Folgen fatal. 2018 hat eine Untersuchung der Yale-Universität ergeben, dass rund ein Viertel aller an Diabetes Erkrankten in den USA aus preislichen Gründen mit einer Unterversorgung zu kämpfen hat. (Collington 2020)

Die hohen Insulinpreise haben dazu beigetragen, dass die erwähnten drei Konzerne von 2009 bis 2018 ihren Aktionär:innen insgesamt 122 Milliarden US-Dollar ausschütten konnten. Besonders bemerkenswert und auch besonders Anstoß erregend ist die Geschichte der dänischen Firma Novo Nordisk. Sie wurde zu Beginn der 1920er Jahre von Professor August Krogh gegründet, der sich in Toronto aufhielt, als dort das erste Insulinmedikament entwickelt worden war. Krogh sicherte sich die Insulinherstellungsrechte für Nordeuropa und gründete Novo Nordisk. Die Firma hält heute einen Anteil von 45 Prozent am globalen Insulingesamtmarkt und hat von 2009 bis 2018 66 Prozent aller Einkünfte mit diesem Geschäft erzielt. (Collington 2020)

Obwohl die Patente für Humaninsulin und für Insulinanaloga mittlerweile abgelaufen sind, fallen die Preise nicht. Denn die gentechnische Herstellung von Generika erfordert hohe Anfangsinvestitionen. Da die drei Großkonzerne 96 Prozent des Insulinmarktes kontrollieren, (Schaaber 2016) ist die Hürde für den Markteintritt eines weiteren Anbieters hoch.

Offene Patente

Das Beispiel Insulin zeigt, wie notwendig offene Patente sind. Um einen Wirkstoff oder ein Verfahren kommerziellen Interessen nachhaltig zu entziehen, muss mit ihm eine Forschungs- und Entwicklungskette begründet werden, auf deren Weiterentwicklungen, zum Beispiel auf Variationen des Wirkstoffs, die offene Verfügbarkeit vererbt wird. Dafür braucht es Patente einer anderen

Qualität. Im Softwarebereich gibt es das Konzept der Open Source (offener Quellcode). Der Quelltext einer Open-Source-Software wird offengelegt, damit er frei genutzt und weiterentwickelt werden kann. Zu den Open-Source-Regeln gehört, dass alle Weiterentwicklungen wiederum Open Sources sein müssen.

Auch im Bereich der Pharmazie gibt es Patentformen und Experimente mit neuen Formen von Patenten. Dazu gehört das Konzept des Equitable Licencing, der gerechten Lizenzierung. Vor allem Universitäten und Universitätskrankenhäuser, die die Patente auf ihre Erfindungen nicht verkaufen, sondern Lizenzen darauf vergeben, sollten es nutzen. Die Lizenzen werden mit sozialverträglichen Auflagen verbunden. Meist geht es darum, bei einer späteren Produktezulassung bezahlbare Preise für ärmere Länder zu sichern. (Godt 2017) Untersuchungen zum Erfolg solcher Lizenzen gibt es noch keine. (Gerlinger 2017, S. 210)

In Patentpools wiederum werden Patente gemeinsam verwaltet und genutzt, zum Beispiel, um bereits verfügbare Arzneimittel leichter und günstiger zugänglich zu machen oder um eine blockierende Wirkung von Patenten auf Forschung und Entwicklung zu verhindern. (Gerlinger 2017, S. 210 f.) Im Jahr 2010 wurde die Organisation Medicines Patent Pool (MPP) gegründet. Im selben Jahr richtete sie einen Pool für HIV-Medikamente ein. Konzerne wie AbbVie, Pfizer und GlaxoSmithKline sowie die National Institutes of Health (NIH) in den USA haben Teile ihrer Patente in diesen Pool eingebracht und so ermöglicht, dass schon während der Patentlaufzeit in Indien oder Südafrika Generika produziert werden können. Der Pool war die Konsequenz der Kontroverse von Big Pharma mit der südafrikanischen Regierung um HIV-Patente, die 2001 für 39 Pharmakonzerne in einer Niederlage endete (vgl. Kap. 6, S. 92). Bis ins Frühjahr 2022 hat MPP fünfzehn Vereinbarungen mit Patenteignern für dreizehn antiretrovirale HIV-Therapien, eine HIV-Technologieplattform, drei Hepatitis-C-Medikamente, eine Tuberkulosebehandlung, zwei experimentelle antivirale Covid-19-Therapien und zwölf Covid-19-Technologien treffen können. (MPP 2022) Ebenfalls im Jahr 2010 wurde ein von GlaxoSmith-Kline lancierter Pool for Open Innovation against Neglected Tropical Deseases eingerichtet. 2011 ist dieser Pool unter dem Dach der World Intellectual Property Organization (WIPO) mit ähnlichen Initiativen zum neuen Pool WIPO Re:Search zusammengeführt worden. Im Frühjahr 2022 finden sich auf der Website des Pools 168 Mitglieder, darunter acht globale Pharmakonzerne und viele universitäre Institute. (www.wipo.int/research/en) Dieser Pool beschränkt sich allerdings auf die Förderung von Grundlagenforschung.

Open-Source-Projekte im Pharmabereich gehen weiter als Patentpools. Sie stellen sicher, dass die freie Nutzung auf alle Weiterentwickelungen vererbt wird. Die wichtigsten Impulse in dieser Richtung kommen aus Indien. Die Open Source Drug Discovery (OSDD, www.osdd.net) ist eine von einem indischen Team geführte Plattform mit über 7500 Beteiligten aus 130 Ländern. Sie ist auf vernachlässigbare Krankheiten ausgerichtet. 2018 ist die Open Source Pharma Foundation ins Leben gerufen worden, eine global ausgerichtete Nichtregierungsorganisation mit Sitz in Bangalore, Paris und New York. Sie wird von der philanthropischen indischen TATA-Stiftung unterstützt und hat renommierte Universitäten als Mitglieder. (www.ospfound.org) Die Stiftung steht mit ihren Aktivitäten noch am Anfang, aber sie leistet wichtige Aufbauarbeit. Das ist auch für kleinere Organisationen wie die Open Insulin Foundation interessant, die sich zum Ziel gesetzt hat, ein dezentrales, offenes Modell für die Insulinproduktion zu entwickeln.

Die Akteure eines Service-public-Pharmaclusters

Ein Service-Public-Pharmacluster soll die gesamte Kette von der Grundlagenforschung bis zur Anwendung abdecken.

Wer sind seine Akteure?

Universitäten, Universitätskrankenhäuser und öffentlich-rechtliche Institute spielen im Bereich der Grundlagenforschung, inklusive präklinischer und erster klinischer Studien, die zentrale Rolle. Ihre mit öffentlichen Geldern entwickelten Errungenschaften sollen in das Netzwerk des Pharmaclusters einfließen.

Unter den **staatlichen und parastaatlichen Förderorganisationen** stechen die US-amerikanischen NIH heraus. Sie investieren jährlich über 40 Milliarden US-Dollar in Grundlagenforschung und sind praktisch bei allen neuen Arzneimitteln beteiligt.

Firmen, die nicht oder nur beschränkt kommerziell ausgerichtet sind. In den USA wurde 2010 eine neue Rechtsform geschaffen, die Benefit Corporation, die höhere Auflagen bei der Transparenz ihrer Geschäftszahlen erfüllt und deren Gemeinnützigkeit regelmäßig geprüft wird. Ähnliche Rechtsformen gibt es mittlerweile in Italien, Frankreich, Kolumbien und Ecuador. Surabhi Agarwal listet acht Beispiele von Pharmaunternehmen auf, unter anderem Phlow (vgl. S. 164), die als Benefit Corporations tätig sind. (Agarwal 2022). Zu den nicht kommerziellen Firmen gehören auch Armeeapotheken, die für die Versorgung in Kriegssituationen zuständig sind, oder manche Apotheken großer Krankenhäuser, die ebenfalls selbst Arzneimittel herstellen.

Globale Organisationen. Die Versorgung der Menschen mit Arzneimitteln ist eine globale Aufgabe. Spätestens die Corona-Pandemie hat gezeigt, wie sehr wir eine global ausgerichtete Gesundheitspolitik brauchen. Im Pharmabereich gibt es denn auch eine Fülle globaler Organisationen und Initiativen, an erster Stelle die WHO. Weitere globale, parastaatliche Organisationen kümmern sich gegenwärtig im Wesentlichen um zwei Probleme, zum einen um die Verfügbarkeit von Medikamenten auch in ärmeren Ländern, zum anderen um die Entwicklung von Arzneimitteln für armutsbedingte vernachlässigte Krankheiten.

Global aktive NGOs der Zivilgesellschaft wie Ärzte ohne Grenzen, Medicus Mundi International oder Medico International, nationale Organisationen mit globaler Ausrichtung, in der Schweiz etwa Public Eye, in Deutschland die BUKO-Pharmakampagne, bringen die bewegungsorientierten Aspekte einer globalen Gesundheitspolitik ein.

Im Folgenden gehe ich auf einige dieser Akteure genauer ein.

DND*i* und GARDP

Im Jahr 1999 erhält Ärzte ohne Grenzen (Médecins Sans Frontières, MSF) den Friedensnobelpreis. Die Organisation beschließt, einen Teil des Preisgeldes in ein neues Modell für die Entwicklung von Arzneimitteln gegen vernachlässigte Krankheiten einzusetzen. Vier Jahre später gründet sie zusammen mit der WHO und fünf international tätigen Forschungsinstituten die Drugs for Neglected Diseases *initiative* (DND*i*). Die Initiative erforscht, entwickelt und vertreibt Arzneimittel, deckt also die ganze Wertschöpfungskette ab. Sie verfolgt eine offene und kooperative Forschungs- und Entwicklungspolitik, ohne ausschließende Patentrechte in Anspruch zu nehmen.

Seit ihrer Gründung ist es ihr gelungen, neun günstige Therapeutika für sechs verschiedene tödlich verlaufende vernachlässigte Krankheiten zu entwickeln. Darunter befinden sich das Malaria-Kombinationspräparat ASAQ, das weniger als einen Dollar kostet und von dem seit 2007 über 500 Millionen Behandlungsdosen vertrieben wurden; Fexinidazol, das erste auf einem vollständig unter Führung der DND*i* entwickelten Wirkstoff basierende Medikament gegen die Schlafkrankheit; und Ravidasvir, ein Medikament zur Behandlung von Hepatitis C. Ravidasvir ist das Ergebnis einer reinen Süd-Süd-Kooperation unter Beteiligung der thailändischen und der malayisischen Regierungen und der Pharmafirmen Pharco (Ägpyten) und Pharmaniaga (Malaysia). (DND*i* 2021a; Wing Loong Cheong u. a. 2021) Es wurde 2021 erstmals in Malaysia zugelassen und will erreichen, dass Hepatitis C auch in ärmeren Ländern wirksam bekämpft werden kann (vgl. Kap. 4, S. 62). In der Pipeline der DND*i* befinden sich aktuell 20 weitere Wirkstoffe; 13 davon stehen in der Phase III der klinischen Tests oder im Zulassungsverfahren. Das DND*i* -Jahresbudget bewegt sich in einer Größenordnung von rund 60 Millionen Euro. Die Beiträge stammen in erster Linie von öffentlichen Geldgebern, MSF und der Bill&Melinda Gates Foundation. (DND*i* 2021b)

Interessant sind die Angaben der DND*i* zu den Entwicklungskosten von neuen Medikamenten. Inklusive der Kosten für gescheiterte Studien schätzt die DND*i*, dass sie eine neue Behandlung, die bestehende Wirkstoffe kombiniert oder für eine neue Indikation nutzt, zu Kosten von 4 bis 32 Millionen Euro entwickeln kann. Für Arzneimittel, deren Wirkstoffe von Grund auf neu entwickelt werden müssen, schätzt sie die Aufwendungen auf 60 bis 190 Millionen Euro. Nicht enthalten sind Sachleistungen von Industriepartnern, die im Durchschnitt etwa 12,5 Prozent der Kosten ausmachen. (DND*i* 2019) Diese Zahlen stehen in erheblichem Kontrast zu den Angaben der Pharmalobby, wonach die Entwicklung eines signifikant innovativen Arzneimittels über 2 Milliarden US-Dollar koste.

Im Jahr 2016 gründet die DND*i* zusammen mit der WHO die Global Antibiotic Research and Development Partnership (GARDP) und übernimmt für die ersten drei Jahre deren Geschäftsführung. Der Grund für diese Initiative ist die globale Antibiotikakrise (vgl. Kap. 5, S. 79). Ähnlich wie die DND*i* will die GARDP die ganze Kette von der Entwicklung neuer Antibiotika bis zum Vertrieb abdecken und neue Reserveantibiotika weltweit verfügbar machen. Bis 2025 sollen 500 Millionen Euro aufgebracht und damit fünf neue Präparate erarbeitet werden. (GARDP 2020) Die GARDP stützt sich auf die von der WHO definierten Prioritäten und hat zwei Schwerpunkte, bakterielle Erkrankungen von Kindern und sexuell übertragbare Infekte, insbesondere die Gonorrhoe (Tripper). Infektionen sind eine der Hauptursachen der Kindersterblichkeit. Dennoch werden die wenigsten neuen Antibiotika an Kindern getestet. Hier will GARDP Abhilfe schaffen. Mit jährlich weltweit 87 Millionen Neuinfektionen ist die Gonorrhoe eine weitverbreitete Krankheit, und die wachsende Resistenzbildung der Erreger macht die Behandlung immer schwieriger. Die GARDP arbeitet an einer neuen Behandlung, um resistente Gonorrhoebakterien in den Griff zu bekommen. Das GARDP-Budget ist noch relativ bescheiden und hat 2020 24 Millionen Euro betragen. Praktisch die gesamten Einnahmen stammen von staatlichen Stellen, davon 14,5 Millionen Euro aus Deutschland. Auch bei den Partnerorganisationen überwiegen öffentliche Institutionen. Mit Ausnahme von Sandoz und einigen japanischen Unternehmen sind keine Pharmafirmen vertreten. (GARDP 2021)

Beide Organisationen, DND*i* und GARDP, verfolgen die Strategie eines Service-public-Pharmaclusters. Dennoch gibt es eine Gefahr. Die meisten gemeinnützigen Initiativen richten sich darauf aus, die erheblichen Lücken in der Gesundheitsversorgung zu schließen, die durch die Vorherrschaft von Big Pharma geschaffen wurden. Sie konzentrieren sich auf Bereiche, die von den großen Pharmakonzernen aus kommerziellen Gründen vernachlässigt werden und in denen geringere oder keine Gewinne erzielt werden können. Damit wiederholt sich das bekannte Muster, wonach die Allgemeinheit die Kosten trägt, während die Gewinne privatisiert sind. Schon aus diesem Grunde darf sich ein Service-public-

Pharmacluster nicht auf Anwendungsgebiete beschränken, die für Big Pharma uninteressant sind. Außerdem können in Sparten wie der Krebsbekämpfung die Fantasiepreise von Big Pharma nur mit einem eigenen gemeinnützigen Angebot ernsthaft bekämpft werden. Gegenwärtig etablieren sich neue Technologien wie die mRNA-Technologie oder Immunzelltherapien, die im Interesse der gesamten Weltbevölkerung genutzt und deshalb von einem Service-public-Cluster erfasst werden müssen. Im Übrigen muss verhindert werden, dass Big Pharma sich wieder ins Spiel zurückboxen kann, wenn die von gemeinnützig arbeitenden Akteuren entwickelten Therapien lukrativ zu werden versprechen.

National Institutes for Health (NIH)

In vielen Ländern gibt es lokale Programme und Organisationen, die die Forschung und Entwicklung von Arzneimitteln fördern. Unter all diesen Institutionen überragt eine alle anderen und übt weltweit erheblichen Einfluss aus, die US-amerikanischen National Institutes for Health (NIH). Die NIH sind ein Verbund von 27 staatlich geleiteten Instituten, die die Grundlagenforschung zu Krankheiten und potenziellen pharmakologischen Wirkstoffen fördern. Sie sind die weltweit größte biomedizinische Forschungseinrichtung und unterstehen dem United States Department of Health and Human Services. Die NIH investieren jährlich über 40 Milliarden US-Dollar in die medizinische Grundlagenforschung. Davon werden mehr als 80 Prozent extern vergeben, in erster Linie an öffentliche Forschungsinstitutionen in den USA. Die NIH fördern rund 300 000 Forscher:innen an mehr als 2500 Universitäten, Universitätskrankenhäusern und Forschungsinstituten. Rund 10 Prozent des Budgets gehen in eigene NIH-Forschungseinrichtungen, in denen etwa 6000 Wissenschaftler:innen beschäftigt sind. 2015 haben die NIH 28 Prozent des gesamten biomedizinischen Forschungsaufwands in den USA bestritten, private Forschungs- und Entwicklungsausgaben mitgerechnet. Die USA haben ihr finanzielles Engagement für die NIH in den neunziger und frühen 2000er Jahren fast verdreifacht. Seither sind die Beträge in etwa konstant geblieben.

Ihre Forschungsbeiträge sind direkt oder indirekt an sämtlichen 210 Arzneimitteln beteiligt, die von 2010 bis 2016 von der amerikanischen Zulassungsbehörde FDA zur Anwendung und Vermarktung freigegeben wurden. Von diesen Zulassungen betreffen 84 sogenannte First-in-class-Wirkstoffe, die pharmazeutisches Neuland betreten, also nicht auf bereits zugelassenen Präparaten beruhen. Die NIH-Beiträge beliefen sich für diese First-in-class-Arzneimittel auf über 64 Milliarden US-Dollar. (Cleary u.a. 2018) Die NIH bauen öffentlich und kostenlos zugängliche Informationsdatenbanken auf, etwa die United States National Library of Medicine oder das National Center for Biotechnology Information. Bis 2017 haben 153 Wissenschaftler:innen, die vom NIH finanzielle Unterstützung erhalten hatten, den Nobelpreis bekommen, sowie 195 den angesehenen Lasker Award für außerordentliche medizinische Beiträge. Die Wirkung der NIH ist enorm, ihre Bedeutung außerordentlich.

Die NIH sind ein Musterbeispiel für öffentlich gesteuerte und finanzierte Fonds, wie sie in einem Service-public-Pharmacluster eine wichtige Rolle spielen sollen. Sie können durch die Auswahl ihrer Vergaben und durch ihre eigenen Forschungen direkten Einfluss auf die Entwicklungsrichtungen in der Pharmaforschung und -entwicklung nehmen. Doch die Früchte dieser öffentlichen Investitionen werden heute fast ausschließlich von privaten Pharmafirmen, insbesondere von den größten Pharmakonzernen geerntet. Kommerzielle Interessen geben also weithin den Ausschlag darüber, welche Forschungsergebnisse bis zur Produktreife entwickelt werden und welche nicht. Das muss korrigiert werden.

Deglobalisierung in der Produktion

Die Produktion von Arzneimitteln ist überwiegend privatwirtschaftlich organisiert. Dabei hat sich folgende Arbeitsteilung ausgeprägt. Wirkstoffe für Standardmedikamente werden vornehmlich in China, Generika zu 70 bis 80 Prozent in Indien hergestellt. Nur patentierte Arzneimittel werden von den jeweiligen Firmen meist selbst produziert, weil sie die Kontrolle über das Know-how behalten wollen. Die Corona-Pandemie hat gezeigt, wie störanfällig diese Arbeitsteilung ist und wie rasch Lieferengpässe und Produktionsausfälle entstehen. Internationale Spannungen und Konflikte wie der Ukrainekrieg legen offen, dass Länder, die einen hohen Anteil an der Produktion halten, über beträchtliche Macht verfügen. China könnte heute mit einem Lieferstopp von Pharmawirkstoffen die ganze Welt in wenigen Monaten in eine medizinische Krise stürzen.

In den letzten zwanzig Jahren sind in Europa sehr viele Pharmaproduktionsstätten geschlossen worden. Das 1898 gegründete Schweizerische Serum- und Impfinstitut Bern etwa, 2001 in Berna Biotech umbenannt, war ein weltweit führender Impfstoffhersteller. Im Lauf seiner Geschichte entwickelte, produzierte und vertrieb er Vakzine gegen Pocken, Diphtherie, Cholera, Polio, Typhus, Hirnhautentzündung, Hepatitis B und Sars. Sars ist übrigens ein Coronavirus – Berna Biotech hätte also über das Know-how verfügt, um rasch einen Covd-19-Impfstoff entwickeln zu können. 2005 wurde das Ende von Berna Biotech eingeläutet. Die Firma machte damals dem Bund ein Angebot für die Entwicklung und Herstellung eines Impfstoffes gegen die Vogelgrippe. Da sie sich in einer schwierigen ökonomischen Lage befand, ersuchte sie um eine Investitionshilfe von 12 Millionen Franken für das Erstellen einer neuen Produktionsanlage. Der Bund vergab den Auftrag jedoch ins Ausland und zog damit der Berna den Stecker. 2006 wurde das Unternehmen an die holländische Crucell verkauft, die ihrerseits 2011 vom Pharmakonzern Johnson & Johnson geschluckt wurde. In diesen Jahren wurde das Berner Unternehmen erheblich zurückgebaut. (Dubler 2011; Kompusch 2020)

Noch bis vor kurzem wollte Novartis das letzte in Europa verbliebene Werk zur Herstellung von Antibiotika in Österreich schließen. Das Tiroler Werk mit 4000 Mitarbeitenden deckt allein bei Penicillin in Tablettenform 75 Prozent der Weltproduktion ab – es handelt sich also um eine bedeutende Fabrikationsanlage. (Rusch 2020) Doch der Schock der Corona-bedingten Lieferengpässe bewirkte, dass die österreichische Regierung intervenierte und Novartis mit einer Staatshilfe von 50 Millionen Euro dazu bewegte, den Standort zu erhalten und auszubauen. (Strassheim 2021a)

Es zeichnet sich generell ab, dass die Hyperglobalisierung bei der Herstellung pharmazeutischer Wirkstoffe Korrekturen erfährt. Tatsächlich hat die Corona-Pandemie einiges ausgelöst. Vielerorts werden Projekte gestartet, um die Produktion von Arzneimitteln wieder zu regionalisieren. Das fiebersenkende und schmerzlindernde Paracetamol ist dafür ein Beispiel. Zu Beginn der Corona-Pandemie empfiehlt der französische Gesundheitsminister Olivier Véran öffentlich, im Fall einer Corona-Erkrankung Paracetamol einzunehmen. Das löst in Frankreich einen Run aus; die Regierung muss die Abgabe in den Apotheken auf eine Packung pro Person (zwei Packungen bei Symptomen) einschränken, um Versorgungsknappheiten vorzubeugen. Dabei wird deutlich, dass heute 80 Prozent des weltweiten Paracetamolbedarfs in China und Indien produziert werden. 2009 schloss der Konzern Rhône-Poulenc (heute Sanofi-Aventis) die europaweit letzte Produktionsstätte in der französischen Kleinstadt Roussillon. Am selben Ort soll 2023 nun wieder eine Paracetamolfabrik in Produktion gehen und ein Drittel des europäischen Bedarfs abdecken. Der französische Staat gewährt der Firma Seqens dafür 30 Millionen Euro Aufbauhilfe, außerdem Unterstützungsgelder für die Wirkstoffproduktion von weiteren zwölf Medikamenten, unter anderem dem Narkosemittel Propofol. (Belz 2022) Propofol ist eines der weltweit am häufigsten verwendeten Anästhesiemittel. 2019 kam es zu Versorgungsengpässen, ebenso in den ersten Monaten der Corona-Pandemie, was zu erheblichen Problemen in den Operationssälen der Krankenhäuser führte.

In den USA ist die nationale Behörde für die Beschaffung und Entwicklung medizinischer Maßnahmen gegen Bioterrorismus und gegen neu auftretende Krankheiten (Biomedical Advanced Research and Development Authority, BARDA) aktiv geworden. BARDA hat im Mai 2020 der jungen Firma Phlow den Auftrag erteilt, die Produktion einiger essenzieller Medikamente aufzubauen. Phlow erhält für die ersten vier Jahre 354 Millionen US-Dollar, weitere 812 Millionen sind für die anschließenden sechs Jahre in Aussicht gestellt. Phlow ist eine Benefit Corporation, also ein Unternehmen, das dem Gemeinwohl verpflichtet ist (vgl. S. 156). Die Firma kooperiert mit CivicaRx, einem ebenfalls nicht gewinnorientierten Medikamentenhersteller. CivicaRx wurde 2018 gegründet, um diejenigen Generika zu beschaffen und bei Bedarf auch selbst zu produzieren, die regelmäßig von Lieferunterbrechungen oder Preiswucher betroffen sind. Mittlerweile arbeitet CivicaRx für mehr als 1200 Krankenhäuser, die zusammen 30 Prozent aller US-Krankenhausbetten stellen. (Beyer 2020)

Manche neuen Technologien machen die Pharmaproduktion günstiger und flexibler. So geht in der Biotechnologie der Trend in Richtung verkleinerter Produktionsanlagen. Anstatt Stahlcontainern von 10 000 bis 15 000 Litern kommen inzwischen Plastikbehälter von 2000 Litern zum Einsatz, was deutlich günstiger ist und die Flexibilität in der Produktion beträchtlich erhöht. (Felges 2021a) Die Fabrikation von mRNA-basierten Arzneimitteln ist ebenfalls im »Kleinformat« realisierbar. Steve Pascolo, Mitbegründer der Firma Curevac, einer deutschen Pionierfirma im Bereich der mRNA-Technologie, arbeitet heute an der Universität Zürich. Sein Team forscht an Alternativen zu den Liposomen, die gegenwärtig als Fettkügelchen für die Stabilisierung der mRNA verwendet werden, leider aber hochempfindlich und schwer herzustellen sind. Das Team hat eine mRNA-Therapie zur Behandlung von Hirntumoren entwickelt, deren klinische Erprobung jedoch wegen fehlender finanzieller Unterstützung zurzeit blockiert ist. Pascolo skizziert in einem Interview das Konzept von mRNA-Kleinfabriken, in denen sechs Liter mRNA hergestellt werden können, was für eine Million Impfdosen ausreicht. Die Kosten je Anlage schätzt er auf 5 bis 10 Millionen Franken, und nur drei Personen wären für den Betrieb einer Anlage erforderlich. Pascolo plädiert dafür, dass die Schweiz eigene Produktionsanlagen in öffentlicher Hand baut. Das Geld sei vorhanden, was fehle, seien »Politiker, die sagen, jetzt machen wir das«. (Straumann 2022) Ähnlich konzipiert sind die mRNA-Containerfabriken der Firma Biontech, die 40 bis 60 Millionen Impfdosen pro Jahr produzieren können (vgl. Kap. 8, S. 136). Etwa 400 Kleinfabriken dieser Art wären in der Lage, den globalen Bedarf an Impfstoffen abzudecken.

Das sind gute Aussichten für die Sicherung einer bedarfsgerechten Versorgung im Rahmen eines Service-public-Pharmaclusters. Mit einem solchen Cluster gelingt es, die Position von Big Pharma mit ihrem hohen Erpressungspotenzial aufbrechen. Das ist auch eine Voraussetzung dafür, dass wir diesen Konzernen Regeln der Gemeinnützigkeit auferlegen und eine Pharma fürs Volk realisieren können. Wir sind nicht weit von einem solchen Cluster entfernt. Die einzelnen Bausteine dafür bestehen alle schon, nur sind sie bislang noch fragmentiert. Noch fehlt es an einer systematischen Zusammenarbeit.

10. Die Prärie des Erfolgs

Welche Potenziale und Entwicklungsdynamiken könnte ein öffentlicher Pharmacluster freisetzen? Was wäre der Gewinn gegenüber dem heutigen, von Big Pharma dominierten Regime? Wäre ein solcher Clusteransatz überhaupt geeignet, die hohen Risiken zu tragen, die mit der Pharmaforschung verknüpft sind?

Die großen Pharmakonzerne und ihre Lobbyisten werden nicht müde, diese Risiken zu betonen. Am Anfang stünden über 10 000 Wirkstoffkandidaten, am Ende eine einzige Arzneimittelzulassung und dazwischen Kosten in Milliardenhöhe. (Novartis 2021, S. 24) Deshalb seien patentrechtlich gesicherte Monopole unerlässlich. Nur so könnten die Pharmakonzerne ihre hohen Forschungs- und Entwicklungskosten bewältigen. Ähnlich tönt es auch aus den Verbänden der forschenden Start-ups und KMU: Nur dank der Aussicht auf lukrative Patente sei Risikokapital für ihre Entwicklungsarbeiten überhaupt aufzutreiben. (Swiss Biotech 2021) Zumindest die Preispolitik der großen Pharmakonzerne lässt sich aber nicht mit den F&E-Kosten erklären. Sie hat hauptsächlich mit ihrer weit fortgeschrittenen Finanzialisierung zu tun (vgl. Kap. 2, S. 39). Das heißt aber nicht, dass die Aufwände für F&E keine Herausforderung darstellten, insbesondere für kleinere Pharmaunternehmen.

Wirkstoffe, die sich potenziell als Arzneimittel eignen, werden zum großen Teil in der Grundlagenforschung ermittelt. Die teuren klinischen Studien setzen erst dann ein, wenn sich ein Arzneimittelkandidat als vielversprechend herausgeschält hat. Von zehn solcher Kandidaten scheiden im Verlauf der klinischen Studien und des Zulassungsverfahrens im Durchschnitt neun aus. Nur einer schafft den Durchbruch. Die Phase der klinischen Studien wird deshalb in der Branche Tal des Todes genannt.

Wie ist aber dieses Scheitern zu bewerten? Wenn neun von zehn Arzneimittelkandidaten in den klinischen Studien aufgegeben werden müssen, weil sie nicht die erwünschte Wirkung haben oder weil sie zu viele und möglicherweise gefährliche Nebenwirkungen aufweisen, bedeutet das nicht, diese Studien seien einfach ins Leere gelaufen. Jede Forschung hat ihren Wert, sofern sie auf sinnvollen Hypothesen und Fragestellungen beruht. Auch ein Scheitern bringt Erkenntnisse. In einigen Fällen führt es sogar zu unerwarteten Erfolgen. Manche Wirkstoffe zeigen zunächst höchst unerwünschte Nebenwirkungen. Aber genau diese können in einem anderen Kontext erwünschte Wirkungen sein; Beispiele dafür sind Viagra oder Anilinpurpur (vgl. S. 170). Das ist zwar nicht der Regelfall, aber dennoch gilt, dass es vom Standpunkt des Erkenntnisgewinns kein Scheitern gibt. Wenn sich in einer Studie zeigt, dass die Wirkungszusammenhänge eines Stoffs anders sind als angenommen, lassen sich daraus neue Hypothesen und Fragestellungen entwickeln. Mit jedem Scheitern kommt die Forschung insgesamt voran. Damit dies jedoch greifen kann, müssen die Forschungsergebnisse in der globalen Forschungsgemeinschaft bekannt gemacht werden. In der Grundlagenforschung ist dies der Fall. Deshalb spricht man hier auch weder von einem Forschungsrisiko noch von einem Tal des Todes. Bei klinischen Studien werden hingegen diejenigen mit negativen Ergebnissen oft nicht einmal veröffentlicht. Damit bleibt ein möglicher Erkenntniszuwachs verborgen.

Wertlos ist solche Forschung nur aus Sicht desjenigen, der sie nur nach ihrem unmittelbaren kommerziellen Nutzen beurteilt.

Das Tal des Todes ist das Ergebnis eines Regimes, das die forschenden Unternehmen dem Diktat des kommerziellen Erfolges unterwirft. Das geltende Patentrecht bildet dafür die Grundlage. Ein solches Patentrecht schafft erst die Probleme, die es zu lösen vorgibt.

Kurze Geschichte des Patentrechts

Zu geistigen Eigentumsrechten und Patenten gibt es eine vielfältige Literatur, auf die sich die folgenden Ausführungen stützen. (Liebig 2001; Kilchenmann 2004; Ritter 2004; Bödeker u.a. 2005; Lüönd 2008; Griset 2013; Public Eye 2018a) Mit Patenten sichern sich Einzelpersonen oder Unternehmen das Recht, Erfindungen exklusiv zu nutzen. Patente ergeben also in einer Gesellschaft Sinn, in der die Wirtschaftsakteure in Konkurrenz zueinander stehen und sich mit Patenten kommerzielle Vorteile sichern. Mit einer entsprechenden Gesetzgebung wird die Vergabe von Patenten verrechtlicht. Das erste Patentgesetz wird 1474 in Venedig erlassen. Ort und Datum sind kein Zufall. Venedig ist damals eines der bedeutendsten Zentren für Handel und frühe Industrie. So beschäftigt die venezianische Schiffswerft, das Arsenale, bis zu 16 000 Personen und dürfte damit die größte Fabrik der damaligen Welt gewesen sein. Erst deutlich später erlassen weitere Staaten Patentgesetze, England 1624, Frankreich 1791. Andere Länder folgen im Laufe des 19. Jahrhunderts.

In einer kapitalistischen Wirtschaft sind Interessenkonflikte, Spannungsfelder und Widersprüche allgegenwärtig. Patente greifen in diese Spannungsfelder ein und versuchen, Konflikte zu ordnen und berechenbar zu machen. Sie führen aber auch zu neuen Gegensätzen, etwa zwischen privaten und öffentlichen Interessen, zwischen Wirtschaftsstandorten und Nationen.

Die chemische Industrie nimmt ihren Aufschwung mit der

Herstellung von Textilfarbstoffen. Der Engländer William Perkins versucht 1856 auf der Basis von Steinkohleteer Chinin zu synthetisieren. Dabei scheitert er, stößt aber zufällig auf ein anderes Produkt mit interessanten Eigenschaften, nämlich auf einen stark färbenden Stoff. Es erweist sich, dass damit Textilien gefärbt werden können. Perkins nennt den Stoff Anilinpurpur und sichert sich dafür ein englisches Patent. Dieses Patent gilt aber nicht in Frankreich, wo François Vergin das Verfahren kopiert und bald weitere Farbstoffe entwickelt, zum Beispiel das Anilinrot. Vergin erwirbt dafür nun seinerseits ein französisches Patent. Französische Patente sind zu dieser Zeit umfassend; sie erstrecken sich nicht nur auf das Produkt selbst, in diesem Fall die Aniline, sondern auch auf sämtliche bekannten und künftigen Herstellungsverfahren des Produkts. Die Folgen sind paradox. Weil in Frankreich nun sämtliche Forschungen und Weiterentwicklungen auf Anilinbasis der Firma von François Vergin vorbehalten sind, suchen sich andere französische Forscher:innen neue Wirkungsorte. Sie ziehen nach Belgien, Deutschland und in die Schweiz, um dem französischen Patentrecht zu entkommen. In diesen Ländern nimmt in der Folge die Anilinproduktion einen rasanten Aufschwung. Schon nach kurzer Zeit kann die ausländische Konkurrenz weitaus günstigere und vielfältigere Farbstoffe anbieten als Vergin, und nach wenigen Jahren muss Vergin seine Produktion einstellen. Die Entwicklung einer französischen chemischen Industrie wurde damit abgewürgt, bevor sie überhaupt Fuß fassen konnte. Patente sind keineswegs ein Garant für erfolgreiche Forschung und Entwicklung. Sie können das Gegenteil bewirken, im beschriebenen Fall mit erheblichen Langzeitfolgen. Nun sind es Deutschland und die Schweiz, wo auf Basis der Anilinfarbenherstellung eine chemische Industrie entsteht, die bis heute eine wichtige Rolle spielt und aus der sich unter anderem die Pharmaindustrie entwickelt.

Die konfliktreiche Geschichte der Patentregulierungen dauert bis heute an. 1877, zwanzig Jahre nach der Entdeckung der Aniline und sechs Jahre nach der Gründung des Deutschen Reichs, wird ein gesamtdeutsches Patentrecht geschaffen, trotz des anfänglichen Widerstandes der deutschen Handelskammern, die Patente als schädlich für den allgemeinen Wohlstand erachten. Die nationalen Interessen setzen sich durch, denn mit dem neuen Patentrecht soll die deutsche Industrie gegenüber ausländischer Konkurrenz gestärkt werden. Das deutsche Patentrecht gilt bis heute als wegweisend. Es legt fest, dass ein Patent nur gewährt wird, wenn die Erfindung gegenüber dem Stand der Technik neu ist, auf erfinderischer Tätigkeit beruht und gewerblich anwendbar ist. Jeder Patentantrag wird auf diese Kriterien hin überprüft. Es wird eine eigene Behörde geschaffen, das Patentamt, bei dem gegen die Gewährung eines Patents Beschwerde eingereicht werden kann. Das Gesetz bestimmt, dass Patentinhaber verpflichtet sind, gegen eine akzeptable Lizenzgebühr anderen Unternehmen die Nutzung des Patents zu ermöglichen. Damit soll verhindert werden, dass Patente den industriellen Fortschritt, wie zuvor in Frankreich geschehen, blockieren. Heute spricht man bei einer solchen Regelung von Zwangslizenzierung (vgl. S. 177).

In der zweiten Hälfte des 19. Jahrhunderts globalisiert sich die industriell-kapitalistische Wirtschaft. Doch der bestehende nationale Wildwuchs an Regeln und Normen bremst den Welthandel und die Internationalisierung der Unternehmen. Der Druck wächst, internationale Standards zu vereinbaren. Vorverhandlungen während der Weltausstellungen 1873 in Wien und 1878 in Paris münden 1883 in der Pariser Konvention zum Schutz gewerblichen Eigentums. Mit ihr sind die Grundlagen für die internationale Anerkennung von Patenten geschaffen. Die Gründerstaaten des Abkommens verzichten jedoch aus realpolitischem Kalkül darauf, die Mitgliederländer zu zwingen, je ein eigenes nationales Patentrecht zu erlassen. 1893 schließlich werden die Internationalen Büros zum Schutz des geistigen Eigentums (Bureaux Internationaux Réunis pour la Protection de la Propriété Intellectuelle, BIRPI) mit Sitz in Bern gegründet.

Tiefe Wirtschaftskrisen und zwei Weltkriege blockieren in der ersten Hälfte des 20. Jahrhunderts dann alle Bemühungen, das internationale Patentrecht auszubauen. Erst 1967 kann mit der Gründung der Weltorganisation für geistiges Eigentum (World Intellectual Property Organization, WIPO) ein nächster Schritt getan werden. Die gleichzeitig vereinbarte Patent Cooperation Treaty führt ein Verfahren zur landesübergreifenden Anmeldung von Patenten ein. Mit der Durchführung des Verfahrens wird die WIPO betraut. Sie prüft die international angemeldeten Patente, gibt den Mitgliedsstaaten eine Empfehlung und führt Schlichtungsverfahren bei Streitigkeiten durch. Die Erteilung eines Patents bleibt Angelegenheit der einzelnen Staaten.

Die zentrale Initiative in Sachen globales Patentrecht geht allerdings bald von der WIPO auf die Welthandelsorganisation (World Trade Organization, WTO) über. 1994 wird das WTO-Übereinkommen über handelsbezogene Aspekte der Rechte des geistigen Eigentums (Agreement on Trade-Related Aspects of Intellectual Property Rights, TRIPS) verabschiedet.

Die Opposition der Schweiz gegen Patente

Die Schweiz steht über viele Jahrzehnte auf der Seite der Patentgegner. Auf Druck der Nachbarländer wird 1888 ein Patentgesetz verabschiedet, allerdings mit einer international einzigartigen Besonderheit. Als patentierbar gilt nur, wovon auch ein mechanisches Modell erstellt werden kann. Damit sind chemische Innovationen von der Patentierung ausgenommen – eine Konzession an die Schweizer chemische Industrie, die sich mit Händen und

Füßen gegen ein Patentrecht wehrt. Die Sonderregelung begünstigt den Aufbau der chemischen Industrie in der Schweiz erheblich. Die Schweizer Unternehmen konzentrieren sich zunächst auf Nachahmerprodukte und können dank des fehlenden Patentschutzes ausländische Erfindungen ohne Einschränkungen kopieren. Erst 1907 und nur auf großen Druck von Deutschland werden chemische Erfindungen ins Patentrecht eingeschlossen. Allerdings werden dabei nur Verfahren geschützt, nicht die Stoffe selbst. In der Schweiz bleibt es bis 1976 legal, einen in einem anderen Land patentierten Stoff auf neuen Verfahrenswegen nachzubauen und so die Schutzwirkung des Patents zu umgehen. (Ritter 2004)

Die Begründungen, die von den Schweizer Gegner:innen des Patentrechts vorgebracht wurden, sind aufschlussreich. Es wird in Abrede gestellt, dass ein Patentschutz für die Entwicklung der Industrie förderlich sei. Patente werden als Hindernis für den freien Handel gewertet. Sie seien unfair, weil jede bedeutende Erfindung auf der Arbeit vieler beruhe; sie könne nicht nur das Werk einer einzelnen Person sein, die zufällig den letzten Innovationsschritt gemacht habe. Patentierungsverfahren seien aufwendig und teuer, was kleinere Firmen benachteilige und zu einer unerwünschten Stärkung der Großbetriebe führe. (Ritter 2004, S. 483, 486 f.)

Um 1950 setzen die »goldenen Jahre« (Lüönd 2008, S. 48) der Schweizer Chemie ein. Die drei Konzerne Ciba, Geigy und Sandoz steigern ihre Umsätze von 1950 bis 1970 um das Zehnfache von 969 auf 9701 Millionen Franken. Dabei gewinnen eigene Innovationen immer größere Bedeutung, vor allem im Pharmabereich. Deshalb wechselt die Basler Chemie nun die Seiten und wird zu einer vehementen Befürworterin des Patentschutzes.

Die indische Pharmaindustrie

Die Rolle der Schweiz übernimmt in den siebziger Jahren ein anderes Land, Indien. Vor 1970 ist der indische Arzneimittelmarkt zu über 75 Prozent von den globalen Konzernen beherrscht. Diese betrachten das Land als reinen Absatzmarkt. Einzig einige Basismedikamente werden in Indien durch staatliche Unternehmen hergestellt. Zu diesen Unternehmen gehören die India Drugs and Pharmaceutical Ltd., die mit Unterstützung der WHO, der UNICEF und der Sowjetunion gegründet wurde. Dieses Unternehmen hat die personelle und wissensmäßige Basis für das geschaffen, was nach 1970 geschieht.

Im Jahr 1970 liberalisiert die Regierung Indira Gandhi das Patentrecht. Patente sind nur noch auf Verfahren zugelassen, nicht mehr auf Produkte oder Stoffe. Sie gelten nur noch fünf bis maximal sieben Jahre. Patentinhaber sind verpflichtet, spätestens drei Jahre nach der Patentgewährung Lizenzen zu vergeben, deren Gebühr maximal 4 Prozent des vom Lizenznehmer erzielten Umsatzes betragen darf. Auf die Einfuhr von verarbeiteten Arzneimitteln werden hohe Zölle eingeführt, was die Stellung der einheimischen Industrie stärkt. In der Folge kehren viele internationale Konzerne dem Land den Rücken.

Das neue Patentrecht ermöglicht den indischen Unternehmen, wie zuvor in der Schweiz, patentierte Arzneimittel nachzubauen. In wenigen Jahren entsteht eine bedeutsame indische Pharmaindustrie, die sich, gemessen am Produktionsvolumen, bis 2005 auf den weltweit vierten Rang hocharbeitet. Sie ist nun in der Lage, über 400 Wirkstoffe zu produzieren und nahezu jedes gängige Arzneimittel herzustellen. (Löfgren, Malhotra 2006) Die Inder bedienen vor allem zwei Märkte, zum einen ärmere Länder, die dank der indischen Pharmaindustrie zu (günstigen) Arzneimitteln kommen. Zum anderen führt Indien zusammen mit China in der Herstellung von pharmazeutischen Wirkstoffen. Die Namen einiger indischer Pharmafirmen wie Torrent Pharmaceuticals Ltd., Dr. Reddy's Laboratories Ltd., Cipla oder Aurobindo Pharma Ltd. werden weltweit bekannt. 2005 treten in Indien nach einer Übergangsfrist jedoch die Bestimmungen des TRIPS-Abkommens in Kraft. Damit wird der Aufstieg der indischen Pharmaindustrie gebremst. Bis heute steckt Indien in der Rolle eines Generikaproduzenten und eines Zulieferers von Big Pharma fest, beides Bereiche mit vergleichsweise geringen Profitmargen. Patentgeschützte Arzneimittel stellt Indien bisher kaum her. Deshalb ist es den größten indischen Pharmaunternehmen nicht gelungen, in den Kreis von Big Pharma vorzudringen. (Rajan 2008, S. 37)

Das TRIPS-Abkommen

Für weltweite Regelungen im Patentbereich ist die WIPO zuständig. Doch die Länder, die eine Verschärfung des internationalen Patentrechts anstreben, können sich in der WIPO nicht durchsetzen. Überdies fehlen der WIPO Instrumente, um die Einhaltung von Vereinbarungen auch zu erzwingen. Die Vertreter eines rigideren globalen Patentrechts gehen deshalb andere Wege. Zu den treibenden Akteuren gehören die USA. Der Pharmakonzern Pfizer übernimmt die Führungsrolle. Er schließt sich mit zwölf weiteren internationalen US-Konzernen im Intellectual Property Committee (IPC) zusammen: Bristol-Myers, DuPont, General Electric, General Motors, Hewlett-Packard, IBM, Johnson & Johnson, Merck & Co, Monsanto, Rockwell International und Time Warner. Zunächst versuchen die USA, bilateral Druck auf einzelne Länder auszuüben. Seit 1989 veröffentlichen sie jährlich eine Watchlist mit den Nationen, die aus ihrer Sicht geistige Eigentumsrechte und Patente unzulänglich schützen. Am Beispiel von Südkorea und Brasilien demonstrieren sie ihre Entschlossenheit, mit unilateralen Handelssanktionen Schutzverordnungen für geistiges

Eigentum durchzusetzen. (Liebig 2001) Parallel dazu wirken sie auf multilaterale Handelsabkommen ein und erklären, dass es ohne Einbezug der geistigen Eigentumsrechte keine Beteiligung der USA an der Weiterentwicklung des internationalen Handelsrechts gebe.

1986 startet die Uruguay-Verhandlungsrunde zur Neuordnung des Welthandels. Noch sind in der Hälfte aller WIPO-Mitgliedsländer pharmazeutische Produkte von jedem Patentschutz ausgenommen. Doch die USA setzen sich schließlich durch, und die Uruguay-Runde endet 1994 mit der Verabschiedung des TRIPS-Abkommens. Damit werden die darin vereinbarten Patentregeln zum weltweiten Standard. Die WIPO wird ausgebootet. Die WTO übernimmt die Trägerschaft des TRIPS. Wer Mitglied der WTO werden und in das offene Welthandelssystem eingebunden sein will, muss auch das TRIPS übernehmen. Das Abkommen wird also im Seitenwagen der globalen Handelsfreiheiten durchgeboxt. Länder, die vom TRIPS Nachteile zu erwarten haben, können sich nicht widersetzen, ohne massive Diskriminierungen im internationalen Handel in Kauf zu nehmen.

Das TRIPS enthält folgende für Patente relevanten Bestimmungen (Liebig 2001; Denknetz-Arbeitsgruppe Big Pharma 2016; Public Eye 2018a):

- Patente werden auf Stoffe und Verfahren gewährt, die neu sind, auf einer erfinderischen Tätigkeit beruhen und gewerblich nutzbar gemacht werden können.
- Patente gelten auf allen Gebieten der Technik mindestens zwanzig Jahre lang.
- Alle nationalen Gesetze zum geistigen Eigentumsschutz sind beim TRIPS-Rat zu melden.
- Ausnahmebestimmungen von der Patentierbarkeit sind möglich, wenn dies zur Wahrung der öffentlichen Ordnung oder zum Schutz der Gesundheit der Bevölkerung erforderlich ist.

- Länder können mit dem Instrument der Zwangslizenz dafür sorgen, dass ein patentiertes Arzneimittel anderen Herstellern zur Herstellung freigegeben wird.
- Alle Mitgliedsländer der WTO müssen die TRIPS-Vertragsbedingungen erfüllen.
- In- und ausländische Unternehmen müssen gleich behandelt werden.
- Alle Handelsvorteile, die einem Vertragspartner gewährt werden, müssen auch allen anderen Vertragspartnern gewährt werden (Meistbegünstigungsprinzip).

Bei der Durchsetzung der TRIPS-Bestimmungen wird auf die Mechanismen der WTO zurückgegriffen. Die WTO verfügt über eigene Schiedsgerichte, die allerdings nicht öffentlich tagen. Obsiegt ein Land vor einem Schiedsgericht und akzeptiert das unterlegene Land das Urteil nicht, so ist es dem siegreichen Land erlaubt, Sanktionen gegen das unterlegene Land zu ergreifen, etwa in Form von Strafzöllen. Solche Sanktionsmöglichkeiten sind vor allem in den Händen der einkommensstarken Länder wie den USA ein enormes Druckmittel. Wirtschaftssanktionen, die reiche Nationen verhängen, sind weitaus wirksamer als diejenigen von armen Nationen.

Eine Zeit lang hegen Nichtregierungsorganisationen und die ärmeren Länder die Hoffnung, dass das Instrument der Zwangslizenz ein wirksames Gegengewicht zur Marktmacht der Pharmakonzerne bilden könnte, insbesondere nachdem die Pharmakonzerne in der Auseinandersetzung um HIV-Medikamente mit der südafrikanischen Regierung 2001 eine herbe Niederlage einstecken mussten. In der Folge bekräftigt die WTO das Recht auf Zwangslizenzen noch einmal nachdrücklich: »Jedes Mitgliedsland hat das Recht, Zwangslizenzen zu erteilen, und die Freiheit, die Gründe dafür zu bestimmen.« (WTO 2001)

Das hat zur Folge, dass von ärmeren Ländern oft schon die Drohung mit Zwangslizenzen genügt, um die Pharmakonzerne zu signifikanten Preisreduktionen zu veranlassen. (Public Eye 2018b, S. 34 f.) Allerdings kann ein Konzern ein Arzneimittel in dem Land auch vom Markt nehmen. Zu eigentlichen Zwangslizenzen kommt es kaum, weil sich die Pharmakonzerne mit Unterstützung ihrer Standortregierungen dem vehement widersetzen. So waren die Versuche Kolumbiens, für das Krebsmittel Glivec von Novartis eine Zwangslizenz zu erreichen, aufgrund der Intervention der Schweizer Regierung erfolglos. (Ebd., S. 35) Die Bestimmung zu den Zwangslizenzen bleibt ein Papiertiger. Dies wird auch im Bericht des UNO-Generalsekretariats zur Lage der globalen Arzneimittelversorgung festgehalten, der die Machenschaften von Industriestaaten zur Verhinderung von Zwangslizenzen als unrechtmäßig bezeichnet. (UNO-Generalsekretariat 2016, S. 20) Co-Präsidentin dieser Berichtsgruppe war Ruth Dreifuss, Sozialdemokratin und ehemaliges Mitglied der Schweizer Regierung.

Im Juni 2022 entsteht der Eindruck, die WTO habe an ihrer zwölften Ministerkonferenz in Genf beschlossen, die Patentrechte bei Covid-19-Impfstoffen aufzuheben. Tatsächlich wird lediglich die bereits bestehende Möglichkeit der Zwangslizenzierung bekräftigt. Doch kommt auch das zwei Jahre zu spät. Covid-19-Diagnostika sowie Heilmittel sind überdies ausgenommen. Im Beschluss fehlt zudem das Einfordern eines Technologie- und Know-how-Transfers, was zuvor 100 WTO-Mitgliedsländer verlangt haben.

Patentnetze

Wie sieht die Welt der Patente aus? Mit einem Arzneimittel sind oft Hunderte von Patenten verbunden. Zur Verbesserung der Übersicht werden Patente, die denselben oder einen ähnlichen technischen Inhalt betreffen, zu sogenannten Patentfamilien zusammengenommen. Die WIPO hat dazu unter dem Titel »Patent Landscape Reports Project« einige Untersuchungen publiziert. Atazanavir zum Beispiel, ein antiretrovirales HIV-Medikament von Novartis, basiert auf 314 verschiedenen Patentfamilien. (WIPO 2011a)Ritonavir wiederum, ebenfalls ein antiretrovirales HIV-Medikament von Abbott Labatories, fußt auf Patenten aus 805 Patentfamilien. (WIPO 2011b) Patente sind zudem durch vielfache Beziehungen untereinander verknüpft. Grafik 10 zeigt einen Ausschnitt aus dem WIPO-Bericht zu Ritonavir.

Der neueste WIPO Patent Landscape Report betrifft Covid-19-Impfstoffe und Heilmittel. Er listet für den Zeitraum von Januar 2020 bis September 2021 5293 Patente mit Covid-19-Bezug auf, davon 1465 zu Medikamenten und 417 zu Impfstoffen. (WIPO 2022) Bis Mitte 2020 verfügen die drei führenden mRNA-Technologiefirmen Biontech, Moderna und Curevac über rund 1000 Einträge in Patentdatenbanken. (Klein 2021, S. 123)

Grafik 10

Patentverknüpfungen, die dem HIV-Medikament Ritonavir zugrunde liegen (Ausschnitt)

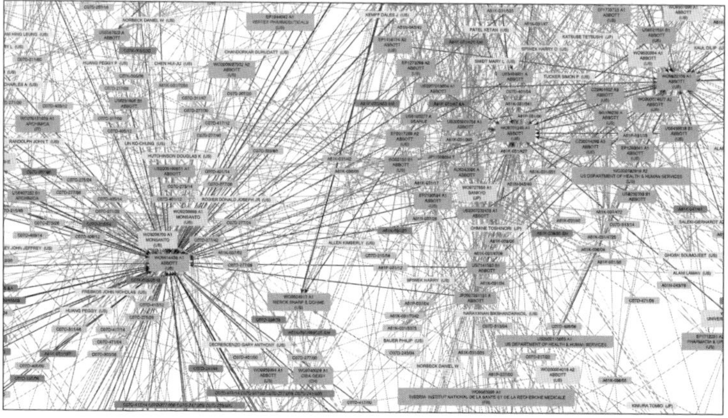

Daten: WIPO 2011b

Wir haben es also nicht mit einzelnen Patenten, sondern mit ganzen Patentnetzen zu tun. Dabei betrifft nur ein Bruchteil der Patente die eigentlichen Wirkstoffe. Die übrigen beziehen sich auf Verfahrensschritte und Zwischenprodukte bei der Herstellung, auf Methoden zur Verbesserung der Lagerfähigkeit, auf Hilfsstoffe zur Verbesserung der medizinischen Wirksamkeit oder auf Dosierungen und Verabreichungsformen.

Das Patentwesen ist komplex. Es gibt Anlass zu vielen Rechtsstreitigkeiten, die sehr teuer werden können. Eine Firma muss einen enormen Aufwand betreiben, um sich im Patentdschungel zurechtzufinden. Große Konzerne sind hier erheblich im Vorteil. Patentanwältin/-anwalt ist ein eigenständiger Beruf. Das sind hochqualifizierte Fachpersonen mit einem abgeschlossenen naturwissenschaftlichen oder technischen Studium sowie einer juristischen Zusatzausbildung. In Deutschland sind über 4000 Patentanwält:innen freiberuflich tätig; die Zahl der angestellt tätigen Patentanwält:innen ist nicht bekannt.

Eine interessante Untersuchung zu den wichtigen pharmazeutischen Neuerungen und ihren Patentbezügen nimmt die Zulassungen der Food and Drug Administration (FDA) unter die Lupe. Die FDA unterscheidet zwischen einem signifikant neuen Wirkstoff (New Molecular Entity, NME) und inkrementellen Neuerungen, also Verbesserungen von bestehenden Arzneimitteln. Im Zeitraum von 2009 bis 2018 sind von der FDA 378 NME-basierte Arzneimittel zugelassen worden. Diese stützen sich explizit auf insgesamt 1392 Ankerpatente. Die wiederum zitieren weitere 30 317 Patente, die also indirekt an den NME beteiligt sind. Von diesen NME sind übrigens 207 von US-Firmen oder -Institutionen zur Zulassung angemeldet worden. An zweiter Stelle folgt Deutschland mit 34 und an dritter Stelle die Schweiz mit 26 Anmeldungen; bezogen auf eine Million Einwohner:innen führt die Schweiz mit einem Wert von 3,02 vor den USA mit 0,63 und Deutschland mit 0,41. (Eckert, Maennig 2021)

Die Arbeit von vielen

Ein wichtiges Argument gegen das Patentwesen ist schon von der Schweizer Industrie gegen die Einführung von Patenten geltend gemacht worden. Es lautet, jede bedeutende Erfindung beruhe auf der Arbeit von vielen. Das in einer Erfindung geronnene Wissen muss als Gemeingut gewertet werden. Das gilt auch für den letzten Schritt einer Erfindung, die auf einer langen Kette des Wissensaufbaus beruht. In der Umkehrung bedeutet das, dass Patente all die Forschung der vorangegangenen Schritte um ihre Anteilsrechte bringen. Sie stellen also eine Form der Enteignung der Forschungs- und Entwicklungsgemeinschaft dar und damit der Allgemeinheit, die die Forschung erst ermöglicht.

Jim Allison etwa, Arzt am Anderson Cancer Center in Houston (Texas), hatte die letzte Idee in einer solchen Erkenntniskette, aus der die sogenannte Immuncheckpoint-Therapie hervorging. Ausgangspunkt ist ein Protein mit der Abkürzung CTLA-4, das auf der Oberfläche einer Immunzelle erscheint, sobald diese aktiviert ist. Es brauchte einige Forschungsprojekte, um die Funktion dieses Proteins zu klären, auch weil die Lösung zunächst paradox erschien. CTLA-4 fördert die Vermehrung der Immunzellen nämlich nicht etwa, sondern hemmt sie und bremst somit die Immunantwort. Immunzellen stellen mit CTLA-4 demnach eine Art Schalter bereit, mit dem sie stillgelegt werden können. (Vgl. Kap. 8, S. 123) Allisons hatte nun die Idee, nach Antiköpern zu suchen, die den CTLA-4-Schalter blockieren, damit die Immunzellen länger aktiv bleiben. Solche blockierenden Antikörper kommen in vielen Medikamenten zum Einsatz, mit denen eine ungenügende Immunantwort verstärkt werden soll. (Davis 2019, S. 238 f.) 2015 erhält Allison dafür den Lasker-DeBakey-Preis für klinische medizinische Forschung, was in der *New York Times* kritisch kommentiert wird. Es sei fragwürdig, mit solchen Preisen jeweils nur ein paar ausgewählte Forscher:innen auszuzeichnen, obwohl die prämierten

Forschungsergebnisse offensichtlich nur als Resultat vieler Forschungsarbeiten zustande kommen könnten. Im Fall der Arbeit von Allison lasse sich nachweisen, dass sie sich auf hundert Jahre Vorarbeit von insgesamt 7000 Wissenschaftler:innen an 5700 Institutionen stütze. (Prasad 2015) Allison wurde für dieselbe Arbeit drei Jahre später noch mit dem Nobelpreis ausgezeichnet.

Patente und Forschung

Ein weiteres wichtiges Argument gegen das Patentwesen liegt in seiner Auswirkung auf die Forschung. Jo Miller schildert eine aktuelle Begebenheit in seinem Buch über die Arbeiten der Firma Biontech. (Miller 2021, S. 73–75) mRNA-Impfstoffe enthalten den Bauplan für ein Antigen. Die Körperzellen der geimpften Person werden dazu veranlasst, dieses Antigen selbst zu produzieren. (Vgl. Kap. 8, S. 135) Im Fall von Covid-19 handelt es sich um das Spike-Protein des Coronavirus. In den Laboruntersuchungen erwies sich, dass die Körperzellen den mRNA-Bauplan in vielen geringfügig unterschiedlichen Varianten interpretieren, sodass es zur Produktion von ungleich geformten Spikes kommt. Das macht die Wirkung des Impfstoffes nicht nur unsicher, sondern möglicherweise gefährlich. Die Lösung für dieses Problem fanden die Biontech-Entwickler:innen in den Forschungsergebnissen von Barney Graham, einem Angestellten der US-amerikanischen NIH. Graham beschäftigte sich schon seit etlichen Jahren mit genau dieser Frage und zeigte, wie die Variabilität in der Interpretation von mRNA-Bauplänen vermieden werden kann. In Arbeiten am MERS-Virus hatte er die gewünschte Stabilisierung erreicht, indem er zwei Positionen in der Gensequenz leicht veränderte. Auf eine Kontaktaufnahme durch Biontech reagierte Graham unverzüglich und stellte sein Wissen vorbehaltlos zur Verfügung – wie zuvor dem anderen erfolgreichen mRNA-Impfstoff-Hersteller Moderna. Fragen nach einem Patent schoben Graham und die NIH beiseite. In der aktuellen Krise gelte es, vorhandenes Wissen so rasch wie möglich und ohne Einschränkungen zu nutzen. Graham und die NIH hätten anders reagieren können. In diesem Fall wäre die Entwicklung eines mRNA-Corona-Impfstoffes erheblich verzögert, schlimmstenfalls sogar verhindert worden. Wären die NIH ein privater Konzern, der Grahams Forschungsergebnisse selbst hätte auswerten wollen, dann wären Biontech und Moderna von diesen Forschungen ohnehin abgeschnitten gewesen.

Das herrschende Patentwesen hat weit in die Gemeinschaft der freien Forschenden hinein negative Konsequenzen. Im folgenden Beispiel geht es um die Patentierung der CRISPR-Cas9-Genschere, einer bahnbrechenden Erfindung in der Geneditierung. Im Jahr 2020 erhalten Emmanuelle Charpentier von der Universität Umeå in Schweden und Jennifer Doudna von der Universität von Berkeley in Kalifornien dafür den Chemienobelpreis. Ihre Arbeit basiert auf einem Verfahren, das Bakterien zur Abwehr von Viren verwendet. Sie zeigen, dass das Verfahren auch zur Geneditierung in beliebigen anderen Lebewesen zum Einsatz gebracht werden kann. (Sadava u. a. 2019, S. 555) Hans-Martin Jäck, Professor für molekulare Immunologie an der Universität Erlangen, weist in einem Übersichtsartikel zur Geschichte von CRISPR-Cas9 nach, (Jäck 2018) dass insgesamt 18 Forschungsteams aus vielen verschiedenen Ländern dafür entscheidende Vorarbeiten geleistet haben. Mit einer einzigen Ausnahme handelt es sich um Teams, die ihre Forschungsarbeit als Angestellte von Universitäten oder von öffentlich-rechtlichen Einrichtungen leisteten.

Dennoch entbrennt rund um die Patentierung der Genschere ein irritierender Streit, der nun schon seit Jahren zwischen zwei Forscher:innenteams und ihren je verbündeten Unternehmen ausgetragen wird. Gestritten wird darüber, wem das zentrale Ankerpatent zusteht. Doudna und Charpentier gelten allgemein

als diejenigen, die den letzten Schritt in der Forschungsreihe gemacht und damit die Genschere »erfunden« haben. Die beiden haben ihre Patentanmeldung nachweislich als Erste eingereicht. Doch 2016 sprechen die amerikanischen Behörden einem anderen Team unter dem Molekularbiologen Feng Zhang das Ankerpatent zu. Zhang hat zwar das Patent ein halbes Jahr später angemeldet, dabei jedoch ein beschleunigtes Verfahren beantragt und bewilligt bekommen. So wurde ihm das Patent zuerst erteilt. Die US-Berufungsinstanz hat diese Entscheidung zugunsten von Zheng im Februar 2022 bestätigt. Das Europäische Patentamt spricht das Patent weiterhin Doudna und Charpantier zu. Zwar sind die CRISPR-Verfahren für akademische und andere nicht kommerzielle Forschungsprojekte ohne Lizenzgebühren nutzbar, und es soll mittlerweile auch schon mehr als 11 000 CRISPR-basierte Patentanmeldungen geben. Dennoch hat der Streit die Kooperationsbereitschaft in akademischen Kreisen beschädigt. Und je mehr es um kommerzielle Nutzungen geht, desto mehr wird er eskalieren.
(Stallmach 2017; TransGen 2022; Ledford 2022)

Klinische Studien

Die Entwicklung eines Arzneimittels durchläuft üblicherweise folgende Stadien:

1. Auf Basis der Grundlagenforschung wird eine molekulare Zielstruktur für medikamentöse Eingriffe identifiziert, zu der dann ein passender Wirkstoff gesucht wird.
2. In der präklinischen Phase werden Laborversuchsanordnungen erarbeitet, um die Wirkzusammenhänge genau zu verstehen. Zunächst kommen meist Kulturen von Mikroorganismen wie Bakterien zum Einsatz, später Tiere. Im günstigen Fall werden dabei Substanzen identifiziert, die sich als Arzneimit-

tel eignen. Spätestens zu diesem Zeitpunkt werden Patente angemeldet.

3. Nun beginnen die klinischen Studien. Sie finden an und mit Menschen statt. In der Phase I wird an wenigen gesunden Erwachsenen die Verträglichkeit und Sicherheit der Substanz getestet. Es wird ermittelt, auf welchen Wegen sich die Substanz im Körper verbreitet, und es wird geklärt, wie und wie rasch der Wirkstoff abgebaut und vom Körper ausgeschieden wird.
4. In der Phase II mit 100 bis 500 Personen werden die Wirkungen und Dosierungen auf erkrankte Personen geprüft.
5. In der Phase III wird anhand einer möglichst großen Zahl Proband:innen die Wirksamkeit und Sicherheit des Arzneimittels nachgewiesen. Basis sind Versuchsgruppen von mehreren Hundert bis einigen Tausend Patient:innen; bei sehr seltenen Erkrankungen können es weniger sein. Der Goldstandard sind randomisierte Doppelblindstudien. Dabei werden die Versuchspersonen zufällig in zwei gleich große Gruppen aufgeteilt. Die eine Gruppe erhält das zu untersuchende Arzneimittel, die andere eine herkömmliche Therapie oder ein Placebo. Weder die Versuchsleitenden noch die Proband:innen wissen, in welcher Gruppe sie sind, um jede Form der Einflussnahme, bewusst oder unbewusst, auszuschließen.
6. Die Ergebnisse bilden die Grundlage für das eigentliche Zulassungsverfahren. Manchmal wird eine Zulassung nur unter Bedingungen gewährt. Zum Beispiel wird die Durchführung weiterer Studien verlangt, oder die Zulassung gilt nur für eine eingegrenzte Patient:innengruppe.
7. In Phase IV werden klinische Studien nach der Zulassung gemacht. Hier bestehen allerdings große Lücken, insbesondere was die Langzeitwirkungen betrifft (vgl. Kap. 6, S. 96).

Der Fachverband Biotechnology Innovation Organization hat mit den Firmen BioMedTracker und Amplion 2017 eine Studie (Thomas u. a. 2017) vorgelegt, die nach eigenen Angaben die größte Untersuchung zur Erfolgsrate in der klinischen Forschung ist. Untersucht wurden insgesamt 7455 Entwicklungsprogramme von 1103 Unternehmen zwischen 2006 und 2015. Die wichtigste Erkenntnis betrifft die Erfolgsrate der Phase-III-Studien, in denen die Kosten – sie liegen normalerweise im zwei- bis dreistelligen Millionenbereich – mit Abstand am höchsten ausfallen. 58,1 Prozent der Phase-III-Studien führen zu positiven Ergebnissen und zu einem Antrag auf Zulassung eines neuen Arzneimittels. Von diesen Anträgen erhalten wiederum 85,3 Prozent eine Zulassung. Mit ziemlich genau jedem zweiten Projekt werden also die letzten beiden Hürden vor dem Markteintritt genommen.

Die Erfolgsquoten der zeitlich vorgelagerten klinischen Tests liegen in Phase I bei 63,2 Prozent und in Phase II bei 30,7 Prozent. Von allen Arzneimittelkandidaten, für die klinische Studien aufgenommen werden, schaffen es also 9,6 Prozent bis zur Marktzulassung. Diese Zahl ist allerdings hinsichtlich der Kosten nicht aussagekräftig, weil die ersten beiden Phasen wesentlich weniger kosten. Erhebliche Unterschiede zeigen sich zwischen den verschiedenen Anwendungsgebieten. Präparate zur Behandlung ansteckender Krankheiten sind zu 19,1 Prozent erfolgreich, solche zur Behandlung von Krebs nur zu 5,1 Prozent. (Thomas u. a. 2017)

Aus kommerzieller Sicht ist die Forschung und Entwicklung neuer Arzneimittel eine Wette. Gewettet wird darauf, dass ein Großkonzern, ein Start-up oder ein kleineres oder mittleres Unternehmen (KMU) einen neuen Wirkstoff erfolgreich durch die klinischen Studien und die Zulassung bringt. Die Aussichten sind ausschlaggebend für die ökonomische Bewertung der Firmen durch Finanzmarktakteure und potenzielle Investoren oder Beratungsunternehmen, die sich auf solche Bewertungen spezialisiert haben. Im Falle von Start-ups oder KMU ist das entscheidend, denn davon hängt ab, ob und in welchem Umfang die Firmen mit Risikokapital versorgt werden. Aber auch für die Bewertung der Großkonzerne durch die Finanzmärkte und ihre Akteure spielt eine wichtige Rolle, wie viele aussichtsreiche Arzneimittelkandidaten in ihrer Pipeline sind. Den erfolgreichen Firmen winken hohe, oft gigantische Erträge. Für die kleineren Firmen ist das unternehmerische Risiko jedoch oft existenziell. Das finanzielle Risiko tragen die Finanzakteure, die bei einem Scheitern ihre Investitionen abschreiben müssen. Sie sichern sich ab, indem sie ihr finanzielles Engagement auf diverse Firmen verteilen. Über alles gesehen lohnt sich das, und deshalb werden den kleineren und mittleren forschenden Pharmafirmen immer wieder bedeutende Beträge an Risikokapital zugeführt. Die rund 320 Schweizer Biotech-KMU haben 2020 eine Summe von 3,45 Milliarden Franken an Risikokapital mobilisieren können, im Folgejahr 3,33 Milliarden. (Swiss Biotech 2022b) Bei dem investierten Risikokapital handelt es sich allerdings nur um einen Bruchteil der Gewinnsummen der beiden Schweizer Pharmagroßkonzerne. Die Reingewinne von Novartis betragen 2019 7,15 und 2020 8,07 Milliarden US-Dollar, die von Roche 2019 15,07 und 2020 14,94 Milliarden Franken. Sie sind sechs- bis siebenmal höher als die Summe, die den Schweizer Pharma-KMU zugeflossen ist. An diesen Zahlen werden die Machtverhältnisse in der Branche deutlich.

Das Beispiel Tamiflu

Der hohe kommerzielle Druck, der auf Arzneimittelkandidaten lastet, hat Folgen. Er verleitet zum Beispiel dazu, Studien zu manipulieren und Ergebnisse zu beschönigen. Ein bekanntes Beispiel dafür ist das Antigrippemittel Tamiflu von Roche. Angesichts der Angst vor der Vogelgrippe 2005 und vor der Schweinepest 2009 legten viele Regierungen für Hunderte von Millionen US-Dollar Tamiflu-Reservelager an. Doch dann zeigte sich, dass die therapeutische Wirkung minimal ist. Bestenfalls kann es den Krankheitsverlauf um einen Tag verkürzen. Doch die entscheidende Behauptung von Roche, Tamiflu schütze gegen gefährliche Nebenwirkungen wie Lungenentzündungen, war haltlos. (Jefferson u.a. 2014) Die Tamiflu-Reservelager wurden praktisch wertlos.

Es gab viele Hinweise auf die geringe Wirkung von Tamiflu, doch sie waren nur schwer zu belegen, unter anderem weil Roche nicht bereit war, ihre Studienergebnisse vollständig zu veröffentlichen. (Goldacre 2013, S. 112 ff.) Der Konzern sponserte vielmehr zwei für ihn günstige Metastudien, die dem Europäischen Zentrum für die Prävention und die Kontrolle von Krankheiten (ECDC) als Grundlage für eine positive Beurteilung von Tamiflu und für die Empfehlung an die Staaten, nationale Tamiflu-Reservelager einzurichten, dienten. Erstaunlicherweise hat Roche Tamiflu viele Jahre erfolgreich vermarkten können, obwohl die Kritik im Verlauf der Jahre immer besser begründet werden konnte. Der von 1999 bis 2017 mit dem Medikament erzielte Umsatz beläuft sich auf 16,6 Milliarden Franken. (Straumann 2018)

Tamiflu ist kein Einzelfall. Die unabhängige französische Medizinzeitschrift *Revue Prescrire* untersucht jedes Jahr die Nützlichkeit aller in Frankreich neu zugelassenen Medikamente. 2021 werden von den 108 neuen Arzneimitteln 17 als wirklicher Fortschritt gewertet, 19 als »möglicherweise hilfreich«; 51 wiesen gegenüber den verfügbaren Präparaten keinen Zusatznutzen auf; 9 werden sogar als mögliches Risiko für die öffentliche Gesundheit angesehen; zu 12 ist die Datenlage zu ungenau, um klare Aussagen zu machen. (La Revue Préscrire 2022) Auf vergleichbare Größenordnungen kommt das deutsche Institut für Qualität und Wirtschaftlichkeit im Gesundheitswesen (IQWiG), das die in Deutschland neu zugelassenen Arzneimittel prüft. In die Kategorie »Zusatznutzen nicht belegt«

fallen 2014 62 Prozent, 2015 53 Prozent, 2016 64 Prozent, 2017 52 Prozent und 2018 67 Prozent der Medikamente. (IQWiG 2019, S. 33)

Wer forscht

Die großen Pharmakonzerne scheuen sich mehr und mehr, mit eigenen Projekten selbst in das Tal des Todes zu steigen. Sie überlassen dies lieber den Start-ups und KMU. Die Beratungsfirma EY hat diese Entwicklung in einer Studie (EY 2019a) genauer untersucht. Basis der Studie sind die 217 NME-Arzneimittel (vgl. S. 180), die von 2014 bis 2018 von der FDA neu zugelassen wurden. Die Studie kommt zum Ergebnis, dass von den 217 NME-basierten Präparaten lediglich 18,9 Prozent (41) von den zwanzig größten Pharmakonzernen entwickelt worden sind. Weitere 26,3 Prozent (57) sind von den Großkonzernen eingekauft und bis zur Zulassung gebracht worden. Die übrigen 53,5 Prozent der Zulassungen (116) stammen von kleineren Firmen. Die Grafik 11 veranschaulicht diese Angaben.

Grafik 11

Unternehmerische Herkunft von durch die FDA neu zugelassenen NME-Arzneimitteln 2014–2018

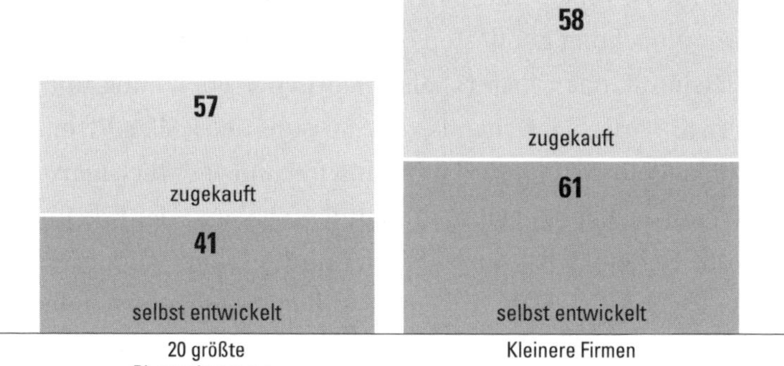

Daten: EY 2019a, S. 5

Das Hauptgewicht der Innovationskraft in der Pharmabranche liegt also gar nicht in den Forschungsabteilungen der Großkonzerne, sondern im Cluster, der von öffentlichen Forschungsinstituten, Start-ups und forschenden KMU gebildet wird. Interessant ist eine weitere Erkenntnis der EY-Studie. Pro zugelassenem NME-Medikament weisen die großen Pharmakonzerne im Durchschnitt weit höhere Entwicklungskosten auf als kleine Firmen. Am effizientesten arbeiten die kleineren Unternehmen, die zwischen 2014 und 2018 für zwei oder mehr Arzneimittel eine Zulassung bekommen haben. Ihre Forschungs- und Entwicklungsaufwendungen sind fünf- bis sechsmal geringer als diejenigen von Big Pharma. Das hat auch damit zu tun, dass die Großkonzerne sich auf die ertragsstärksten Medikamente fokussieren und in der Lage sind, dafür mehr Mittel aufzuwenden. Doch ebenso bedeutsam sind Unterschiede in Struktur und Dynamik. Kleinere Firmen sind gewandter als Großkonzerne und näher an der Grundlagenforschung in Universitäten und anderen öffentlichen Einrichtungen. (EY 2019a) Die Empfehlungen der Studie sind eindeutig. Den Großkonzernen wird geraten, sich den Zugang zu Innovationen in erster Linie durch den Zukauf von externen Firmen oder Lizenzen zu sichern und die eigenen Aufwände für F&E zurückzufahren. (Ebd.) Das wird auch zunehmend so praktiziert.

Damit ist im Grunde skizziert, wie eine bedarfsorientierte Pharmaforschung am besten organisiert wird. Sie kann sich auf die Dynamik des Clusters aus öffentlicher Forschung und der unternehmerischen Dynamik von Start-ups und KMU stützen. Die Grundlagenforschung wird weiterhin frei und öffentlich betrieben und finanziert. Ihre Legitimation und Aufgabe ist der Erkenntnisgewinn, der zunächst noch keinen unmittelbaren Nutzen haben muss. Zeichnet sich ein Nutzen ab, sollen die entsprechenden Erkenntnisse in Form von offenen Patenten für die Allgemeinheit gesichert werden. Institute und forschende Unternehmen werden eingeladen, Entwicklungsprojekte zu entwerfen und Machbarkeitsstudien vorzulegen. Plausible Projekte werden aus öffentlichen, demokratisch legitimierten Fonds finanziert unter der Bedingung, die Ergebnisse ihrer Arbeit wiederum frei verfügbar zu machen und in bestmöglicher Weise mit weiteren Instituten oder Unternehmen zu kooperieren. Die betriebliche Existenz dieser Institute und Unternehmen ist also gesichert. Und sie haben die Gewissheit, dass die Früchte ihrer Arbeit der Allgemeinheit zukommen und nicht den Finanzmärkten.

Der Forschungs- und Entwicklungsbereich eines Service-public-Pharmaclusters muss also keineswegs aus dem Nichts aufgebaut werden. Er kann sich vielmehr auf heutige Verhältnisse stützen, die im Wesentlichen nur noch umgepolt werden müssen: weg vom Big-Pharma-Geschäftsmodell, hin zum Dienst an der Öffentlichkeit. Es braucht den politischen Willen, ein dazu passendes Regelwerk zu etablieren, und es braucht die Bereitschaft, für die Startphase die nötigen Finanzmittel bereitzustellen.

In den USA sind die öffentlichen Geldmittel, die für eine solche Umpolung erforderlich sind, längst verfügbar. Die NIH verteilen über 80 Prozent ihres jährlichen Budgets von 40 Milliarden US-Dollar an Dritte (vgl. Kap. 9, S. 160) und funktionieren damit schon fast wie ein Finanzierungsfonds für einen Service-public-Cluster. (NIH 2022a) Die NIH müssten die Vergabe von Mitteln nur noch an entsprechende Bedingungen knüpfen, etwa an eine Politik der offenen Patente. Die NIH pflegen auch einen enormen Pool an Wissen und können damit die Zweckmäßigkeit von Mittelvergaben gut beurteilen. So betreiben sie eine Datenbank, in der nach 417 550 Studien aus fast allen Ländern der Welt gesucht werden kann. (NIH 2022b)

Steuerung und Finanzierung einer Pharma fürs Volk

Wie kann die Steuerung und die Finanzierung einer Pharma fürs Volk funktionieren? Dazu bieten sich Konzepte an, die unter dem Begriff Delinkage diskutiert werden. Sie sind und unter anderem vom Thinktank Knowledge Ecology International (KEI) entwickelt worden. KEI möchte Lösungsansätze zur Nutzung von Wissensressourcen voranbringen, mit denen soziale Ziele erreicht werden. Der Thinktank will sich damit insbesondere bei internationalen Organisationen wie der WHO Gehör verschaffen. Zu seinem Beirat gehören unter anderem die Nobelpreisträger für Wirtschaftswissenschaft Joseph Stiglitz und Amartya Sen. Beim Konzept der Delinkage geht es um Methoden, mit denen die pharmazeutische Forschung und Entwicklung aus ihrer Koppelung an Monopolpreise herausgelöst werden kann. Dies soll zum Beispiel durch eine öffentliche Finanzierung der F&E mittels entsprechender Fonds erreicht werden (Love 2014; 2016).

Der Vorschlag solcher Fonds ist nicht neu. Er wird auch von der Expert:innengruppe zu »Forschung und Entwicklung: Finanzierung und Koordination« formuliert, die 2010 von der Weltgesundheitsversammlung (WHA), dem obersten Organ der WHO, berufen wurde. Zwei Jahre später unterbreitet die Gruppe ihren Bericht, in dem sie die Schaffung eines globalen F&E-Fonds unter der Führung der WHO vorschlägt. Der Fonds soll insbesondere die Entwicklung von Arzneimitteln gegen vernachlässigte Krankheiten fördern. Die WHO-Mitgliedsländer sollen verpflichtet werden, den Fonds mit mindestens 0,01 Prozent ihres BIP zu finanzieren. Darüber hinaus werden die Industrieländer aufgefordert, weitere Finanzen im Umfang von bis zu 0,2 BIP-Prozenten in öffentlich gesteuerte medizinische Forschungen zu investieren. (WHO 2012; Balasegaram u. a. 2015)

Leider gelingt es Big Pharma und den Regierungen ihrer Standortnationen immer wieder, in der WHA oder der WTO neue

Lösungswege zu blockieren – so auch diesen Vorschlag der Expert:innengruppe. Die Kräfte, die für entsprechende Projekte einstehen, müssen sich deshalb zu unabhängigen Bündnissen zusammenschließen. Ein entscheidender Schritt ist geschafft, wenn dabei eine kritische Masse an Finanzen und Akteuren in der Größenordnung eines großen Pharmakonzerns zusammenkommt, mit einem jährlichen Investitionsvolumen von fünf bis zehn Milliarden US-Dollar und einer eigenen globalen Vertriebsorganisation. Letztere könnte zum Beispiel in Zusammenarbeit mit Ärzten ohne Grenzen aufgebaut werden. Ein solches Vorhaben kann auch ein kleineres, wirtschaftlich potentes Land wie die Schweiz voranbringen. Das ist nicht weniger realistisch als all die politischen Vorhaben, mit denen in den letzten 150 Jahren öffentliche Dienste geschaffen worden sind, etwa in der Energieversorgung, im Transportwesen oder in der Telekommunikation. All diesen Vorhaben ist immer mächtiger Widerstand begegnet. Das wird in diesem Fall nicht anders sein.

Dem Projekt eines Service-public-Pharmaclusters käme zugute, dass er nicht auf eine zentrale, hierarchische Steuerung ausgelegt werden muss. Es reicht aus, die diversen Akteure in ein gemeinsames Regelwerk einzubinden (vgl. Kap. 9, S. 149). Viele bestehende Organisationen wie die GARDP oder DND*i* können sich beteiligen, ohne dass sie ihre Eigenständigkeit und Aktionsfreiheit verlieren. Vielmehr dürften sie umgekehrt damit rechnen, dass sich ihr Wirkungskreis erheblich ausweitet. Auch Vergesellschaftungen großer Pharmakonzerne könnten zum Thema werden. Ein oder mehrere vergesellschaftete Pharmakonzerne würden dann das Rückgrat eines Service-public-Pharmaclusters bilden.

Neue Regeln für Big Pharma

Ein einmal etablierter Service-public-Pharmacluster ist ein wichtiger Hebel, um die privaten Konzerne auf neue Regeln zu verpflichten und das Oligopol von Big Pharma samt seiner Blockademacht zu durchbrechen. So können die Voraussetzungen geschaffen werden, die Pharmabranche im Sinne des Gemeinwohls umzugestalten. Neben den Regeln, die innerhalb eines Service-public-Pharmaclusters Geltung haben sollen, müssen auch die Rahmenbedingungen für die gesamte Pharmabranche neu gesetzt werden. Fünf erforderliche neue Regulierungen der kommerziellen Pharmamärkte und -unternehmen seien hier skizziert.

1. Alle Ergebnisse aus öffentlicher und öffentlich finanzierter F&E werden zu offenen Patenten. Wenn private Konzerne eigene, private Patente halten wollen, müssen sie den dafür erforderlichen Forschungsaufwand selbst erbringen und finanzieren.
2. Alle klinischen Studien, auch die von privaten Konzernen beauftragten, werden von unabhängigen Gremien geleitet und überwacht. Sämtliche klinischen Forschungsergebnisse werden publiziert.
3. Zugelassen werden nur Arzneimittel, die gegenüber bereits verfügbaren Therapien einen eindeutig feststellbaren Zusatznutzen aufweisen.
4. Arzneimittelpreise werden öffentlich auf der Basis von transparent ausgewiesenen und plausiblen Kosten für Forschung, Entwicklung, Produktion und Vertrieb festgelegt. Ein Preiszuschlag in den reichen Ländern wird für Preissenkungen in ärmeren Ländern verwendet. Bei der Preisfestsetzung wird ein Gewinn von 10 Prozent gewährt.
5. Eine Ausweitung des Patentrechts in Richtung Therapieverfahren wird unterbunden. Immunzelltherapien zum Beispiel gehören in die öffentliche Hand.

11. Realistische Schritte für eine Veränderung

Kaum jemand bezweifelt, dass wir mit einer Arzneimittelkrise konfrontiert sind. Auch Vertreter:innen der großen Pharmakonzerne und ihrer Lobbyorganisationen räumen ein, dass längst nicht alle Menschen Zugang zu benötigten Arzneimitteln haben, dass Medikamente für vernachlässigte Krankheiten fehlen und dass sich neue Lücken aufgetan haben, etwa bei den Antibiotika. Entsprechend gibt es denn auch eine Vielzahl von Vorstellungen darüber, wie diese Probleme zu lösen seien.

Wie erfolgversprechend ist die Strategie eines Service-public-Pharmaclusters? Wie könnten andere Strategien zur Bewältigung der Arzneimittelkrise aussehen? Brauchen wir überhaupt eine Verstärkung der Arzneimittelversorgung, oder sind wir nicht zu sehr eingebunden in eine übermedikalisierte Schulmedizin? Wie behauptet sich der Public-Service-Pharmaclusters im gesellschaftlichen, ökonomischen und ökologischen Kontext?

Einwände gegen einen Service-public-Pharmacluster

1. Ein öffentlicher Pharmacluster führt uns noch mehr in den Sog einer problematischen Schulmedizin.

Das Argument: Die Schulmedizin wird beherrscht von der Vorstellung, Körper ließen sich wie ein Auto reparieren, und Krankheiten ließen sich mit Medikamenten beseitigen. Das hat viel Schaden angerichtet und die Menschen ihrem Körper entfremdet. Eine Pharma fürs Volk bleibt dieser Vorstellung verhaftet. Die Fixierung auf Pillen und Spritzen ist das Problem, nicht die Lösung.

Unbestreitbar hat die Medikalisierung der Medizin zum Teil fatale Folgen. Einer der ersten und pointiertesten Kritiker dieser Fehlentwicklung war Ivan Illich. Er schreibt, die etablierte Medizin habe sich »zu einer ernsthaften Gefahr für die Gesundheit entwickelt«, habe zu einer »Medikalisierung des Lebens« geführt, sei Teil einer Industrie, die in destruktiver Weise über die Gesellschaft herrsche und die in ihren Wirkungen kontraproduktiv geworden sei. (Illich 2021, S. 9, 31, 150 ff.) Weitere Kritiker:innen betonen die Bedeutung der Trennung von Körper und Seele als »Voraussetzung für das Funktionieren des Medizinbetriebes: Im Krankheitsfall wird der Körper abgegeben wie das Auto in der Werkstatt, sein unvermeidlicher Besitzer nicht weiter ernst genommen.« (Ritter 1982, S. 42)

Das klingt, als sollte die Pharmabranche insgesamt zurückgedrängt werden. In dieser Haltung verbirgt sich allerdings eine zu einfache und naturalistische Sicht auf Krankheit und Gesundheit. (Vgl. Kap. 7, S. 116) Menschen werden nur als Teil der Natur gesehen. Menschen sind aber ebenso eingebettet in Gesellschaften. Unsere Körper unterliegen zwar den Gesetzmäßigkeiten der Biologie, doch wir leben nur noch mittelbar in der Natur. Bereits mit der Ausbildung der Land- und Viehwirtschaft haben Menschen neue Ökotope geschaffen. So ist die Mehrzahl der Krankheitserreger, darunter Masern, Pocken und Pest, erst durch Viehwirtschaft und Verstädterung entstanden. Unsere Körperlichkeit, unsere Vorstellungen von Gesundheit, Krankheit und Pflege sind Teil unseres gesellschaftlichen Seins und seiner materiellen Bedingungen. Seit 200 Jahren ist dieses Sein eingewoben in die Widersprüche der kapitalistischen Wettbewerbsgesellschaft. Wir müssen fit sein für eine Arbeitswelt, in der laufend mehr Anforderungen gestellt werden. Gesundheit, Kommerz, Konsum stehen in ständigem Widerstreit. Erforscht, entwickelt und vertrieben wird, was sich profitabel verwerten lässt. Das Ergebnis ist eine heimtückische Vermischung von Nutzen und kommerziellen Interessen.

Durch die Entkopplung von Kommerz und Gesundheitsversorgung können wir das Spektrum von Forschung und Entwicklung verändern und ausweiten. Zum einen betrifft das bekannte Standardmedikamente, die sich in neuen Anwendungsgebieten als wirksam erweisen. Da dafür keine neuen Patente eingelöst werden können, wird hier zu wenig geforscht, obwohl sich für solche Medikamente immer wieder neue Einsatzmöglichkeiten zeigen. Thalidomid etwa, der Wirkstoff von Contergan, hat sich im Kampf gegen Knochenmarkkrebs (multiples Myelom) als effektiv erwiesen. Beim HIV-Mittel Nelfinavir hat sich gezeigt, dass es auch die Wirksamkeit gängiger Medikamente gegen Knochenmarkkrebs entscheidend verbessert. (Lutterotti 2018) Acetylsalicylsäure (Aspirin) senkt Fieber und lindert Schmerzen, eignet sich aber auch, um Schlaganfällen und Herzinfarkten vorzubeugen. Mittlerweile gibt es sogar eine Nichtregierungsorganisation, die sich ausschließlich der Erforschung alter Medikamente in neuen Einsatzgebieten widmet: Cures Within Reach (www.cureswithinreach.org).

Zum anderen betrifft das die vielen Bereiche, die unter die Bezeichnung »Alternativmedizin« fallen (vgl. Kap. 7, S. 113). Das reicht von Hausmitteln, wie dem Auflegen von Schwarzteebeuteln gegen entzündete Augen, über die vielen Zusammenhänge der Ernährung mit Krankheiten, auch in der Wechselwirkung mit Medikamenten, bis zu Therapieformen wie Yoga oder Tai-Chi oder Intervallfasten. (Cabo, Mattson 2017) Eine Pharma fürs Volk bietet gute Voraussetzungen, die Forschung und den Blick auszuweiten und der Dominanz der Medikalisierung entgegenzuwirken.

2. Lösungen müssen mit den Pharmakonzernen zusammen gefunden werden, nicht gegen sie.

Das Argument: Es ist weitaus wirkungsvoller, Lösungen zusammen mit der privaten Pharmaindustrie zu entwickeln und ihre Stärken zu nutzen, als sie zu bekämpfen. Die Pharmakonzerne herauszufordern, blockiert konkrete Fortschritte in der Sache. Auch eine noch so berechtigte Kritik an Big Pharma ändert nun mal nichts an den realen Kräfteverhältnissen.

Niemand repräsentiert diese Haltung besser als Melinda und Bill Gates. Ihre philanthropische Bill&Melinda Gates Foundation gilt als die größte Stiftung der Welt. 2021 verteilte sie 6,7 Milliarden US-Dollar Fördergelder an 1381 Einrichtungen. (Wikipedia 2022f) Ein Schwerpunkt ihrer Aktivitäten ist die Gesundheitspolitik. Die Stiftung hat wesentlich zur Gründung und zum Aufbau der Global Alliance for Vaccines and Immunisation (GAVI) beigetragen; weitere Unterstützer der GAVI sind die WHO, die UNESCO und etliche Regierungen. Seit ihrer Gründung im Jahr 2000 hat die GAVI Impfungen für 760 Millionen Kinder finanziert und dabei schätzungsweise 13 Millionen Kinder vor dem Tod bewahrt.

Bill Gates bestätigt in seinem neuen Buch *Wie wir die nächste Pandemie verhindern*, dass es im Gesundheitsbereich zu Marktversagen kommt, etwa bei der Arzneimittelversorgung der Bevölkerungen ärmerer Länder. Er kritisiert, dass öffentliche Einrichtungen wie die WHO »nicht annähernd genug Geld und Unterstützung von staatlichen Stellen bekommen« (Gates 2022, S. 26). Deshalb engagiere sich seine Stiftung in diesen Bereichen. Diese Aussage steht allerdings in deutlicher Spannung zu den Steuervermeidungspraktiken, wie sie auch von Microsoft praktiziert werden, und bewirken, dass den Staaten das erforderliche Geld zum Beispiel für höhere WHO-Beiträge fehlen.

Für Gates steht fest, dass Gewinnstreben und Privatwirtschaft segensreich sind. Gewinnstreben sei »nun mal das stärkste Motiv, um möglichst schnell neue Produkte zu entwickeln«. Die Aufgabe des Staates sei es, in die Grundlagenforschung zu investieren, ein gedeihliches Umfeld für Innovationen sowie Märkte und Anreize zu schaffen. Und falls wegen Marktversagens Lücken entstehen, müssten eben Regierungen und gemeinnützige Organisationen diese Lücken füllen. (Gates 2022, S. 53 f.)

Bei allen Differenzen gibt es Berührungspunkte zwischen Bill Gates und dem Konzept eines Service-public-Pharmaclusters. Gates schlägt vor, schnell mit dem Aufbau einer globalen Organisation zur Bekämpfung künftiger Pandemien zu beginnen, die er Global Epidemic Response and Mobilisation Team (GERM-Team) nennt. Er kalkuliert mit jährlichen Kosten von einer Milliarde US-Dollar und einem Bedarf von 3000 Mitarbeiter:innen. (Gates 2022, S. 56 ff.) GERM-Mitarbeiter:innen würden vor allem in den nationalen Gesundheitsinstituten arbeiten und zusammen ein Netzwerk bilden für die Früherkennung neuer potenzieller Keime, für die Erstellung von Pandemiebekämpfungsplänen auf internationaler und nationaler Ebene, für die Koordination von Maßnahmen und für die laufende Überwachung des Pandemieverlaufes. Die Organisation solle bei der WHO angesiedelt sein. Der Vorschlag ist plausibel und passt in das Konzept eines globalen öffentlichen Gesundheitsdienstes.

Es geht nicht darum, dass Bill und Melinda Gates ihr philanthropisches Engagement einstellen sollen. Einrichtungen wie die Gates-Stiftung sind aber Ausdruck davon, dass der gesellschaftliche Reichtum fehlverteilt wird. Öffentliche Haushalte können ihre Aufgaben kaum mehr ausreichend finanzieren, während die Steuern auf Gewinne und hohe Einkommen in den letzten Jahrzehnten erheblich gesenkt wurden, nicht zuletzt auf Druck multinationaler Konzerne. In der Folge sind es immer weniger Staaten, die über Zweck und Verwendung der Ressourcen entscheiden, sondern private Konzerne und private Stiftungen. Das Budget der WHO etwa, aus dem sie ihre gesamte Kerntätigkeit finanzieren muss, liegt bei 500 Millionen US-Dollar jährlich. Weitere Mittel im Umfang von circa zwei Milliarden US-Dollar sind zweckgebunden. Das Jahresvolumen der Gates-Stiftung für Vergaben liegt rund dreizehnmal höher als das WHO-Regelbudget – von den Umsätzen und Gewinnen der großen Pharmakonzerne ganz zu schweigen.

Einrichtungen wie die Gates-Stiftung spielen eine zwiespältige Rolle. Sie finanzieren Arzneimittel für die einkommensschwachen Länder und retten damit vielen das Leben. Auf der anderen Seite stützen sie die Macht der Pharmakonzerne. Ihre Finanzierung von Arzneimitteln für arme Länder erleichtert den Konzernen den Zugang zu diesen Märkten, ohne dass sie ihre hohen Profitraten infrage stellen müssen. Einrichtungen wie die Gates-Stiftung belassen eine Logik, die immer wieder von neuem zu Ungleichheit beiträgt. Sie verhindern nicht, dass Pharmaunternehmen immer wieder neue Problemherde schaffen. Deshalb braucht es einen öffentlichen Pharmaakteur, der dieser Logik Paroli bietet.

3. Auch ein Service-public-Pharmacluster stopft nur die Löcher, die die private Pharmabranche reißt.

Das Argument: Die Gewinne sind privat, die Kosten werden der Allgemeinheit aufgebürdet. Das ändert sich mit einem Service-public-Pharmacluster nicht.

Tatsächlich dominiert heute dieses Muster, auch im Pharmabereich. Die öffentliche Hand und die Zivilgesellschaften intervenieren dort, wo Big Pharma fehlt, Lücken hinterlässt und Probleme schafft. Das betrifft die Grundlagenforschung, die Forschung und Entwicklung von Arzneimitteln in unrentablen Bereichen, die Sicherung des Zugangs zu Medikamenten in ärmeren Ländern und die Produktion von weniger lukrativen Generika.

Ein Service-public-Pharmacluster muss über dieses Muster hinausgehen. Er soll auch in lukrativen Bereichen wie der Krebsbehandlung, der Immunzelltherapien, der mRNA-Technologien oder der Neurologie tätig sein. Genau in diesen Sparten stellt sich das Problem der extremen Preise, wodurch sich die Kluft zwischen reichen und ärmeren Nationen verbreitert und auch in reichen Ländern eine Mehrklassenmedizin entsteht. Auch Zivilisationskrankheiten wie Krebs oder Diabetes sind längst nicht mehr vorrangig auf die reichen Nationen beschränkt, sondern breiten sich in ärmeren Ländern rasant aus.

Es ist also notwendig, das Muster der Spaltung in private Profite und öffentliche Kosten zu überwinden. Ein Service-public-Pharmacluster soll Gewinne erwirtschaften können und im Bereich Forschung und Entwicklung eine führende Rolle einnehmen. Er muss für Forscher:innen und Start-ups attraktiver sein als die Privatwirtschaft, weil Ergebnisse aus der Grundlagenforschung besser genutzt werden können, weil die Finanzierung stabiler ist und weil der Nutzen für Kranke und für die öffentliche Gesundheit im Zentrum steht. Ein Service-public-Cluster muss in der Pharmabranche eine Führungsrolle einnehmen und nicht die des Besenwagens.

4. Die großen Pharmakonzerne müssen vergesellschaftet werden – alles andere bringt uns nicht wirklich weiter.

Das Argument: Nur die Vergesellschaftung aller oder zumindest einer bedeutenden Zahl von großen Pharmakonzernen wirkt als Gamechanger. Ein Service-public-Cluster weicht hingegen der entscheidenden Machtfrage aus. Er verwickelt uns in Kleinkriege um Ressourcen, Märkte und Regularien, die die Pharmakonzerne dank ihrer Macht in der Regel gewinnen werden. Besser ist es, die Öffentlichkeit vereint alle relevanten Ressourcen und Machtpositionen in ihrer Hand.

Die Vergesellschaftung von Pharmagroßkonzernen kann und muss in Betracht gezogen werden. Das ist aber kein einfaches Unterfangen. Die Pharmakonzerne, die nur beschränkt oder nicht an lokal verankerte Ressourcen wie Rohstoffvorkommen, Bodenbesitz oder teure Fabrikationsanlagen gebunden sind, lassen sich von einem Territorialstaat nur schwer dingfest machen. Sie verfügen über viele Instrumente, sich einer Enteignung zu entziehen, wie die Verlagerung der Konzernvermögen, die Verlegung des Hauptsitzes in ein anderes Land, die Aufspaltung in mehrere Unternehmen oder den Verkauf an eine Firma außerhalb des Zugriffs. Wegen der herausragenden Bedeutung des US-Pharmamarktes hätte wohl vor allem die US-Regierung die nötige Macht, um Pharmakonzerne zu verstaatlichen.

Es wäre deshalb falsch, sich zu sehr auf eine Vergesellschaftung zu fixieren. Vielmehr könnten gerade durch einen öffentlichen Pharmacluster Kräfteverhältnisse aufgebaut werden, die eine Vergesellschaftung privater Konzerne realistischer werden lassen. Mit dem Cluster ließe sich überdies eine gemeinnützige Struktur vorbereiten, in die ein vergesellschafteter Konzern integriert und dabei am Gemeinwohl ausgerichtet werden könnte. Denn eine bloße Verstaatlichung ohne Änderungen der Geschäftspolitik brächte dem Staat zwar neue Einkommensquellen, aber keinen Zugewinn für die Allgemeinheit.

Den Belegschaften der beteiligten Unternehmen kommt eine entscheidende Rolle zu. Sie wären in der Lage, sich Versuchen zur Hintertreibung oder zur Sabotage einer Vergesellschaftung zu widersetzen. Wichtig sind natürlich auch die Beschäftigten innerhalb eines Service-public-Clusters: Ihre Loyalität sollte den Zielen dieses Clusters gelten, und sie müssen dem Sog der Profitorientierung widerstehen, der ja nicht von heute auf morgen verschwindet. In diesem Sinn steht und fällt der Cluster-Vorschlag mit dem Geschick und dem Willen einer ausreichend großen Zahl von Menschen, sich für ein solches Projekt einzusetzen.

5. Entscheidend ist die Abschaffung von Patenten auf Arzneimittel.

Das Argument: Die Abschaffung der Patente auf Arzneimittel ist der zentrale Hebel einer Veränderung. Sie sorgt mit einem Schlag für Wettbewerb, faire Preise und mehr Orientierung am Bedarf. Ohne Monopole ist dem Blockbuster-Geschäftsmodell die Basis entzogen, und der Markt bestimmt die Arzneimittelpreise.

Die Abschaffung der Patente würde die Spielregeln in der Pharmabranche tatsächlich massiv verändern. Dafür muss das TRIPS-Abkommen reformiert werden, oder es müssen genügend Länder einen Ausstieg aus dem Abkommen vollziehen. Gleichzeitig lässt sich mit den Instrumenten der offenen Patente und der Zwangslizenzen parallel dafür kämpfen, die Resultate öffentlicher und öffentlich finanzierter Forschung nicht der privatwirtschaftlichen Verwertung zu überlassen. Zudem sollen sämtliche Forschungsergebnisse, die in öffentlichen Institutionen erarbeitet und/oder mit öffentlichen Finanzmitteln ermöglicht werden, in Form von offenen Patenten für die Allgemeinheit gesichert werden.

Die Abschaffung der Patente allein reicht allerdings nicht. Solange die gesamte Pharmaindustrie der Logik der Kapitalverwertung unterworfen ist, wird gemacht, was rentiert, und nicht gemacht, was nicht rentiert. Krankheiten, die vorwiegend in ärmeren Ländern auftauchen, werden weiterhin vernachlässigt; neue Antibiotika würden weiterhin nicht entwickelt. Zudem verfügen Konzerne über weitere Instrumente, um Monopolstellungen verteidigen zu können. So könnten Patente zumindest zum Teil durch Geschäftsgeheimnisse ersetzt werden.

6. Ein Service-public-Pharmacluster würde durch politische Kontroversen und Interessengegensätze und die eigene Bürokratie gelähmt.

Das Argument: Ein großes, global aufgestelltes Gebilde, das die Interessen von Dutzenden von Ländern unter einen Hut bringen und Tausende von Akteuren koordinieren muss, wird zwangsläufig von der eigenen Bürokratie erdrückt. Schon die vergleichsweise bescheiden ausgestattete WHO leidet an solchen Problemen.

Unkontrollierte und überbordende Bürokratien stellen für jede Institution eine Gefahr dar. Sie tendieren dazu, das regelbasierte Abhandeln von Vorgängen über alles andere zu stellen und dabei Eigeninitiative und Innovation zu hemmen. Sie tendieren dazu, bewahrende Eigeninteressen auszubilden, etwa bei der Vergabe von Stellen, Einfluss und Privilegien oder durch die Herausbildung von kleinen Königreichen innerhalb der Organisation. Ebenso können sich politische Blockbildungen und Machtkämpfe zwischen Ländern lähmend auswirken.

Ein Service-public-Pharmacluster ist jedoch keine zentral geleitete Organisation, sondern ein Zusammenspiel vieler Akteure, die gemeinsame Ziele verfolgen und sich dabei an gemeinsame Grundregeln halten. Diese Akteure besitzen volle Handlungsfreiheit und können in verschiedensten Konstellationen zusammenarbeiten

Selbstverständlich braucht es koordinierende Instanzen, und bestimmte Aufgaben werden sinnvollerweise gebündelt, zum Beispiel in einer globalen Vertriebsorganisation. Hier kann es zu Bürokratisierungen kommen, und dies ist im Auge zu behalten. Maßnahmen wie hohe Transparenz, gut etablierte Kontrollgremien und Mitbestimmungsrechte der Beschäftigten sind in der Lage, gegenzusteuern.

7. Alles schön und gut – aber wer soll einen Service-public-Cluster finanzieren?

Das Argument: Für den Aufbau eines Service-public-Pharmaclusters ist ein zweistelliger Milliardenbetrag erforderlich. Wer soll diesen Betrag aufbringen?

Die Akteure, die für einen solchen Cluster zusammenwirken müssten, gibt es, und sie sind aktiv: die Grundlagenforschung, die von der öffentlichen Hand finanziert wird und aus der praktisch alle Ansätze für neue Arzneimittel stammen; forschende Unternehmen, die zum Teil für eine Ausrichtung auf einen öffentlichen Pharmacluster gewonnen werden; Initiativen wie die GARDP oder DND*i*, die ohne kommerzielle Interessen neue Arzneimittel entwickeln; Nichtregierungsorganisationen, die sich für durchdachte Konzepte wie offene Patente einsetzen; viele zivilgesellschaftliche Organisationen, die sich für öffentliche Gesundheitsbelange starkmachen, zum Beispiel für die medizinische Versorgung der Bevölkerungen in ärmeren Ländern; öffentliche Finanzierungsfonds wie die National Health Institutes (NIH).

Von den möglichen Akteuren sind nur die NIH in der Lage, aus eigener Finanzkraft einen Prozess in Richtung eines Service-public-Clusters anzustoßen. Alle anderen müssen neue Geldquellen finden. Dafür müsste sich die öffentliche Hand eines oder mehrerer Länder engagieren. Die Schweiz zum Beispiel könnte dies bewerkstelligen. Erforderlich wären Finanzmittel von schätzungsweise jährlich einer Milliarde US-Dollar über zehn Jahre, um den Cluster aufzubauen. Danach dürfte er sich über die Verkäufe seiner Arzneimittel selbst tragen können.

Pharmastandort Schweiz

Die Schweiz gehört zu den wichtigsten Pharmastandorten der Welt. Sie ist Sitz von zwei der weltweit größten Pharmakonzerne, Roche und Novartis. Viele weitere Großkonzerne haben bedeutende Niederlassungen. 250 Start-ups und KMU gibt es hier. Sie arbeiten hauptsächlich an der Entwicklung neuer Arzneimittel. (Swiss Biotech 2022a, S. 13) In der Schweiz erzielt die Pharmabranche 2020 rund 61,4 Milliarden Franken Wertschöpfung (etwa 9 % des BIP). In keinem anderen Land hat sie einen derart hohen Stellenwert. (Interpharma 2020) Am eindrücklichsten ist ihr Anteil an den Güterexporten, der von 17,2 Prozent 1998 auf 44,5 Prozent 2020 angestiegen ist (vgl. Grafik 12). Und nirgendwo haben so viele internationale Gesundheitsorganisationen ihren Sitz wie in der Schweiz, allen voran die WHO, die DND*i* und die GARDP.

Grafik 12

Branchenanteile an den Güterexporten der Schweiz 1998–2020 (ohne Dienstleistungen)

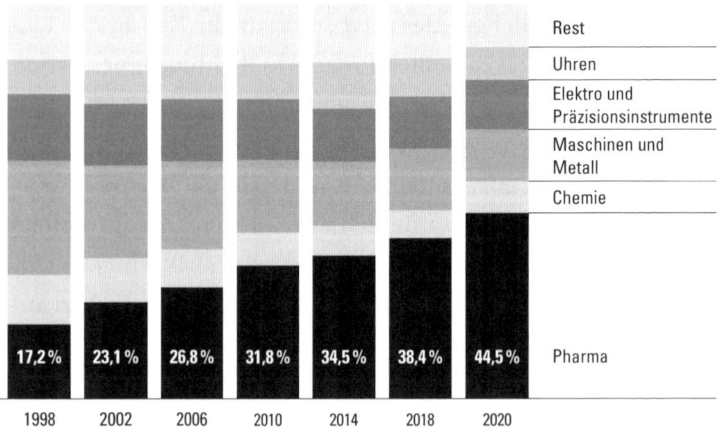

Daten: BAK Economics 2021

Diese Sonderstellung der Schweiz birgt ein hohes Potenzial, verändernd einzugreifen, und eine hohe Verantwortung, dies auch zu tun. Die Schweiz kann den entscheidenden Anstoß zur Bildung eines globalen Service-public-Pharmaclusters geben.

Sandoz fürs Volk

Sandoz ist der Name eines 1886 gegründeten Chemie- und Pharmakonzerns, der 1995 mit Ciba-Geigy zu Novartis fusioniert. Unter dem Namen Sandoz führt Novartis das Generikageschäft weiter. Sandoz ist heute eine der führenden Generikamarken und der weltweit größte Hersteller von Antibiotika. Der Jahresumsatz beläuft sich auf rund 9,5 Milliarden US-Dollar.

Im September 2018 kündigt Novartis an, den Generikabereich zu restrukturieren und als eigenständige Abteilung aufzustellen. Es wird spekuliert, Novartis wolle die Generikasparte verkaufen. Der Konzern dementiert. Im Oktober 2021 kommt die Ankündigung, Novartis wolle nun doch »alle Optionen prüfen«, also auch den Verkauf von Sandoz. Im August 2022 gibt der Konzern bekannt, dass er Sandoz vermutlich als eigenständiges Unternehmen ausgliedern und die neuen Sandoz-Aktien seinen eigenen Aktionär:innen übertragen will. Er sei aber nach wie vor für Übernahmeangebote offen.

Die Gewinnmargen sind im Generikageschäft deutlich geringer als im Blockbuster-Geschäft mit patentgeschützten Arzneimitteln. Die Aktionäre und die Finanzmarktakteure bewerten die Profitabilität viel höher als eine solide industrielle Basis und eine breitere Aufstellung, die unter anderem auch den gesellschaftlichen Bedarf berücksichtigte und die auch dazu dienen könnte, für die patentierten Arzneimittel nach Ablauf der Patentfrist eigene Generika anzubieten. Wenn Novartis Sandoz verkauft oder ausgliedert, dann verzichtet der Konzern auf einen Fünftel des Geschäftsvolumens, um die Finanzmärkte zu bedienen und die Profitrate zu steigern.

Damit bietet sich eine höchst interessante Gelegenheit für die öffentliche Hand. Der Bund könnte Sandoz übernehmen und zum Rückgrat eines Service-public-Clusters machen. Dabei müsste Druck auf Novartis ausgeübt werden, im Interesse der öffentlichen Versorgung einen tiefen Verkaufspreis zu akzeptieren. Ein erhebliches öffentliches Interesse steht den rein finanziellen Interessen der Aktionär:innen gegenüber.

Den Vorschlag, Sandoz in öffentliche Hände zu überführen, habe ich bereits 2019 formuliert, (Ringger 2019b) nachdem Novartis die entsprechenden Umstrukturierungen angekündigt hatte. Daraufhin haben die damalige Juso-Präsidentin Ronja Jansen und der sozialdemokratische Nationalrat Samuel Bendahan einen parlamentarischen Vorstoß eingereicht, die Schweizer Regierung solle Verhandlungen aufnehmen oder andere Vorkehrungen treffen, »um das Unternehmen Sandoz, ein Teilkonzern des Pharmakonzerns Novartis, zu erwerben. Der Bund kann diesen Erwerb direkt oder indirekt, möglicherweise über Partnerschaften, vornehmen, aber das Ziel ist es, dass er die wirtschaftliche Kontrolle über das Unternehmen erhält, um eine Unternehmensführung im Dienste des Gemeinwohls einrichten zu können« (Bendahan 2022). Der Zeitpunkt für einen solchen Schritt wäre günstig. Die vermehrt auftretenden Lieferengpässe, die zunehmenden Antibiotikaresistenzen und all die Versorgungsfragen, die sich im Zusammenhang mit der Corona-Pandemie stellen, haben die Politik aufgeschreckt. Mit dem revidierten Covid-19-Gesetz ist im Herbst 2021 auch eine gesetzliche Basis für eine Übernahme von Sandoz durch den Bund geschaffen worden. (Ringger 2022)

Der Bundesrat empfiehlt dem Parlament allerdings, den Antrag von Bendahan und Jansen abzulehnen. Er sei für eine »nachhaltige Sicherstellung der Versorgung nicht zielführend. Der

Bundesrat hält einen solchen Kauf außerdem für einen zu weitreichenden Eingriff in die privatwirtschaftliche Ordnung der Arzneimittelproduktion« (Bendahan 2022). In den Auseinandersetzungen um die Bewältigung der Arzneimittelkrise darf das nicht das letzte Wort sein. Jahrzehntelang wurde das Lied dieser privatwirtschaftlichen Ordnung gesungen, doch von einer Bewältigung der Probleme sind wir weiter entfernt denn je.

Verschränkte Krisen

Am 15. März 2019 findet der erste Global Climate Strike for Future statt, an dem weltweit mehr als eine Million Schüler:innen in mehr als hundert Ländern teilnehmen. Die Klimastreikbewegung – ausgelöst durch den Sitzstreik von Greta Thunberg vor dem schwedischen Parlamentsgebäude – ist der Weckruf einer Generation, die weiß, dass ihre Zukunft von der Klimaerhitzung geprägt sein wird. Die Bewegung löst enormes Echo aus und sorgt unter anderem dafür, dass die Warnungen des Weltklimarates endlich das erforderliche Gehör finden. Dieser macht unmissverständlich klar, dass rasches, entschlossenes Handeln erforderlich ist. Nur so besteht noch eine reelle Chance, die Erde als Lebensraum weitgehend intakt zu erhalten. (Ringger 2019a)

Drei Jahre sind seither vergangen. Der erforderliche Kurswechsel hat nicht stattgefunden, und er zeichnet sich auch nicht ab. Nirgends auf der Welt sind Maßnahmen eingeleitet worden, die der Problemlage auch nur annähernd angemessen wären. Nirgends. Susan Boos schreibt, die aufziehende Klimakatastrophe fühle sich an wie eine endlose Wodkaparty, die sich nicht beenden lasse; nur wenige Nüchterne warnen, während sich die Übrigen ins Koma saufen. (Boos 2022) Der tägliche Blick in die Zeitungen macht dies deutlich. In Indien zum Beispiel nehmen gerade die Klimaanlagen exponentiell zu. Ihre Zahl wird sich bis 2028 auf über hundert Millionen etwa vervierfachen. Parallel steigt der Bedarf an Strom, der in Indien noch zu großen Teilen mit Kohle erzeugt wird. (Babst 2022) Die Folgen der Klimaerhitzung treiben die Klimaerhitzung weiter an.

Die Coronakrise wiederum ist nicht das singuläre, unvorhersehbare Ereignis, als das sie häufig dargestellt wird. Vielmehr wird die Menschheit seit einigen Jahrzehnten mit neuen Krankheitserregern konfrontiert, die von Tieren auf Menschen überspringen, weil wir immer stärker in die Wildhabitate dieser Tiere eindringen. Die Liste ist lang; AIDS, Ebola und Sars-CoV-2 sind nur die bekanntesten. Und die Klimaerhitzung verschlimmert diesen Krisenstrang. Tropenkrankheiten etwa wandern in bislang gemäßigte Klimazonen. Mit gutem Grund titelt die *Neue Zürcher Zeitung:* »Die Welt wird heisser und kränker«. (Lahrtz 2022)

Der globale Kapitalismus wird instabiler. Konflikte und Kriege bekommen eine neue Dynamik. Sie führen zu Ernährungs- und Versorgungskrisen, und sie erhöhen das Risiko für neue Gesundheitskrisen. Die Ukraine und Russland etwa sind Hotspots der multiresistenten Tuberkulosevarianten. Die Krisen verschränken sich. Veränderungen kommen unvorhersehbar und sprunghaft. Dabei stellen sich immer wieder die beiden Grundfragen: Gelingt es, soziale und demokratisch legitimierte Lösungen zu finden, oder bleiben die Interessen von Machteliten und globalen Großkonzernen bestimmend? Finden wir solidarische Wege, die sich an den Menschenrechten ausrichten, oder geraten wir immer mehr in den Sumpf eines Kampfes aller gegen alle?

In diesem Kontext ist der Vorschlag eines Service-public-Pharmaclusters besonders bedeutsam. Wir brauchen dringend neue Handlungsmuster, die uns zeigen, wie die öffentlichen Interessen gegenüber den Gewinninteressen der großen Konzerne durchgesetzt und gefährliche Nationalismen zugunsten von kooperativen Lösungen zurückgedrängt werden können. Der Aufbau eines global tätigen Public-Service-Pharmaclusters wäre ein solches Muster. Er würde die Handlungsfähigkeit der Weltgemeinschaft stärken und positive Erfahrungen vermitteln, wie Krisen erfolgreich gemeistert werden können. Er würde die Lähmung durchbrechen, die von der scheinbar unantastbaren Macht globaler Konzerne und den mit ihnen verbündeten Regierungen ausgeht.

Literatur

Für Informationen, die den bekannten und gesicherten Forschungsstand wiedergeben und leicht im Internet, etwa in Wikipedia, auffindbar sind, werden keine Quellen angegeben.

Im Original englischsprachige Zitate wurden vom Autor übersetzt.

Aerzteblatt.de (2012), AMD: Lucentis und Avastin langfristig gleichwertig, www.aerzteblatt.de/nachrichten/50052/AMD-Lucentis-und-Avastin-langfristig-gleichwertig (19. April 2022)

AFL-CIO, American Federation of Labor and Congress of Industrial Organizations (2020), https://aflcio.org/executive-paywatch/highest-paid-ceos, Suche: Health Care (6. März 2022)

Agarwal, Surabhi (2022), Research Synthesis. Benefit Corporations in Pharmaceutical Product Development, Knowledge Portal on Innovation and Access to Medicines, www.knowledgeportalia.org/benefitcorporations (25. Mai 2022)

Allergieinformationsdienst.de (2019), Bauernhofbakterien schützen auch in der Stadt vor Asthma, www.allergieinformationsdienst.de/news/article/bauernhofbakterien-schuetzen-auch-in-der-stadt-vor-asthma.html (10. Mai 2022)

Angell, Marcia (2005), Der Pharma-Bluff. Wie innovativ die Pillenindustrie wirklich ist, Bonn, Bad Homburg

Antimicrobial Resistance Collaborators (2022), Global burden of bacterial antimicrobial resistance in 2019: a systematic analysis, in: The Lancet, 2022, Bd. 399, S. 629–655, www.thelancet.com/journals/lancet/article/PIIS0140-6736(21)02724-0/fulltext#seccestitle190 (9. August 2022)

Arnold, Denis G., Oscar Jerome Stewart, Tammy Beck (2020), Financial Penalties Imposed on Large Pharmaceutical Firms for Illegal Activities, in: Journal of the American Medical Association JAMA, 17. November 2020, S. 1995–1997, www.ncbi.nlm.nih.gov/pmc/articles/PMC7672515 (28. Februar 2022)

Ärzte ohne Grenzen (2021), Impfstofftechnologie teilen, Leben retten, www.aerzte-ohne-grenzen.de/sites/default/files/2021-10/briefing-technologietransfer-mrna-impfstoff-covid-19-2021.pdf (13. August 2022)

Babst, Andreas (2022), Wie kühlt man eine Welt, die immer heisser wird?, in: Neue Zürcher Zeitung, 29. Juni 2022

BAK Economics (2021), Bedeutung der Pharmaindustrie für die Schweiz, Studie, Interpharma, www.interpharma.ch/wp-content/uploads/2021/11/BAK_Economics_Interpharma_Volkswirtschaftliche_Bedeutung_Pharmaindustrie_2020.pdf (6. Juli 2022)

Balasegaram, Manica, Christian Bréchot, Jeremy Farrar, David Heymann, Nirmal Ganguly, Martin Khor, Yves Lévy, Precious Matsoso, Ren Minghui, Bernard Pécoul, Liu Peilong, Marcel Tanner und John-Arne Røttingen (2015), A Global Biomedical R&D Fund and Mechanism for Innovations of Public Health Importance, in: PLOS Medicine, 11. Mai 2015, https://journals.plos.org/plosmedicine/article?id=10.1371/journal.pmed.1001831 (30. Mai 2022)

Bauer, Karin (2018), Multiresistente Keime. Pharma trägt dazu bei, dass Superkeime entstehen, SRF, www.srf.ch/sendungen/dok/pharma-traegt-dazu-bei-dass-superkeime-entstehen (23. März 2022)

Belmonte, Eva (2017), 4 years after the hepatitis C revolution, how much do new drugs cost?, www.civio.es/medicamentalia/2017/10/25/sovaldi-4-years-after-the-hepatitis-c-revolution-how-much-do-new-drugs-cost/ (28. März 2022)

Belz, Nina (2022), Schmerzmittel »made in France« – wie Frankreichs Regierung die Globalisierung rückgängig machen will, in: Neue Zürcher Zeitung, 22. Februar 2022, www.nzz.ch/wirtschaft/nach-der-pandemie-wie-frankreich-die-globalisierung-zurueckdreht-ld.1665055 (1. Juni 2022)

Bendahan, Samuel (2022), Für ein Pharmaunternehmen im Dienste der Bevölkerung. Parlamentarische Motion 21.4643, www.parlament.ch/de/ratsbetrieb/suche-curia-vista/geschaeft?AffairId=20214643, ebd. Stellungnahme des Bundesrates (7. Juli 2022)

Beyer, Peter (2020), Prekäre Versorgungssicherheit bei Antibiotika, Swiss Med Forum, 2020;20(4748):701-705, 18. November 2020, https://medicalforum.ch/de/detail/doi/smf.2020.08630 (27. Juni 2022)

BfArM, Bundesinstitut für Arzneimittel und Medizinprodukte (2021), Ranitidin: EMA überprüft ranitidinhaltige Arzneimittel aufgrund des Nachweises von N-Nitrosodimethylamin (NDMA), www.bfarm.de/SharedDocs/Risikoinformationen/Pharmakovigilanz/DE/RV_STP/m-r/ranitidin.html (25. April 2022)

BFS, Bundesamt für Statistik (2022), Kosten des Gesundheitswesens nach Leistungen, www.bfs.admin.ch/bfs/de/home/statistiken/gesundheit/kosten-finanzierung/kosten.assetdetail.22324819.html (7. Juni 2022)

Bödeker, Sebastian, Oliver Moldenhauer und Benedikt Rubbel (2005), Wissensallmende. Gegen die Privatisierung des Wissens der Welt durch »geistige Eigentumsrechte«, Hamburg

Boos, Susan (2022), Putin, das Gas und die Lösung, in: WOZ Die Wochenzeitung, 7. Juli 2022

BPI, Bundesverband der Pharmazeutischen Industrie (2021), Pharmadaten 2021, Berlin, www.bpi.de/fileadmin/user_upload/Downloads/Publikationen/Pharma-Daten/Pharma-Daten_2021_DE.pdf (4. Februar 2022)

Braun, Jessica (2021), Rätselhaftes Immunsystem, in: Das Magazin, Nr. 49

Brown, Dana (2019), Medicine For All. The case for a public option in the pharmaceutical industry, https://democracycollaborative.org/learn/publication/medicine-all-case-public-option-pharmaceutical-industry (24. Mai 2022)

Bruntschin, Christoph (2020), Vorwort in: Pharmastandort Schweiz 2020. Region Basel, S. 4, Interpharma, www.interpharma.ch/wp-content/uploads/2020/07/FINAL_Basel_DE-compressed.pdf (30. April 2022)

Bundesrat (2015), Strategie Antibiotikaresistenzen Schweiz, www.bag.admin.ch/dam/bag/de/dokumente/mt/star/strategie-star.pdf.download.pdf/strategie-antibiotikaresistenzen-ch.pdf (22. März 2022)

BWL, Bundesamt für wirtschaftliche Landesversorgung, Heilmittel, Aktuelle Versorgungsstörungen (laufend aktualisiert), www.bwl.admin.ch/bwl/de/home/themen/heilmittel/meldestelle/aktuelle_versorgungsstoerungen.html (25. April 2022)

Cabo, Rafael de, und Mark P. Mattson (2017), Effects of Intermittent Fasting on Health, Aging, and Disease, in: New England Journal of Medicine (NEJM) 26. Dezember 2019, S. 2541–2551, www.nejm.org/doi/pdf/10.1056/NEJMra1905136?articleTools=true (7. Juni 2022)

Carl, David L., und Kerstin N. Vokinger (2021), Patients' access to drugs with rebates in Switzerland – Empirical analysis and policy implications for drug pricing in Europe, The Lancet, www.thelancet.com/action/showPdf?pii=S2666-7762%2821%2900027-2 (16. April 2022)

Cassini, Alessandro, u. a. (2016), Burden of Six Healthcare-Associated Infections on European Population Health. Estimating Incidence-Based Disability-Adjusted Life Years through a Population Prevalence-Based Modelling Study, in: PLOS Medicine, 18. Oktober 2016, https://doi.org/10.1371/journal.pmed.1002150 (23. März 2022)

CDC, Centers for Disease Control and Prevention (2019), Antibiotic Resistance Threats in the United States, 2019, U.S. Department of Health and Human Services, Atlanta, www.cdc.gov/DrugResistance/Biggest-Threats.html (22. März 2022)

CDDEP, The Center for Disease Dynamics, Economics&Policy, (2021), The State of the World's Antibiotics 2021. A Global Analysis of Antimicrobial Resistance and Its Drivers, https://cddep.org/wp-content/uploads/2021/02/The-State-of-the-Worlds-Antibiotics-in-2021.pdf (23. März 2022)

CEO, Corporate Europe Observatory (2021), Big Pharma's lobbying firepower in Brussels: at least € 36 million at year (and likely far more), https://corporateeurope.org/en/2021/05/big-pharmas-lobbying-firepower-brussels-least-eu36-million-year-and-likely-far-more (5. März 2022)

Cerny, Thomas (2018), CAR-T's. Wer führt die virtuellen molekularen Operationssäle in den Onkologie-Zentren?, Editorial, in: info@onkologie, Nr. 5, file:///C:/Users/bring/Downloads/01_onko_05-18_Editorial_Cerny.pdf (17. Mai 2022)

Cerny, Thomas (2022), 20 Jahre Medizinische Onkologie, in: info@onco-suisse, Nr. 3

Cleary, Ekaterina Galkina, Jennifer M. Beierlein, Navleen Surjit Khanuja, Laura M. MacNamee und Fred D. Ledley (2018), Contribution of NIH funding to new drug approvals 2010–2016, in: PNAS. Proceedings of the National Academy of Sciences of the United States of America, 6. März 2018, S. 2329–2334

Collington, Rosie (2020), Who Benefits When the Price of Insulin Soars?, 16. April 2020, Institute for new economic thinking, www.ineteconomics.org/perspectives/blog/who-benefits-when-the-price-of-insulin-soar (28. Mai 2022)

Coukos, George (2019), Neue Krebstherapie: »Wir können jetzt Patienten mit grossen Metastasen sogar heilen«, Interview, in: NZZ am Sonntag, 29. Juli 2019, https://magazin.nzz.ch/wissen/krebs-koennte-zu-einer-heilbaren-krankheit-werden-ld.1498517 (17. Mai 2022)

Dall, Chris (2019), Achaogen bankruptcy raises worry over antibiotic pipeline, Center for Infectious Disease Research and Police, University of Minnesota, 16. April 2019, www.cidrap.umn.edu/news-perspective/2019/04/achaogen-bankruptcy-raises-worry-over-antibiotic-pipeline (22. März 2022)

Davis, Daniel M. (2019), Heilen aus eigener Kraft. Wie ein neues Verständnis unseres Immunsystems die Medizin revolutioniert, München

Deleu, Xavier (2022), Medikamentenmangel – Profitgier mit Todesfolge (Film), Arte, www.arte.tv/de/videos/097606-000-A/medikamentenmangel-profitgier-mit-todesfolge (26. April 2022)

Deloitte (2022), Nurturing growth. Measuring the return from pharmaceutical innovation 2021, www2.deloitte.com/content/dam/Deloitte/uk/Documents/life-sciences-health-care/Measuring-the-return-of-pharmaceutical-innovation-2021-Deloitte.pdf (2. März 2022)

Denknetz (2019), Wahr sagen. Kritische Öffentlichkeit, Demokratie und Macht, in: Denknetz-Zeitung, Nr. 6, Oktober 2019, www.denknetz.ch/wp-content/uploads/2020/09/Kerngruppe_kritische_Oeffentlichkeit.pdf (7. März 2022)

Denknetz-Arbeitsgruppe Big Pharma (2016), Toxic Pharma. Warum toxisch hohe Preise für Medikamente dringend eliminiert werden müssen, und warum es im Pharmabereich und der medizinischen Forschung einen starken, global vernetzten Service public braucht, www.denknetz.ch/wp-content/uploads/2017/07/toxic_pharma_12.12.16_def.pdf (1. Juni 2022)

Dettwiler, Christa (2021), Moderna verweigert der US-Gesundheitsbehörde Patentrechte, www.infosperber.ch/wirthaft/konzerne/moderna-verweigert-der-us-gesundheitsbehoerde-patentrechte (9. Juli 2020)

Deutsche Apotheker-Zeitung (2014), Billigeres Sofosbuvir für Entwicklungsländer, www.deutsche-apotheker-zeitung.de/news/artikel/2014/09/18/billigeres-sofosbuvir-fuer-entwicklungslaender (4. April 2022)

DND*i*, Drugs for Neglected Diseases initiative (2019), 15 Years of needs driven innovation for access. Key lessons, challenges, and opportunities for the future. https://dndi.org/wp-content/uploads/2019/10/DNDi_ModelPaper_2019.pdf (30. Mai 2022)

DND*i*, Drugs for Neglected Diseases initiative (2021a), Annual Report 2020, https://dndi.org/wp-content/uploads/2021/08/DNDi-AnnualReport-2020.pdf (30. Mai 2022)

DND*i*, Drugs for Neglected Diseases initiative (2021b), Financial and Performance Report 2020, https://dndi.org/wp-content/uploads/2021/06/DNDi-FinancialPerformanceReport-2020.pdf (30. Mai 2022)

Drews, Jürgen (1998), Die verspielte Zukunft, Basel

drugshortage.ch (2022), Lieferengpässe von Medikamenten (laufend aktualisiert). Die Site wird von der Schweizer Beratungsfirma Martinelli Consulting GmbH betrieben und gilt als seriös. drugshortage.ch (26. April 2022, 10. August 2022)

Dubler, Anne-Marie (2011), Schweizerisches Serum- & Impfinstitut Bern (Berna), in: Historisches Lexikon der Schweiz (HLS), 30. November 2011, https://hls-dhs-dss.ch/de/articles/041983/2011-11-30 (30. Mai 2022)

Eckert, Andreas, und Wolfgang Maennig (2021), Pharmainnovationen: überragende Position der USA und Schwächen der deutschen Forschung, https://link.springer.com/content/pdf/10.1007/s10273-021-2985-3.pdf (6. Juni 2022)

Egidi, Günther (2019), Welchen Stellenwert haben Insulinanaloga in der Behandlung des Diabetes?, Arzneimittelkommission der deutschen Ärzteschaft, www.akdae.de/Arzneimitteltherapie/AVP/Artikel/2020-1-2/066h/index.php (29. Mai 2022)

Engelhardt, Marc, und Bettina Rühl (2022), Die Krankheit der Ärmsten, in: Ware Weltgesundheit, Edition Le Monde diplomatique, Berlin, S. 35–37

Epstein, Gerald A. (Hg.) (2005), Financialization and the World Economy, Cheltenham, Northampton

Evaluate Pharma (2021), World Preview 2021 Outlook to 2026, https://info.evaluate.com/rs/607-YGS-364/images/WorldPreviewReport_Final_2021.pdf (15. April 2022)

EY (2019a), Externalizing pharma innovation is the winning strategy – now more than ever, https://assets.ey.com/content/dam/ey-sites/ey-com/en_gl/topics/life-sciences/life-sciences-pdfs/ey-external-innovation-paper.pdf?download (11. Juni 2022)

EY (2019b), Top 500 F&E: Wer investiert am meisten in Innovationen? Die 500 Unternehmen weltweit mit den höchsten Forschungs- und Entwicklungsausgaben, https://assets.ey.com/content/dam/ey-sites/ey-com/de_de/news/2019/07/ey-top-500-fe-unternehmen-der-welt-2019.pdf?download (24. März 2022)

EY (2021), Die größten Pharmafirmen weltweit. Analyse der wichtigsten Finanzkennzahlen der Geschäftsjahre 2018, 2019 und 2020, https://assets.ey.com/content/dam/ey-sites/ey-com/de_de/news/2021/06/ey-pharma-bilanzen-2021.pdf (1. Februar 2022)

Facher, Lev (2021), Prescription Politics. More than two-thirds of Congress cashed a pharma campaign check in 2020, new STAT analysis shows, www.statnews.com/feature/prescription-politics/federal-full-data-set (4. März 2022)

Fedlex, Die Publikationsplattform des Bundesrechts (2022), Internationaler Pakt über wirtschaftliche, soziale und kulturelle Rechte, www.fedlex.admin.ch/eli/cc/1993/725_725_725/de (16. April 2022)

Fedtke, Jörg (2001), Das Recht auf Leben und Gesundheit, Patentschutz und das Verfahren des High Court of South Africa zur Verfassungsmäßigkeit des südafrikanischen Medicines and Related Substances Control Amendment Act, in: Verfassung und Recht in Übersee / Law and Politics in Africa, Asia and Latin America, Bd. 34, S. 489–519, Baden-Baden

Felges, Dominik (2019), Magensäure-Medikament unter Verdacht, in: Neue Zürcher Zeitung, 21. September 2019

Felges, Dominik (2021a), Den amerikanischen Biotechkonzern Incyte zieht es in die Westschweiz, in: Neue Zürcher Zeitung, 16. April 2021

Felges, Dominik (2021b), Novartis ist zu Zukäufen verdammt, in: Neue Zürcher Zeitung, 6. Dezember 2021

Felges, Dominik (2022), Die Pharmabranche schwimmt im Geld, in: Neue Zürcher Zeitung, 10. Januar 2022

Fernandez, Rodrigo, und Tobias J. Klinge (2020), Private gains we can ill afford. The financialisation of Big Pharma, www.somo.nl/wp-content/uploads/2020/04/Rapport-The-financialisation-of-Big-Pharma-def.pdf (12. Januar 2022)

Fischer, Peter A. (2021), Der Kapitalismus rettet uns, in: Neue Zürcher Zeitung, 6. Februar 2021

Forter, Martin (2017), Fehlende Umweltauflagen bei der Zulassung von Antibiotika, in: Oekoskop. Zeitschrift der Ärztinnen und Ärzte für Umweltschutz, 3/2017, S. 7, www.aefu.ch/fileadmin/user_upload/aefu-data/b_documents/oekoskop/Oekoskop_17_3.pdf (23. März 2022).

Frei, Martina (2019), Notfall bei Arzneimitteln, in: SonntagsZeitung, 1. Dezember 2019, www.tagesanzeiger.ch/sonntagszeitung/notfall-bei-arzneimitteln/story/21975916 (27. April 2022)

Gamp, Roland (2022), Studie zum Pflegealltag. Altersheime stellen Senioren systematisch mit Pillen ruhig, in: Tages-Anzeiger, 12. Mai 2022, www.tages-anzeiger.ch/senioren-in-schweizer-altersheimen-werden-systematisch-mit-pillen-ruhiggestellt-111678568702 (12. Mai 2022)

GARDP (2020), 5 By 2025. Uniting against antibiotic resistance, https://gardp.org/uploads/2019/12/GARDP_Strategy_5by25.pdf (30. Mai 2022)

GARDP (2021), Activity report 2020, https://gardp-activity-report.webflow.io/ (30. Mai 2022)

Gates, Bill (2022), Wie wir die nächste Pandemie verhindern, München

Gerhard, Saskia (2019), Gendatenbanken. Das Geschäft mit menschlichen Genen, Deutschlandfunk, 24. Oktober 2019, www.deutschlandfunkkultur.de/gendatenbanken-das-geschaeft-mit-menschlichen-genen-100.html (22. Mai 2022)

Gerlinger, Katrin (2017), Medizinische Innovationen für Afrika, hg. vom Büro für Technikfolgen-Abschätzung beim Deutschen Bundestag, Baden- Baden

Geyman, John (2015), How Obamacare Is Unsustainable: Why We Need a Single-Payer Solution For All Americans, Washington

Godt, Christine (2017), Equitable Licencing & Global Access, hg. von der BUKO-Pharmakampagne, 2., überarbeitete Auflage, Bielefeld

Goldacre, Ben (2013), Die Pharma-Lüge. Wie Arzneimittelkonzerne Ärzte irreführen und Patienten schädigen, Köln

Gøtzsche, Peter C. (2016), Tödliche Psychopharmaka und organisiertes Leugnen, München

Gøtzsche, Peter C. (2021), Impfen – Für und Wider. Die Wahrheit über unsere Impfstoffe und ihre Zulassung, München

Griset, Pascal (2013), The European Patent. A European Success Story for Innovation, München

Gröber, Uwe (2012), Arzneimittel und Mikronährstoffe, 2. Auflage, Stuttgart

HAI, Health Action International, und CEO, Corporate Europe Observatory (2012), Divide & Conquer. A look behind the scenes of the European Union (EU) pharmaceutical industry lobby, https://haiweb.org/wp-content/uploads/2016/10/Divide-and-Conquer-A-Look-Behind-the-Scenes-of-the-EU-Pharma-Lobby-2012.pdf (5. März 2022)

Hamburger, Franz (2021), Medizinisch-Industrieller Komplex (MedIK): Ein Verwandter des Militärisch-Industriellen Komplexes (MIK), http://politeknik.de/p12509 (4. März 2022)

Hank, Rainer (2022), Danke sehr, liebe Pharmamilliardäre!, in: Neue Zürcher Zeitung, 10. Februar 2022

Haug, Sonja, Rainer Schnell, Anna Scharf, Amelie Altenbuchner und Karsten Weber (2021), Bereitschaft zur Impfung mit einem COVID-19-Vakzin – Risikoeinschätzung, Impferfahrungen und Einstellung zu Behandlungsverfahren, https://link.springer.com/content/pdf/10.1007/s11553-021-00908-y.pdf (10. Mai 2022)

Hegele, Robert A. (2017), Insulin affordability, in: The Lancet diabetes-endocrinology, Bd. 5, Mai 2017

Hegele, Robert A., und Grant M. Maltman (2020), Insulin's Centenary. The birth of an idea, in: The Lancet diabetes-endocrinology, Bd. 8, Mai 2020

Hehli, Simon (2022a), Wenn die Krankenkasse einen Kunden sterben lässt, in: Neue Zürcher Zeitung, 7. Januar 2022, www.nzz.ch/schweiz/dann-hast-du-keine-chance-eine-krankenkasse-laesst-ihren-kunden-sterben-weil-das-rettende-medikament-zu-teuer-ist-ld.1662299 (5. April 2022)

Hehli, Simon (2022b), Das rettende Medikament bleibt unerreichbar, in: Neue Zürcher Zeitung, 23. April 2022

Heini, Alexander, und Urban Novak (2021), CAR-T-Zell-Therapie, in: info@onco-suisse, Nr. 5

Herdegen, Thomas (2010), Kurzlehrbuch Pharmakologie und Toxikologie, 2. Auflage, Stuttgart, New York

Hertig, Gabriela (2021), Big Pharma in Partystimmung, in: Die Volkswirtschaft, Nr. 12, S. 32

Hill, Andrew M., Sanjay Nath und Bryony Simmons (2017), The road to elimination of hepatitis C: analysis of cures versus new infections in 91 countries, PubMed Central® (PMC), full-text archive of biomedical and life sciences journal literature at the U.S. National Institutes of Health's National Library of Medicine (NIH/NLM), www.ncbi.nlm.nih.gov/pmc/articles/PMC5518239 (28. März 2022)

Himmelstein, David, Robert Lawless, Deborah Thorne, Pamela Foohey und Steffie Woolhandler (2019). Medical Bankruptcy. Still Common Despite the Affordable Care Act, in: American Journal of Public Health, März 2019, www.ncbi.nlm.nih.gov/pmc/articles/PMC6366487/ (7. März 2022)

Himmelstein, David, und Steffie Woolhandler (2022), PowerPoint Presentations on Health Policy Issues Relevant to Health Care Reform and a National Single-Payer Health System, www.citizen.org/wp-content/uploads/Health-Policy-Slide-Library-for-Posting-January-2022_Large-Set.pdf (5. März 2022)

Illich, Ivan (2021), Die Nemesis der Medizin. Die Kritik der Medikalisierung des Lebens, München (dt. Erstausgabe 1975, überarbeitete und ergänzte Ausgabe 1995)

Interpharma (2020), Die Pharmabranche in der Schweiz ist weltweit einzigartig, www.interpharma.ch/blog/die-pharmabranche-in-der-schweiz-ist-weltweit-einzigartig (7. Juli 2022)

IQWiG (2019), Zahlen und Fakten aus dem IQWiG, www.iqwig.de/printprodukte/2019_iqwig_auf_den_punkt_gebracht.pdf (1. September 2022)

Irving, Doug (2021), The Astronomical Price of Insulin Hurts American Families, Rand-Stiftung, www.rand.org/blog/rand-review/2021/01/the-astronomical-price-of-insulin-hurts-american-families.html (28. Mai 2022)

Jäck, Hans-Martin (2018), CRISPR/Cas, das Aspirin der Gentherapie?, in: Trillium Immunologie, Deutsche Gesellschaft für Immunologie e. V., www.trillium.de/zeitschriften/trillium-immunologie/archiv/ausgaben-2018/heft-22018/aus-der-geschichte/crisprcas-das-aspirin-der-gentherapie.html (11. Juni 2022)

Jefferson, Tom, Mark Jones, Peter Doshi, Elizabeth A. Spencer, Igho Onakpoya und Carl J. Heneghan (2014), Oseltamivir for influenza in adults and children: systematic review of clinical study reports and summary of regulatory comments, in: The BMJ, 2014;348:g2545, 3. April 2014, https://doi.org/10.1136/bmj.g2545 (10. Juni 2022)

Kaufmann, Stefan H. E. (2010), Wächst die Seuchengefahr? Globale Epidemien und Armut. Strategien zur Seucheneindämmung in einer vernetzten Welt, 2. Auflage, Frankfurt a. M.

Kiezebrink, Vincent, Centre for Research on Multinational Corporations SOMO (2021), Pocketing tax free profits from publicly funded jabs, www.somo.nl/modernas-free-ride (9. Juni 2022)

Kilchenmann, Christoph (2004), Bedeutung des Patentschutzes für die Basler Industrie – gestern und heute, WWZ-Diskussionspapier 04/03, Wirtschaftswissenschaftliches Zentrum (WWZ), Universität Basel

Klein, Wolfgang (2021), Die CureVac-Story, Frankfurt a. M.

Kompusch, Jonas (2020), Berna Biotech AG war renommiert, doch dem Bundesrat nichts wert, in: Work. Die Zeitung der Gewerkschaft, 4. Dezember 2020, www.workzeitung.ch/2020/12/berna-biotech-ag-war-renommiert-doch-dem-bundesrat-nichts-wert (29. Mai 2022)

Kutzner, Steffen (2021), Erfundenes Zitat: Französischer Virologe Luc Montagnier sagte nicht, dass alle Geimpften in zwei Jahren sterben, https://web.de/magazine/news/coronavirus/franzoesischer-virologe-geimpfte-jahren-sterben-35968264 (10. Juli 2022)

La Revue Préscrire (2022), L'année 2021 du médicament, en bref, Bd. 42, Nr. 460, Februar 2022, S. 148 f., www.prescrire.org/Fr/DCF4F7AF686D521B87E7544E81EF0DBA/Download.aspx (10. Juni 2022)

Lahrtz, Stephanie (2022), »Die Welt wird heisser und kränker«, in: Neue Zürcher Zeitung, 28. April 2022

Lanz, Martin (2019), Millionen Amerikaner sind nicht mehr krankenversichert, in: Neue Zürcher Zeitung, 14. September 2019

Lazonick, William, Matt Hopkins, Ken Jacobson, Mustafa Erdem Sakinç und Öner Tulum (2017), US Pharma's Financialized Business Model, Institute for New Economic Thinking Working Paper Series, Nr. 60, www.ineteconomics.org/uploads/papers/WP_60-Lazonick-et-al-US-Pharma-Business-Model.pdf (12. März 2022)

Ledford, Heidi (2022), Wichtige Entscheidung zum CRISPR-Patent wird Streit nicht beenden, in: Spektrum.de, 11. März 2022, www.spektrum.de/news/gentechnik-wichtige-entscheidung-zu-crispr-patenten-gefallen/1997068 (11. Juni 2022)

Liberatore, Florian, Sina Berger, Sabine Ultsch, Tim Brand und Alfred Angerer (2020), Mehr Rentabilität im Spital durch einen optimierten Medikamenteneinsatz, hg. von der Zürcher Hochschule für Angewandte Wissenschaften (ZHAW), https://digitalcollection.zhaw.ch/bitstream/11475/20232/5/2020_Liberatore-etal_Mehr-Rentabilit%c3%a4t-im-Spital_DE.pdf (4. März 2022)

Liebig, Klaus (2001), Geistige Eigentumsrechte: Motor oder Bremse wirtschaftlicher Entwicklung? Entwicklungsländer und das TRIPS-Abkommen, Deutsches Institut für Entwicklungspolitik, www.die-gdi.de/buchveroeffentlichungen/article/geistige-eigentumsrechte-motor-oder-bremse-wirtschaftlicher-entwicklung-entwicklungslaender-und-das-trips-abkommen (6. Juni 2022)

Lingner, Tilman, und Manuela Siegert (2014), Pharma-Firmen. Bußen gehören zum Geschäftsmodell, Artikel zur SRF-Sendung Eco vom 27. Januar 2014, www.srf.ch/news/wirtschaft/pharma-firmen-bussen-gehoeren-zum-geschaeftsmodell (30. April 2022)

Liste der umsatzstärksten Arzneimittel (2022), Wikipedia, https://de.wikipedia.org/wiki/Liste _der _umsatzstärksten _Arzneimittel (13. August 2022)

Löfgren, Hans, und Prabodh Malhotra (2006), Der Aufstieg der indischen Pharmaindustrie: Transformation der globalen Wettbewerbslandschaft?, in: Peripherie, Nr. 103, S. 315–337, www.budrich-journals.de/index.php/peripherie/article/download/25199/22025 (5. Juni 2022)

Love, James (2014), Alternatives to the Patent System that are used to Support R&D Efforts, Including both Push and Pull Mechanisms, with a Special Focus on Innovation-Inducement Prizes and Open Source Development Models, World Intellectual Property Organization (WIPO), www.wipo.int/meetings/en/doc_details.jsp?doc_id=287218 (23. Juni 2022)

Love, James (2016), An economic perspective on delinking the cost of R&D from the price of medicines, Diskussionspapier, World Health Organization (WHO), http://unitaid.org/assets/Delinkage_Economic_Perspective_Feb2016.pdf (23. Juni 2022)

Lüönd, Karl (2008), Rohstoff Wissen. Geschichte und Gegenwart der Schweizer Pharmaindustrie im Zeitraffer, Zürich

Lutterotti, Nicola von (2018), Alte Arzneimittel für neue Krankheiten, in: Neue Zürcher Zeitung, 23. März 2018

Male, David (2005), Immunologie auf einen Blick, München, Jena

Maurer, Hans (2017), Multiresistente Stallkeime aus der Nutztierhaltung, in: Oekoskop. Zeitschrift der Ärztinnen und Ärzte für Umweltschutz, Nr. 3, S. 12, www.aefu.ch/fileadmin/user_upload/aefu-data/b_documents/oekoskop/Oekoskop_17_3.pdf (23. März 2022)

Mazzucato, Mariana, und Victor Roy (2017), Rethinking Value in Health Innovation: from mystifications towards prescriptions, www.researchgate.net/publication/329678023_Rethinking_value_in_health_innovation_from_mystifications_towards_prescriptions/fulltext/5c3b7e7ea6fdccd6b5a9f3be/Rethinking-value-in-health-innovation-from-mystifications-towards-prescriptions.pdf?origin=publication_detail (18. April 2022)

McCarthy, Justin (2019), Big Pharma Sinks to the Bottom of U.S. Industry Rankings, https://news.gallup.com/poll/266060/big-pharma-sinks-bottom-industry-rankings.aspx (3. Februar 2022)

Mertens, Daniel (2016), Was ist eigentlich Finanzialisierung?, in: Prager Frühling, Oktober 2016, www.prager-fruehling-magazin.de/de/article/1326.was-ist-eigentlich-finanzialisierung.html (11. März 2022)

Miller, Jo (2021), The Vaccine. Inside the Race to Conquer the Covid-19 Pandemic, London

MPP, Medicines Patent Pool (2022), Progress & Achievements: Licences, www.medicinespatentpool.org/progress-achievements/licences (1. September 2022)

Mundicare (2020), Woher kommen unsere Wirkstoffe? Eine Weltkarte der API-Produktion, www.progenerika.de/app/uploads/2020/10/Wirkstoffstudie_Langfassung_DE.pdf (6. Mai 2020)

National Library of Medicine (2022), www.ncbi.nlm.nih.gov/search/?itool=toolbar (16. August 2022)

Neubauer, Uta (2022), Eine Software macht Proteine berechenbar, in: Neue Zürcher Zeitung, 22. Januar 2022, S. 51

Niederer, Alan (2022), Die Medizin braucht unsere Genomdaten, in: Neue Zürcher Zeitung, 17. Mai 2022, S. 17

NIH, National Institutes of Health (2022a), Budget, www.nih.gov/about-nih/what-we-do/budget (8. August 2022)

NIH, National Institutes of Health (2022b), ClinicalTrials.gov is a database of privately and publicly funded clinical studies conducted around the world, https://clinicaltrials.gov (19. August 2022)

Novartis (2021), Novartis in der Schweiz, www.novartis.ch/sites/www.novartis.ch/files/novartis-in-der-schweiz-2021.pdf (28. Februar 2022)

Novartis (2022a), Novartis in der Schweiz, www.novartis.com/ch-fr/sites/novartis_ch/files/novartis-in-der-schweiz-2022.pdf (20. Juni 2022)

Novartis (2022b), Novartis gibt neue Organisationsstruktur bekannt für schnelleres Wachstum, eine stärkere Pipeline und höhere Produktivität, Medienmitteilung, 4. April 2022, www.novartis.com/news/media-releases/novartis-gibt-neue-organisationsstruktur-bekannt-fur-schnelleres-wachstum-eine-starkere-pipeline-und-hohere-produktivitat (5. April 2022)

OECD (2022a), Health at a Glance 2021. OECD Indicators. Highlights for the United States, www.oecd.org/unitedstates/health-at-a-glance-US-EN.pdf (7. März 2022)

OECD (2022b), Laufend aktualisierte Statistiken zur Gesundheitsversorgung der 38 Mitgliedsstaaten, z. B. www.oecd.org/health/health-at-a-glance

Pfister, Franziska (2021), Roche forscht an Antibiotika, in: NZZ am Sonntag, 25. Juli 2021, https://nzzas.nzz.ch/wirtschaft/antibiotika-mangel-auswege-aus-dem-tal-des-todes-ld.1637285 (27. Januar 2022)

Pharmaceutical Executive (2021), 2021 Pharm Exec 50, Bd. 31, Nr. 6, Juni 2021, (S. 26–29), https://cdn.sanity.io/files/0vv8moc6/pharmexec/02ef8ca94ed3b155c01330b03c8ccd283a293352.pdf/PharmaceuticalExecutive-June2021-watermark.pdf (1. Februar 2022)

Pharmazeutische Zeitung, dpa (2022), Opioid-Krise in den USA noch schlimmer als zuvor, 4. Januar 2022, www.pharmazeutische-zeitung.de/opioid-krise-in-den-usa-noch-schlimmer-als-zuvor-130547/ (10. August 2022)

PhRMA, Pharmaceutical Research and Manufacturers of America (2020), 2020 PhRMA Annual Membership Survey, https://phrma.org/-/media/Project/PhRMA/PhRMA-Org/PhRMA-Org/PDF/P-R/PhRMA_Membership_Survey_2020.pdf (31. Januar 2022)

Piddock, Laura J. V., Jean-Pierre Paccaud, Seamus O'Brien, Michelle Childs, Rohit Malpani und Manica Balasegaram (2021), A Nonprofit Drug Development Model Is Part of the Antimicrobial Resistance (AMR) Solution, https://gardp.org/news-resources/a-nonprofit-drug-development-model-is-part-of-the-antimicrobial-resistance-amr-solution (24. Mai 2022)

Pollack, Andrew (2013), Cancer Specialists Attack High Drug Costs, in: New York Times, 26. April 2013, www.nytimes.com/2013/04/26/business/cancer-physicians-attack-high-drug-costs.html (4. April 2022)

Porter, Roy (2006), Geschröpft und zur Ader gelassen. Eine kleine Kulturgeschichte der Medizin, Frankfurt a. M.

Prasad, Vinay (2015), The Folly of Big Science Awards, in: The New York Times, 2. Oktober 2015, www.nytimes.com/2015/10/03/opinion/the-folly-of-big-science-awards.html (26. Mai 2022)

Prasad, Vinay, und Sham Mailankody (2017), Research and Development Spending to Bring a Single Cancer Drug to Market and Revenues After Approval, in: Journal of the American Medical Association JAMA, November 2017, https://jamanetwork.com/journals/jamainternalmedicine/article-abstract/2653012?redirect=true (4. März 2022)

Psychonet.de (ohne Datum), Vor und Nachteile von Antidepressiva, www.psychenet.de/de/entscheidungshilfen/entscheidungshilfen-depressionen/behandlungsmoeglichkeiten/vor-und-nachteile-von-antidepressiva.html (9. Mai 2022)

Public Eye (2018a), Protect Patients, not Patents. How medicine prices are leading to two-tiered healthcare in Switzerland, Public Eye, Mai 2018, www.publiceye.ch/fileadmin/doc/Pharma/2018_PublicEye_Protect_Patients_Not_Patents_Report.pdf (1. Februar 2022)

Public Eye (2018b), Stoppt die kranken Medikamentenpreise!, Public Eye Magazin, Nr. 12, www.publiceye.ch/fileadmin/doc/Pharma/2018_PublicEye_Magazin_12_Stoppt_die_kranken_Medikamentenpreise.pdf (4. April 2022)

Rajan, Kaushik Sunder (2009), Biokapitalismus. Werte im postgenomischen Zeitalter, Frankfurt a. M.

Rajan, Kaushik Sunder (2017), Pharmocracy. Value, Politics and Knowledge in Global Biomedicine, Durham, North Carolina

Rath, Satyajit (2021), »Sprechen Sie bitte nicht immer von Wellen«, Interview, in: Tages-Anzeiger, 28. August 2021, www.tagesanzeiger.ch/sprechen-sie-bitte-nicht-immer-von-wellen-899670254837 (31. August 2021)

Rex, John, und Kevin Outterson (2020), Application is withdrawn. Near zero market value of newly approved antibacterials, AMR.Solutions, 11. Juli 2020, https://amr.solutions/2020/07/11/plazomicin-eu-marketing-application-is-withdrawn-near-zero-market-value-of-newly-approved-antibacterials (23. März 2022)

Richwood, Sarah (2012), Redefining the blockbuster model, https://pharmaphorum.com/views-and-analysis/redefining_the_blockbuster_model_why_the_1_billion_entry_point_is_no_longer_sufficient_-_part_1 (13. März 2022)

Ringger, Beat (2019a), Das System-Change-Klimaprogramm, Zürich

Ringger, Beat (2019b), Sandoz fürs Volk, www.denknetz.ch/wp-content/uploads/2019/04/Sandoz_fuers_Volk.pdf (7. Juli 2022)

Ringger, Beat (2020), Kommerzielle Brandherde im Gesundheitswesen, in: Praxis. Schweizerische Rundschau für Medizin, Jg. 109, Heft 3, 4. März 2020

Ringger, Beat (2022), 46 lange Sätze zu COVID19. Zwei Jahre nach Beginn der Pandemie, www.denknetz.ch/wp-content/uploads/2022/02/Ringger_46_lange_Saetze.pdf (7. Juli 2022)

Ringger, Beat, und Cédric Wermuth (2020), Die Service-public-Revolution, Zürich

Rinke, Stefan (2005), Demografische Katastrophe, in: Friedrich Jaeger (Hg.), Enzyklopädie der Neuzeit, Bd. 2, S. 895–899, Freie Universität Berlin, www.lai.fu-berlin.de/e-learning/projekte/caminos/lexikon/demografische_katastrophe.html (10. Mai 2022)

Ritter, Dominique S. (2004), Switzerland's Patent Law History, in: Fordham Intellectual Property, Media and Entertainment Journal, Bd. 14, Nr. 2, https://ir.lawnet.fordham.edu/cgi/viewcontent.cgi?referer=&httpsredir=1&article=1419&context=iplj (3. Juni 2022)

Rittner, Volker (1982), Krankheit und Gesundheit. Veränderungen in der sozialen Wahrnehmung des Körpers, in: Dietmar Kamper und Christoph Wulf (Hg.), Die Wiederkehr des Körpers, Frankfurt a. M., S. 40–51

Roche (2018), Europäische Kommission erteilt Zulassung für Perjeta von Roche zur postoperativen Behandlung von HER2-positivem frühen Brustkrebs mit hohem Rückfallrisiko, Investor update, 1. Juni 2018, www.roche.com/de/investors/updates/inv-update-2018-06-01b (8. Dezember 2018)

Rusch, Erik (2020), Arznei-Lieferengpässe: Einziges Antibiotika-Werk in Westeuropa bleibt nun doch in Tirol ansässig, in: The Epoch Times, 19. Mai 2020, www.epochtimes.de/politik/europa/arznei-lieferengpaesse-einziges-antibiotika-werk-in-westeuropa-bleibt-nun-doch-in-tirol-ansaessig-a3243049.html (1. Juni 2022)

Rutishauser, Arthur (2022), Interview mit Severin Schwan. Roche-Chef warnt vor Abzug der Pharma-Forschung aus der Schweiz, in: Tages-Anzeiger, 29. März 2022, www.tagesanzeiger.ch/wir-verlieren-im-moment-in-russland-geld-497515133003 (22. Mai 2022)

Sadava, David, David M. Hillis, H. Craig Heller und Sally D. Hacker (2019), Purves Biologie, hg. von Jürgen Markl, 10. Auflage, Berlin

Schapbach, Quentin (2020), Umstrittene Familie Sackler zieht in die Schweiz, in: Tages-Anzeiger, 20. Februar 2020

Schmidt, Helga (2021), Reserveantibiotika bleiben in der Tiermast erlaubt, www.tagesschau.de/ausland/europa/reserveantibiotika-tiermast-101.html (9. August 2022)

Schröder, Helmut, Petra A. Thürmann, Carsten Telschow, Melanie Schröder und Reinhard Busse (Hg.) (2021), Arzneimittel-Kompass 2021. Hochpreisige Arzneimittel – Herausforderung und Perspektiven, Berlin, https://link.springer.com/content/pdf/10.1007%2F978-3-662-63929-0.pdf (18. April 2022)

Schröder, Melanie, und Carsten Telschow (2021), Entwicklung der Arzneimittelkosten und -preise in der Versorgung, in: Schröder u. a. (2021)

Schur, Nadine, Sibylle Twerenbold, Daphne Reinau, Matthias Schwenkglenks und Christoph R.Meier (2020), Helsana Arzneimittelreport für die Schweiz 2020. Auswertungsergebnisse der Helsana Arzneimitteldaten aus den Jahren 2016 bis 2019, www.helsana.ch/dam/de/pdf/helsana-gruppe/publikationen/arzneimittelreport-2020.pdf (1. September 2002)

Scott, James C. (2020), Die Mühlen der Zivilisation. Eine Tiefengeschichte der frühesten Staaten, Berlin

Seidler, Eduard, und Karl-Heinz Leben (2003), Geschichte der Medizin und der Krankenpflege, 7. Auflage, Stuttgart

Signer, David (2021a), Warum das amerikanische Gesundheitssystem so teuer ist, in: NZZ Online, 18. Juni 2021, www.nzz.ch/international/usa-warum-das-gesundheitssystem-so-teuer-ist-ld.1628696 (8. März 2022)

Signer, David (2021b), Rekordzahl von Drogentoten in den USA während der Covid-19-Pandemie, NZZ Online, 21. November 2021, www.nzz.ch/international/opioid-krise-usa-rekordzahl-von-toten-in-der-covid-pandemie-ld.1656081 (21. April 2022)

Simhofer, Doris (2016), Debatte: Sind Antidepressiva wirkungslos oder gar schädlich?, in: Zeitschrift profil-Wissen, 15. Juni 2016, www.profil.at/wissenschaft/debatte-sind-antidepressiva-7531273 (9. Mai 2022)

Souza, Natalie de (2022), Manipulieren und heilen. Was passiert, wenn wir in unsere DNA eingreifen?, in: Ware Weltgesundheit, Edition Le Monde diplomatique, Berlin, S. 46–51

Spektrum.de (2022), Antibiotika, Lexikon der Biologie (laufend aktualisiert), www.spektrum.de/lexikon/biologie/antibiotika/4027 (18. März 2022)

Stadler, Tanja (2022), Sterblichkeit ist jetzt zehnmal tiefer, Interview, in: Tages-Anzeiger, 22. März 2022

Stahl, Verena (2017), Bye-bye, PPI. Protonenpumpenhemmer und die Probleme des Deprescribings, in: Deutsche Apotheker-Zeitung, Nr. 34, www.deutsche-apotheker-zeitung.de/daz-az/2017/daz-34-2017/bye-bye-ppi (23. April 2022)

Stallmach, Lena (2017), Grosse Erfindung sorgt für schlechte Stimmung, in: Neue Zürcher Zeitung, 24. Februar 2017

Statista (2020), Global pharmaceutical CRO market size from 2015 to 2024, by pre-clinical, clinical and discovery, www.statista.com/statistics/1085601/global-pharmaceutical-cro-market-size-by-segment (1. April 2022)

Statista (2022), Umsatz und Gewinn des Biotechnologieunternehmens Gilead Sciences in den Jahren 2006 bis 2020 (in Millionen US-Dollar), https://de.statista.com/statistik/daten/studie/199586/umfrage/umsatz-und-gewinn-des-biotechnologieunternehmens-gilead-sciences-inc (16. April 2022)

Steiner, Sibylle, Britta Bickel und Maike Schulz (2021), Hochpreisige Arzneimittel – Herausforderungen und Perspektiven aus Sicht der Vertragsärzteschaft, in: Schröder u. a. (2021)

Stoll, Martin (2022), Medikamentenmissbrauch bei Nutztieren. Millionen Hühner mit Reserve-Antibiotika behandelt, in: SonntagsZeitung, 6. März 2022, www.tagesanzeiger.ch/millionen-huehner-mit-reserve-antibiotika-behandelt-844721567785 (6. März 2022)

Strassheim, Isabel (2021a), Novartis-Tochter Sandoz baut Antibiotika-Herstellung aus, in: Tages-Anzeiger Online, 18. Mai 2021, www.tagesanzeiger.ch/novartis-tochter-sandoz-baut-antibiotika-herstellung-aus-173266822296 (03. Juni 2022)

Strassheim, Isabel (2021b), Streit um Lucentis von Roche spitzt sich zu. Die Wunderspritze schützt sie vor dem Erblinden, ist aber viel zu teuer, in: Tages-Anzeiger Online, 21. August 2021, www.tagesanzeiger.ch/die-wunderspritze-schuetzt-sie-vor-dem-erblinden-ist-aber-viel-zu-teuer-311120510844 (17. April 2022)

Straumann, Felix (2018), Tamiflu – war da nicht was?, in: Tages-Anzeiger, 20. März 2018

Straumann, Felix (2021), Schweizer schlucken zu viel Säureblocker, in: Tages-Anzeiger, 11. Mai 2021

Straumann, Felix (2022), »Die Schweiz braucht eine staatliche Produktionsanlage«, Interview mit Steve Pascolo, in: Tages-Anzeiger, 18. März 2021

Sunder Rajan, Kaushik (2009), Biokapitalismus. Werte im postgenomischen Zeitalter, Frankfurt a. M.

Swanson, Ana (2015), Big pharmaceutical companies are spending far more on marketing than research, in: Washington Post, 11. Februar 2015, www.washingtonpost.com/news/wonk/wp/2015/02/11/big-pharmaceutical-companies-are-spending-far-more-on-marketing-than-research (25. Mai 2022)

Swiss Biotech (2021), Den Patentschutz für COVID-19-Impfstoffe auszusetzen, hilft nicht die Impfstoffproduktion zu beschleunigen aber gefährdet wissenschaftsbasierte Innovationen, Medienmitteilung, 12. Mai 2021, www.swissbiotech.org/wp-content/uploads/2020/11/20210512-patentschutz-medienmitteilung.pdf (18. August 2022)

Swiss Biotech (2022a), Swiss Biotech Report 2022, www.swissbiotech.org/wp-content/uploads/2022/04/Swiss_Biotech_Report_2022_Web.pdf (7. Juli 2022)

Swiss Biotech (2022b), Capital investments in Swiss biotech companies 2011–2021, www.swissbiotech.org/listing/biotech-report-2022-the-year-in-charts/ (18. August 2022)

SwissDRG (2018), Fallpauschalenkatalog, Version 7.0., www.swissdrg.org/application/files/3515/1237/7269/SwissDRG-Version_7.0_Fallpauschalenkatalog_AV_2018.pdf

The Economist (2022), Drug manufacturing. BioNTech plans to make vaccines in shipping containers (ohne Autor:innenangabe), 19. Februar 2022, www.economist.com/science-and-technology/biontech-plans-to-make-vaccines-in-shipping-containers/21807708 (20. Mai 2022)

Thelitz, Nikolai (2022), Bedeutsamer Booster, in: Neue Zürcher Zeitung, 18. Januar 2022

Thomas, David W., Justin Burns, John Audette, Adam Carroll, Corey Dow-Hygel und Michael Hay (2017), Clinical Development Success Rates 2006–2015, www.bio.org/sites/default/files/legacy/bioorg/docs/Clinical%20Development%20Success%20Rates%202006-2015%20-%20BIO,%20Biomedtracker,%20Amplion%202016.pdf (7. Juni 2022)

TransGen (2022), CRISPR/Cas: Nobelpreisträgerinnen verlieren Patentstreit, Forum Bio- und Gentechnologie e. V., www.transgen.de/recht/2721.crispr-streit-patent.html (6. Juni 2022)

UNAIDS, The Joint United Nations Programme on HIV/AIDS (2021), UNAIDS Data 2021, www.unaids.org/sites/default/files/media_asset/JC3032_AIDS_Data_book_2021_En.pdf (24. April 2022)

UNAIDS, The Joint United Nations Programme on HIV/AIDS (2022), Global HIV&AIDS statistics – Fact sheet, www.unaids.org/en/resources/fact-sheet (24. April 2022)

United States Courts (2022). Bankruptcy Filings Statistics. www.uscourts.gov/statistics-reports/analysis-reports/bankruptcy-filings-statistics (22. August 2022)

UNO-Generalsekretariat (2016), Report of the United Nations Secretary-General's high-level Panel on Access to Medicines, www.unsgaccessmeds.org/final-report (6. Juni 2022)

VFA, Die forschenden Pharmaunternehmen (2022), mRNA-Impfstoffe für Schutzimpfungen, www.vfa.de/de/arzneimittel-forschung/coronavirus/rna-basierte-impfstoffe-in-entwicklung-und-versorgung (19. Mai 2022)

Vieira, Marcela (2020), Research Synthesis. Costs of Pharmaceutical R&D, hg. von The Knowledge Network on Innovation and Access to Medicines, Global Health Centre at the Graduate Institute, Geneva www.knowledgeportalia.org/_files/ugd/356854_e9d75e29c0264bf9b38118fc5f0aeab6.pdf (2. März 2022)

Vogt, Birgit (2017), Tiefstpreise zerstören Antibiotika-Markt, in: NZZ am Sonntag, 7. Mai 2017, https://nzzas.nzz.ch/wirtschaft/tiefstpreise-zerstoeren-antibiotika-markt-ld.1291030 (22. März 2022)

Wallace, Rob (2020), Was COVID-19 mit der ökologischen Krise, dem Raubbau an der Natur und dem Agrobusiness zu tun hat, Köln

Waltersperger, Laurina, und Daniel Friedli (2019), Unispitäler steigen in die Krebstherapie ein. Zelltherapien sind die Krebsbehandlung der Zukunft. Jetzt wird eine Allianz der Schweizer Universitäten zum Konkurrenten der Pharmaindustrie, in: NZZ am Sonntag, 28. Juli 2019

WHO, World Health Organization (2012), Research and Development to Meet Health Needs in Developing Countries: Strengthening Global Financing and Coordination, Report of the Consultative Expert Working Group on Research and Development: Financing and Coordination, Genf, April 2012, http://apps.who.int/iris/bitstream/handle/10665/254706/9789241503457-eng.pdf (23. Juni 2022)

WHO, World Health Organization (2015), Global Action Plan on Antimicrobial Resistance, https://apps.who.int/iris/rest/bitstreams/864486/retrieve (22. März 2022)

WHO, World Health Organization (2017), Global Hepatitis Report 2017, https://apps.who.int/iris/rest/bitstreams/1082592/retrieve (4. April 2022)

WHO, World Health Organization (2019), Antibiotic Shortages. Magnitude, Causes and Possible Solutions, https://apps.who.int/iris/rest/bitstreams/1211100/retrieve (27. Juni 2022)

WHO, World Health Organization (2021), Global tuberculosis report 2021, Genf, https://apps.who.int/iris/rest/bitstreams/1379788/retrieve (18. März 2022)

WHO, World Health Organization (2022), Hepatitis-C-Key Facts, www.who.int/news-room/fact-sheets/detail/hepatitis-c (31. März 2022)

Wikipedia (2022a), Carbapeneme, https://de.wikipedia.org/wiki/Carbapeneme (22. März 2022)

Wikipedia (2022b), National Institutes of Health, https://de.wikipedia.org/wiki/National_Institutes_of_Health (8. August 2022)

Wikipedia (2022c), Opioidkrise in den Vereinigten Staaten, https://de.wikipedia.org/wiki/Opioidkrise_in_den_Vereinigten_Staaten (9. August 2022)

Wikipedia (2022d), Purdue Pharma, https://de.wikipedia.org/wiki/Purdue_Pharma (9. August 2022)

Wikipedia (2022e), Gentherapie, https://de.wikipedia.org/wiki/Gentherapie (28. Juni 2022)

Wikipedia (2022f), Bill&Melinda Gates Foundation, https://de.wikipedia.org/wiki/Bill_%26_Melinda_Gates_Foundation (20. August 2022)

Wing Loong Cheong, Mark, Jean-Michel Piedagnel und Swee Kheng Khor (2021), Ravidasvir: equitable access through an alternative drug development pathway, in: The Lancet Global Health, Bd. 9, Nr. 11, www.thelancet.com/pdfs/journals/langlo/PIIS2214-109X(21)00357-0.pdf (30. Mai 2022)

WIPO, World Intellectual Property Organization (2011a), Patent Landscape Report on Atazanavir, www.wipo.int/publications/en/details.jsp?id=265&plang=EN (6. Juni 2022)

WIPO, World Intellectual Property Organization (2011b), Patent Landscape Report on Ritonavir, www.wipo.int/publications/en/details.jsp?id=230&plang=EN (6. Juni 2022)

WIPO, World Intellectual Property Organization (2021), IP Facts and Figures 2021, Genf, www.wipo.int/edocs/pubdocs/en/wipo-pub-943-2021-en-wipo-ip-facts-and-figures-2021.pdf (5. Juni 2022)

WIPO, World Intellectual Property Organization (2022), COVID-19-related vaccines and therapeutics. Preliminary insights on related patenting activity during the pandemic, www.wipo.int/publications/en/details.jsp?id=4589&plang=EN (6. Juni 2022)

Witte, Felicitas (2022), Fehlendes Medikament gegen Blasenkrebs, in: Neue Zürcher Zeitung, 9. April 2022, https://magazin.nzz.ch/wissen/blasenkrebs-medikament-bcg-fehlt-ld.1678112 (27. April 2022)

Wojcicki, Anne, u. a. (2022), 23andMe R&D Day, 18. Januar 2022, https://investors.23andme.com/static-files/d51082b0-db41-4e04-9417-303697e6fdd8 (22. Mai 2022)

Wouters, Olivier J. (2020), Lobbying Expenditures and Campaign Contributions by the Pharmaceutical and Health Product Industry in the United States, 1999–2018, in: Journal of the American Medical Association JAMA, Bd. 180, Nr. 5, S. 688–697, https://jamanetwork.com/journals/jamainternalmedicine/fullarticle/2762509 (4. März 2022)

WTO, World Trade Organization (2001), Declaration on the TRIPS agreement and public health, Absatz 5 b, www.wto.org/english/thewto_e/minist_e/min01_e/mindecl_trips_e.htm (18.August 2022)

Zeller, Christian (2001), Globalisierungsstrategien. Der Weg von Novartis, Berlin, Heidelberg

Zeller, Christian (2012), Oligopolistische Rivalität im Pharma-Biotech-Komplex. Konzentration des Kapitals und die Suche nach Rentenerträgen, in: PROKLA 169, Berlin, Münster

Verzeichnis wichtiger Abkürzungen

AIDS Acquired Immune Deficiency Syndrome, erworbenes Immunschwächesyndrom

AMR antimicrobial resistance, Antibiotikaresistenz

BAG Bundesamt für Gesundheit

BARDA Biomedical Advanced Research and Development Authority, nationale Behörde in den USA für die Beschaffung und Entwicklung medizinischer Maßnahmen gegen Bioterrorismus und gegen neu auftretende Krankheiten

BIP Bruttoinlandprodukt

CAR-T-Zelltherapie Chimeric Antigen Receptor T-Cell Therapy, Theapie mit gentechnisch veränderten T-Zellen (spezialisierte Immunzellen)

CDC Centers for Disease Control and Prevention, US-Behörde für die Überwachung und die Prävention von Krankheiten

Covid-19 Coronavirus disease 2019

CRISPR-Cas9 Clustered Regularly Interspaced Short Palindromic Repeats, gruppierte kurze palindromische Wiederholungen mit regelmäßigen Abständen, Cas: CRISPR-associated, besonders effiziente Methode zur Geneditierung

CRO Clinical Research Organizations, spezialisierte Firmen zur Durchführung von klinischen Studien

C-TAP COVID-19 Technology Access Pool

DND*i* Drugs for Neglected Diseases *initiative*, Initiative zur Herstellung von Medikamenten gegen vernachlässigte Krankheiten

DNS Desoxyribonukleinsäure, englisch DNA

DRG Diagnosis Related Groups, Fallkostenpauschalen

EBIT-Marge	Earings Before Interest and Taxes, Profitrate vor Steuern und Zinsen
EY	Unternehmensname, früher Ernst & Young
FDA	Food and Drug Administration, US-Arzneimittelbehörde
F&E	Forschung und Entwicklung
GARDP	Global Antibiotic Research and Development Partnership, Globale Partnerschaft für die Forschung und Entwicklung von Antibiotika
GAVI	Global Alliance for Vaccines and Immunisation, Globale Allianz für Impfung und Immunisierung
GERM team	Global Epidemic Response and Mobilisation Team, globales Team zur Bekämpfung von Epidemien
GKV	Gesetzliche Krankenversicherung in Deutschland
GLASS	Global Antimicrobial Resistance and Use Surveillance System, Globales System zur Überwachung von Antibiotikaresistenzen und Antibiotikaeinsatz
HIV	Human Immunodeficiency Virus, Humanes Immundefizienz-Virus
IFPMA	International Federation of Pharmaceutical Manufacturers & Associations, Weltverband der Pharmakonzerne
Interpharma	Pharmabranchenverband der Schweiz
IQWiG	deutsches Institut für Qualität und Wirtschaftlichkeit im Gesundheitswesen
JAMA	Journal of the American Medical Association
KEI	Thinktank Knowledge Ecology International
KI	künstliche Intelligenz
KMU	Kleinere und mittlere Unternehmen
MERS	Middle East Respiratory Syndrom Coronavirus
mRNA	messenger-RNA
MSF	Médecins Sans Frontières, Ärzte ohne Grenzen
NGO	Non-Governmental Organization, Nichtregierungsorganisation
NIH	National Institutes of Health, staatliche Gesundheitsinstitute in den USA

NME New Molecular Entity, signifikant neuer Wirkstoff

OECD Organisation for Economic Co-operation and Development, Organisation für wirtschaftliche Zusammenarbeit und Entwicklung

PPI Protonenpumpen-Inhibitoren, auch Protonenpumpenhemmer

PhRMA Pharmaceutical Research and Manufacturers of America, US-Branchenverband

QALY quality-adjusted life years, qualitätskorrigierte Lebensjahre

RNS Ribonukleinsäure, englisch RNA

Sars-CoV-2 Severe Acute Respiratory Syndrome Coronavirus Type 2

SOMO Stichting Onderzoek Multinationale Ondernemingen, Centre for Research on Multinational Corporations, Forschungszentrum für multinationale Unternehmen

SSRI Selective Serotonin Reuptake Inhibitor, Selektive Serotonin-Wiederaufnahmehemmer, Psychopharmakum

Swiss Biotech Verband forschender Pharmaunternehmen der Schweiz

TRIPS Agreement on Trade-Related Aspects of Intellectual Property Rights, WTO-Übereinkommen über handelsbezogene Aspekte der Rechte des geistigen Eigentums

UNAIDS Joint United Nations Programme on HIV/AIDS, Gemeinsames Programm der Vereinten Nationen für HIV/Aids

UNICEF United Nations International Children's Emergency Fund, Kinderhilfswerk der Vereinten Nationen

VEMS Verein Ethik und Medizin

Vfa Verband Forschender Arzneimittelhersteller in Deutschland

WHA World Health Assembly, Weltgesundheitsversammlung

WHO World Health Organization, Weltgesundheitsorganisation

WIPO World Intellectual Property Organization, Weltorganisation für geistiges Eigentum

WTO World Trade Organization, Welthandelsorganisation